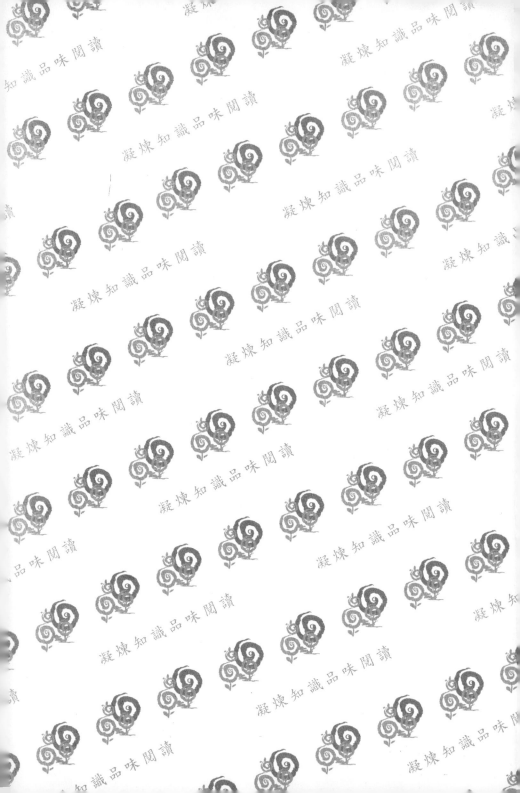

| 第六版 |

產業分析
Industrial Analysis

朱延智 博士——著

五南圖書出版公司 印行

序言 ....

　　國內企業愈來愈重視員工的產業分析能力，以提升對企業經營決策（營運決策、投資決策、成長決策等）的正確性，所以近年來產業分析能力，已成為中高主管、行銷策略規劃人員，必備的基本能力。尤其產業有上下游之間的關係，如果不了解產業內的供應鏈，就會有見樹不見林之憾。同時產業內與產業之外，都會有其威脅與競爭者，因此更須要藉助產業分析，才能勝其先勝。

　　產業分析具有未來取向、利益取向、競爭取向及環境取向等四大特性，正因為產業分析具有這四種重要特性，所以它能提供企業擬定市場戰略以及年度計畫時，重要的情報資訊。正確的產業分析，就能了解該產業內各種相互作用的力量，並據以判斷各項投資與產品開發。本書基於這個前提，期望能對企業有所貢獻。

　　其次，以貿易及商學領域的學生來說，對於高科技產業，甚至傳統產業的認識，實際來說是不夠的。為了能縮短學生在進入各產業的職場前，摸索各種產業歷史及現況的時間，這是本書編寫的一項重要目的。

　　這本書非常感謝沈校長柏昌博士的鼓勵與支持，同時由於校長是醫學博士，且在國外領導醫療團隊數十年，因此他特別在百忙之中，為延智審查生化產業及醫療產業，雖然他已前往美國退休，但是當年他在南榮技術學院對延智的照顧，仍讓我感激在心，永難忘懷，在此表達個人最高的敬意！此外，如果沒有五南圖書出版公司大力的協助，特別是張毓芬主編的鼓勵與協助，這本書是絕難誕生，一併在此表達謝意。

　　最後要表達的是，儘管有崇高的理想，但是在隔行如隔山的狀況下，諸多錯誤在所難免，尚祈學術及產業界先進，能不吝給予指教。

　　　　　　　　　　　　　　　　　　　　　　　朱延智

　　　　　　　　　　　　　　　　　　　　　　台南縣鹽水鎮

目錄 •••••••

第一篇

理論篇

12456 65 9875 456 2155　125　4　688　654 22 5 2

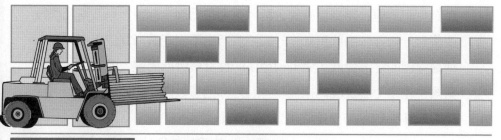

第一章　產業分析

　　產業能否發展與產業的結構、產業的市場、技術生命週期、競爭情勢、上下游產業與價值鏈、成本結構、市場供需、附加價值分配，以及政府產業政策等，都有密切的關係。企業經營策略的擬定，必須對所面對的市場、所處的經營環境、競爭情勢等環境條件，有清楚的認知與研判，如此，才能制定順應環境趨勢，又符合現實條件的可行方案。產業分析就是讓企業的經營者，清楚自己所處的環境，正確研判本身與競爭者的實力消長，進而掌控產業全盤的戰場情勢，擬定有效競爭策略。

第一節　產業衡量指標

　　產業是國家發展命脈，要了解這個國家未來的經濟發展，首重產業的分析。其涵蓋面包括產業的沿革，政府的產業政策及相關法規，

產業生產流程、產業供應鏈分析,與大廠的競合關係,以及產品與技術趨勢分析等。由此可知,一國經濟乃由不同產業所構成,所以要有何種程度的經濟發展,完全視產業的性質與發展而定。基本上,在衡量國家產業總體表現的指標時,有外顯因素與內涵因素等兩大類。評斷國家產業競爭力外顯的重要項目,涵蓋:

1. 產值大小,國際上之排名,世界市場占有率,出口成長率;
2. 產業獲利率,生產力,附加價值;
3. 產業技術能力,專利,論文,技術指標;
4. 產業投資報酬率,設備利用率;
5. 產品價格等。

除了以上這些「外顯指標」外,尚有一些長期競爭力的內涵指標,它包含:

1. 產業內各廠商的總合因素

觀察產業內各廠商的重要指標,包括 R&D 投入、設備投資、管理能力、製程技術、技術更新速度等。

2. 產業內廠商間相關因素

產業內廠商間彼此的關係,除了相互競爭之外,常見的有策略聯盟、產業垂直、水平分工情形、周邊產業關聯性等。

這些關係會影響到產業結構,更會影響到總體競爭力。

3. 產業外在總體環境

主要涵蓋有景氣概況、物價與金融概況、經濟成長、國民所得、

政府政策、經濟環境、環保條件、交通、通訊條件等。

　　總的來說，低層次的產業競爭優勢，可以建立在少數單純的關鍵因素上，例如，勞動力或一般天然資源，但較精緻的產業，則有賴較多及較專門的有利因素支持。

　　儘管各國產業競爭環境不同，但不變的是，產業競爭環境必然是產業經營成敗的戰場。在知識經濟大環境架構下的產業競爭，不能光從產業內部層次來思考，而要從區域，甚至全球的角度來思考。因為在全球化的時代，產業競爭非常激烈，國外有學者指出，過去所有經濟的發展都是加法，最多只有以乘法的速度成長，但現在的知識經濟，已進入到排列組合式的急速成長。未來的產業創新研發，應該要目標導向，找出適合該國發展的產業，就應該要以國家政策來支持。國家若能建構愈健全的產業環境，就愈能培育產業的發展與競爭力。

　　要掌握一個國家產業競爭環境的真實狀態，可以從五方面著手：(1)即產業進入障礙；(2)產業規模經濟潛能；(3)產業內產品線相關性；(4)產業對市場控制力；(5)產業對上游原料及其價格掌握度。

(一)產業進入障礙

　　不同產業進入障礙顯著不同，有的是資金，有的是技術，甚至有的是通路，不一而足，不過其中以投資規模、專業技術取得困難度、政府政策、對市場控制力等，是最為顯著的變數。

(二)產業規模經濟潛能

　　規模經濟潛能除表現在機器設備外，尚包括原料採購、勞動力、運籌、通路等。由於它會因產量增加而降低成本，所以如果可行，就

應擴大規模，以追求規模經濟利益。目前全球經濟已進入電腦資訊化的時代，電腦資訊的應用，導致市場結構擴大為全球化，所以一國產業規模經濟潛能是否發揮，自然會攸關該國產業的競爭力。

(三)產業內產品線相關性

產業與產業之間雖有不同，但都有其一定程度的相關性，其中關聯的程度，涵蓋範圍十分廣泛，從生產技術、設備、原材料、銷售對象、通路、互補程度都有可能。如果相關性高，就容易增加產品線，發揮綜效。事實上，不啻國內各種產業產品線具關聯性，國與國間產業與產業之間也不是彼此獨立，而是彼此間存在著直接或間接的關聯性。這種關聯性除顯示在個別產業的供應鏈外，也顯示在國際貿易的進出口額。

(四)產業對市場控制力

產業內廠商對於下游廠商或市場價格的控制力量的差異，對於市場戰略影響甚大。因為產業在市場上的獨占性降低，產業就會逐漸衰頹。以商業銀行為例，以前廠商取得資金要靠商業銀行，但現在管道多了，不必然需要經過銀行，商業銀行因此喪失獨占性，就有可能被市場邊緣化。但是要如何判斷市場獨占力的強大與否呢？

基本上，有八大方面可以參考：

1. 產業集中度

產業集中度是學者最常用以衡量產業競爭狀況的變數，因其代表產業中，領先廠商的聯合市場占有率。各產業的集中度不同，其中以

水泥、清潔劑、人纖、電線電纜、食用油、飲料與機車最高；輪胎、合板次之；罐頭、食品、塑膠鞋及家具的集中度最低。集中度的計算，常以「相同市場範圍」內，「所有廠商家數」及其銷售總額為準。

　　產業集中度主要是以「領先廠商」（leading firms）、「寡占者」（oligopolists）等兩項占有率為考量。該項占有率愈高，對市場獨占力則愈大。依據 Kaysen 及 Turner 兩位學者的研究，當產業集中度大於 60%時，就具有寡占市場的型態；而 Scherer 則認為產業集中度大於 40%，即可稱為寡占市場。一般最普遍採用的方式是，最大四家或最大八家廠商銷售額占產業總銷售額的比率。

2. 產能利用率

　　這是指產業年度生產總值，占產業銷售總值的比率。當產業產能低利用率時，即代表該產業所面臨的市場，呈現供過於求的現象。在此種狀況下，對市場獨占力量自然降低。

3. 消費者使用必然性

　　消費者對商品的需求，有程度之別，依次為中間財、資本財、耐久性消費財、非耐久性消費財。不同的財貨與商品，其使用的需求度，自然會有所差異，再加上其他商品的替代性，即可了解消費者使用的必然性。

4. 產品差異度

　　儘管品質相同的產品，也會因價格、通路、包裝，以及後續服務的不同，也會產生產品的差異度。產業產品差異度高低，可視為同一

產業間產品替代程度的高低，進而影響定價策略，自然會使市場獨占力量提高。

5.消費者相對集中度

產業對市場的獨占力，除了本身條件外，還決定於顧客的條件。一般而言，顧客的數目愈多，相對規模愈小，該產業對市場的獨占力愈高。

6.政府產業政策

政府擁有錢與權，是做權威性分配的決定者。政府若能以政策工具，阻礙同類產品的進口，就有利於產業的獨占力。不過，在世界各國都普遍加入世界貿易組織的情況下，個別國家政府的主權，勢必要遵守這些遊戲規則，所以這方面相對的障礙會降低。

7.外銷依賴度

產業外銷總值占產業銷售總值的比率，可以了解該產業的外銷依賴度。當外銷依賴度愈高，廠商必須在世界性市場與他國廠商競爭，對市場控制力即愈低。當國際市場的需求有變，外銷依賴度高的產業則會受此需求變化的影響。

8.產業內產銷協調一致度

產業內廠商如果在生產或銷售活動，採取一致的作法，就會強化市場的獨占力量。此種協調的程度，可以從生產數量、銷售數量、銷售價格、產能擴充等方面來衡量。雖然同業間適度的競爭，可以促使

廠商致力於產品創新與生產技能改良，但是幾乎所有的企業，都會將同產業的競爭，視為最棘手的問題。為了消弭同業相互競爭，絕大多數的產業均曾試圖在產銷數量，以及銷售價格達成協議，以提高對市場的控制力。

㈤產業對上游原料及其價格掌握度

若產業對上游原料的掌握度低，就代表該產業受制於「人」，所以應該儘速分散原料來源，否則遲早會有危機。掌握度高低的判斷，可從六項變數加以辨識：

1.產業集中度高的產業

透過產業集中度，即可了解該產業，是偏向獨占還是完全競爭市場。

產業集中度愈高的產業，就愈代表該產業對上游的控制力高。

2.原料重要程度

原料的重要度，可由原料占成本的比值，和替代原料等兩者的關係加以考量。原料對該產業重要性愈高，則該產業對上游原料來源獨占力愈低。

3.原料差異度

產業所需原料差異度愈高，代表原料替代程度高，那麼產業在發展上，就更為多元。以太陽能產業為例，第一代太陽能產業所需的原料是結晶矽，第二代則為薄膜，第三代則改為染料。

4.供應商集中度

供應商集中度的高低，則影響採購的效率；採購效率又影響產業發展。

供應商的數量愈多，相對規模就愈小，該產業對原料來源的獨占力愈高。

5.原料對外依存度

從進口原料成本占總成本原料的比率，即可了解原料對外依存度。一般而言，進口原料供應數量與價格較不穩定，進口原料占總成本有可能就愈高，因此產業對原料控制力愈低。

6.政府產業政策

政府產業的政策，與整體經濟發展息息相關。為提振經濟，政府勢必要有正確的產業政策。但無論是哪一種產業政策，對產業都將造成影響。

政府若禁止同類原料進口、限制採購對象或干預市場原料價格，均不利於對原料供應來源的獨占力量。

第二節　產業發展六大理論

台灣的產業，至今主要仍是為先進國家代工，並沒有掌握世界尖

端的技術，故無法以創新技術或特有品牌在國際市場競爭。同時又夾在先進廠商與追趕在後的落後國家之間，因此目前競爭壓力甚大。這種現象不只出現在傳統產業，即使高科技產業，在變遷極為快速的現況下，要尋找下一波新興產業的急迫性甚強。故此，本節特別將產業發展理論，說明如下。

　　產業發展有六大重要理論，所強調的重點儘管不同，但都可以作為研究參考之用。

一、鑽石模型理論

　　哈佛大學管理學大師波特（Michael E. Porter）在《國家競爭優勢》（*The Competitive Advantage of Nations*）一書中，以「鑽石模型」（Diamond Model）為理論架構，提出產業發展要均衡的注意六大面向，分別為：

㈠要素稟賦

　　要素稟賦是產業生產不可或缺的必要條件，它包含天然資源，勞動力的質與量，水、電、交通、通訊等基礎設施，研究發展設備與科技水準等項。

㈡需求條件

　　沒有需求的供給，是無效的供給，市場也無法建立，由此可見，需求是產業發展的重要條件。

　　國內市場的需求數量、發展潛力，以及是否具有高標準要求的顧

客（挑剔的顧客），都是產業發展應該注意的。

(三)廠商策略、結構，以及競爭

產業發展除了外在客觀的市場環境之外，產業的主觀能動性，亦是能否發展的關鍵因素。

個體廠商的經營策略、管理型態、組織結構，以及其在國內所面臨的競爭程度或壓力，都是觀察產業能否發展的重要變數。

(四)相關及周邊支援產業

產業上、中、下游體系是否完整健全、周邊支援供應系統是否彈性靈活、有無產業群聚現象，對於產業發展的持久力都很重要。

(五)政府

政府對產業、競爭、教育、科技，以及金融等方面的政策方向和施政效率，對於產業發展的影響，有其一定程度的影響。由於各種產業的發展階段有異，有的產業正在萌芽，有的產業正值成熟，有的產業已經凋零。萌芽的產業例如奈米、生物科技、數位內容與觀光業。成熟的產業，例如金融保險、行動通訊、營造建築與光電製造。凋零的產業，例如電影、製糖、製鹽與造船等。各部會對於剛萌芽、已成熟或正凋零的產業，應該擬定不同的發展策略。對於剛萌芽的產業，發展之道在於設計一套導入政策。導入政策就是同步培養需求與供給，讓新芽能在政策協助下，順利成長。至於成熟型的產業，發展之道在於維護競爭機制，並調整產業結構，防止利潤被過度稀釋。所以，企業合併、市場重整與新產品的開發是，發展成熟型產業不可或

缺的設計。至於那些已經凋零或逐漸衰退的產業，則應從整體經濟的觀點，評估其續存的價值。有續存必要的產業，例如電影，其所需要的輔導與剛萌芽的產業一樣，都要靠導入政策幫忙。

㈥機運

機運是指公司所處的產業整體獲利環境因素，當然有時產業發展不一定完全看產業內在的發展力，總體環境的趨勢所顯示的機運也非常重要。這是獨立於國家經濟體系之外，為本國所無法單獨控制的一些外在環境。

根據該理論的精神，一國要建立產業競爭優勢，就必須有六個條件加以配合：有效率地利用勞工、天然資源和資金的配合；國內市場對品質的嚴格要求；上、下游工業的配合；競爭激烈的國內市場；政府所創造的外部經濟；機運。根據波特研究產業發展的結晶是，「鑽石模型」中的各種因素，相互依賴，彼此關聯，牽一髮動全身，而其相對重要性則因產業而異。低層次的產業競爭優勢，可以建立在較少數而單純的關鍵因素上，例如，一般天然資源的優勢。但較精緻的產業，則有賴較多、較專門性質的有利因素支持，其中，政府常具有舉足輕重、動見觀瞻的影響力，最主要是因為政府握有重要關鍵性的資源，有責任將這些有限的資源，用在最緊要的關口上。

二、產業群聚理論

產業發展到底能不能發展，與「地理集中性」有一定的關係。例如，瑞士三大藥廠大都集中在巴塞爾（Basel），義大利的羊毛紡織

業則集中於兩個城市，美國廣告業更群聚於麥迪遜大道（Madison Avenue）。根據我國經濟的發展歷程，產業群聚對於資訊科技產業的發展貢獻，功不可沒。尤其是新竹科學園區的建立，更是加速產業發展的創新速度，以及技術擴散程度。

產業群聚的組合，可以分別從地理（區位）聚群、文化聚群、經濟聚群（產業功能別、目標市場別）、科技產業群聚，及責任聚群予以不同組合，以形成為集體國際化或集體全球化之共享實力。為什麼產業群聚會較具有效率？二十世紀初期，Alfred Marshall 對於此一現象，提出三項主要解釋的原因：

㈠專業供應商的出現

對於某些產業，其產品的生產，需要某些特定的機器、設備、原料，以及專業的服務。然而，一家廠商對這些專業性生產材料的需求，不足以使這些材料提供者在市場上生存，或必須索取高額的費用才能生存。因此廠商的聚集、需求的增加，可能促使專業供應商的出現。如此一來，所有聚集在工業區內的廠商，便能夠以較低的成本，取得這些專業性的材料與服務，也因而使其生產成本下降，生產效率提高。

㈡技術勞工（skilled labor）的聚集

由於廠商的群集，使得與產業相關的技術勞工，也因而聚集在一個區域。如此一來，廠商便易於找到適當的勞工從事生產，而勞動者也易於找到適合其專長的工作，來貢獻其所長。因此，所有聚集在工業區內的廠商與勞工，生產效率都將提高。

(三)專業知識與技術的擴散

　　愈是高科技的產業，專業知識與技術愈是不可或缺的條件。除了廠商透過本身的研發或購買以取得技術之外，或對競爭者產品加以拆解、分析與研究，或經由不同廠商勞工的聚會，以及言談時無意中傳達的專業知識，這些均有助於廠商生產效率的提高。當廠商聚集在同一工業區內生產時，專業知識與技術的擴散將更容易，而且幅度更深、更廣。因此，會使得工業區內的廠商，生產效率高於工業區外的廠商。

　　儘管產業群聚有上述這些重要的功能，但是要如何才能找到有利的產業群聚所在呢？有鑑於商品在國際間的移動，必然涉及經濟距離與運輸成本（運輸成本包括運費、包裝費、處理費、保險費），而運輸成本又會影響產業的國際競爭力。所以適當的產業群聚位置，必然要將運輸成本納入考慮。

　　下列有三種產業區位（industry location）理論，可以作為產業群聚的參考。當然這是從政府要發展該產業的角度出發，如果產業已自然形成群聚，就不須要再大費周章地更改位置：

(一)資源或供給導向（resource-oriented industries）

　　資源導向即產業位置，靠近其所需的生產資源者。資源導向的產業，通常是屬於該產業，最終產品重量或體積比其原料輕或小很多的產業。因此，該產業若將生產地設在接近資源或原料的供應地點，會較有利。這是因為最終產品每單位距離的運輸成本比原料每單位距離的運輸成本，高出許多。也就是說，其運輸成本遠大於其生產的最終產品，所運到市場的成本。這類的產業有鋼鐵、基本化學品和鋁產品等產業。

㈡市場或需求導向（market or demand oriented）

市場導向即產業生產需要靠近市場，如此才可以節省運輸成本，避免市場變化快速而喪失市場先機。例如，美國的汽車業，在海外接近市場的各地，設有汽車裝配工廠，這是因為零組件的運輸成本，低於汽車的運輸成本。

㈢自由自在或中立的（footloose or neutral）

中立性區位導向的產業，則是屬於該產業經營既不需要太靠近原料供應所在，也不需太靠近市場需求所在。為何會產生中立性區位導向的產業呢？原因是：

1. 該產業的產品非常有價值，因此，運輸成本占總成本非常小的部分，例如，資訊電子產品及鑽石。
2. 該產品生產既不失重（weight losing），也不加重（weight gainin）。換言之，原料每單位距離的運輸成本，與最終產品每單位距離的運輸成本很接近。

在以上這兩種情形，該產業的區位所在便具有高度的移動性。因為運輸成本對該產業不具重要性，而生產成本對產業占很重要的份量，因此區位的選擇就不需特別考慮原料所在地或市場需求所在地。例如，美國的電腦業會把美國製的電腦配件運到墨西哥邊界地區，再利用墨西哥廉價的工資，使電腦在生產線上生產為最後產品，最後再回銷到美國市場。

三、產業結構實力理論

除鑽石模型、產業群聚可創造產業優勢外，就產業結構本身的實力而言，也是產業發展所不可或缺的變數。構成產業結構的實力，有八項內外變數是不可忽略的，這八種變數是：

㈠產業上、中、下游的配搭與完整程度

產業上、中、下游配搭度愈強，就愈容易在全球產業的分工體系中，爭取競爭利基與較高的附加價值。反之，整個產業就容易在全球激烈的市場競爭中，遭到淘汰。

㈡產業內企業的規模、數目、密度、關聯度

企業對內競爭度愈高，對外卻有共同的利益，這種關聯度愈強的產業體系，其規模愈大、密度愈強，通常可以帶來加成的效果。

㈢產業技術產品與市場

突破目前技術以提升本身的附加價值，強化產品的品質，是產業發展重要之路。在競爭激烈的市場中，具有競爭力且能夠繼續成長型的企業，而這些企業中，若能有較具規模的領袖型企業來帶動該國的產業，該國產業成功的機率就會較高。

㈣商品化的能力

能夠迅速將基礎研究或研究機構的研發成果，加以商品化的能力

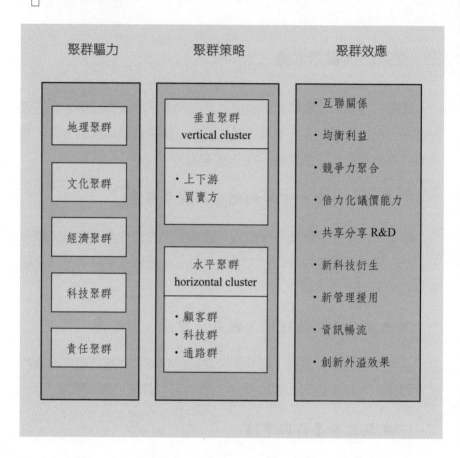

圖 1-1　產業競爭力之磐石：產業聚群（clustering）

資料來源：林建山博士（February 2001）根據哈佛大學及倫敦政經學院教授 Cluistopher A. Bartlett and Sumantra Choshal. *Transnarional Management: Text, Cases, and Rendings in Cross-Border Management* (3rd ed.). Boston. MA: Irwin/McGraw-Hill 2000. pp. 232-233 意旨衍生示意圖。

與經驗，該產業在國際上的競爭力就會加強，存活率就會較高。

㈤政府產業政策

　　產業持續成長是維繫國家經濟的命脈，所以一國在規劃產業政策，應該朝「附加價值高；技術密集度高；市場潛力大；能源係數低；污染程度低；關聯效果大（可帶動相關產業發展）；產品可大量替代進口（減少貿易逆差）」等方向發展。

　　產業政策是指「協調政府行動、引導生產資源，來協助國內生產者更具競爭力」。為強化產業的競爭力，政府大都會運用三種政策工具：第一種是產業輔導，以提供產業相關的技術來幫助產業升級；第二種是租稅減免，如我國的產業升級條例；第三種是補貼，如我國經濟部中小企業處承辦的「兆元貸款輕鬆貸」等活動。所以，政府若能以國家產業政策方式突破產業技術瓶頸，就能增強該國產業競爭優勢。在經濟發展史上，日本大藏省（Ministry of International Trade and Industry，簡稱 MITI）常被學者提到，它如何成功的與產業進行溝通協調的功能，進而決定培植的產業；協調產業標準規格；決定財務支援；快速蒐集國際各項產業資訊。

　　產業發展政策如何制訂？有鑑於各種產業的發展階段而有異，有的產業正在萌芽，有的產業正值成熟，有的產業已經凋零。萌芽的產業例如奈米、生物科技、數位內容與觀光業。成熟的產業例如金融保險、行動通訊、營造建築與光電製造。凋零的產業例如電影、製糖、製鹽與造船等。各部會對於剛萌芽、已成熟或正凋零的產業，應該擬定不同的發展策略。對於剛萌芽的產業，發展之道在於設計一套導入政策。導入政策就是同步培養需求與供給，讓新芽能在政策協助下，

順利成長。至於成熟型的產業，發展之道在於維護競爭機制，並調整產業結構，防止利潤被過度稀釋。所以企業合併、市場重整與新產品的開發，是發展成熟型產業不可或缺的設計。至於那些已經凋零或逐漸衰退的產業，則應從整體經濟的觀點，評估其續存的價值。有續存必要的產業，其所需要的輔導與剛萌芽的產業一樣，都要靠導入政策幫忙；沒有續存必要的產業，例如製鹽與製糖，其所需要的輔導，不是轉型政策就是從業人員的轉業政策，如此，即能擬定出有針對性並有實質功效的個別產業發展方略。

經濟部在 2004 年底召開年終記者會，經濟部長何美玥特別提出「產業全方位躍升」的構想，作為未來施政重點。依據該施政藍圖構想，主要是希望到 2008 年時，我國可達到五個兆元產業，其中除延續半導體、影像顯示兩兆元產業外，同時將催生鋼鐵、石化及通訊產業產值破兆元。此外，也將讓紡織、食品、機械設備、汽車等產業產值，提升到 5 千億元的產業，可見我國未來是傳統與高科技產業並重的發展藍圖。

㈥產業技術突破

一國產業技術是否能夠突破瓶頸，攸關產業未來的發展。所以如果有一個帶頭的企業，能夠適時突破產業成長，所面臨階段性的困境，這個國家產業就可能有更大的發展空間。產業努力的方向，大體說來是屬於「漸進增值性創新」（incremental innovation），它是產品改良與製程改善，屬於一種內向型或廠商系統內、產業系統內的創新，主要的重點，大多集中於成本降低。「漸進增值性創新」通常出現在價格競爭很激烈的產業，而且是屬「規模經濟」，具有高度決定

性地位的產業，其生產方式多屬資本密集型態，設備專精化程度亦較高。但在「漸進增值性創新」之產業，每一種產品的變遷，或每一種產品功能的改變，代價都相當可觀。

(七)產業環境

產業是否能夠順利發展，除產業內部環境的資金、技術及人才外，產業外部環境亦是觀察的指標。如穩定的經濟發展環境，國際景氣需求，究竟是處於成長或蕭條階段，抑或資本市場的健全與否，都是不可或缺的。

(八)產業內競爭強度

產業內彼此競爭的強度愈高，降低成本或創新的壓力就愈大，總體產業成長的動力就愈強，生存的機率就愈高。

四、產業經濟學

產業經濟學的本質，在於詮釋產業組織，與經濟各種層面間的關係。它有助於了解廠商，在不完全競爭或獨占之市場結構下，各種不同的經濟問題，以及對企業競爭策略的影響，故此，可提供制訂產業政策的發展方向。

產業經濟學是個體經濟學與總體經濟學的橋樑，因此，如果缺少了它，將使經濟學領域出現嚴重缺口。目前產業經濟學討論的主題，主要環繞在七大方面：

*1.*市場供需與廠商行為；

2.公平交易法；

3.自由化與民營化；

4.公用事業自由化與民營化；

5.獨占事業自由化與民營化；

6.台灣產業發展之歷程與未來趨勢；

7.新創事業之發展。

產業經濟學目前已成為經濟學的主要支派，它並不討論如何去組織或經營個別企業，而是探討市場組織差異與機能的不完全性，究竟是如何影響生產者，來滿足社會對產品與勞務的需求。在分析工具方面，主要是應用個體經濟學理論，同時也把總體經濟學的政策目標考慮在內，以評估產業發展或市場運作的健全性，及資源利用的有效性。由於生產效率、國際競爭力與消費者福利等經濟問題，均與產業組織息息相關，產業經濟學乃不斷擴充其研究範疇。近年來，源於知識與網路經濟的高度發展，對產業經濟的研究，更有助於了解經濟大環境的變遷與企業未來因應之道。

五、產業環境變化理論

新世代的產業環境，有較為特殊的是，資訊爆炸、全球競爭、資訊網路、價值多元，以及快速變遷等特質，這些特質都會影響到產業發展。

大多數產業隨著時間的變化，會經歷不同的階段，從萌芽、成長、成熟到衰退，這些階段的競爭型態，各有不同的涵義。學者對產業演進生命週期變化，有不同的界定，譬如 Hill 和 Jones（2001）將

產業生命週期，分為導入期、成長期、動盪期、成熟期與衰退期。本節所強調的產業生命週期模式（Industrial Life Cycle Model），指的是產業發展各時期的環境特色，所以概略將產業生命週期，劃分為四種階段。

(一)萌芽期產業環境

產業萌芽期（embryonic stage）是指剛起步的產業，這個階段的特色是成長緩慢，而且在環境上，不一定有利於該產業。不過產業的成長動力（市場需求），政府的政策，以及產業中的主導性企業，皆是萌芽期產業環境的重要變數。

產業剛起步，銷售金額小而市場滲透率低，因為產業的產品不知名，所以顧客相對也少，這種現象背後可能的原因是，購買者對此產業並不熟悉，或企業尚未獲得規模經濟效益，也可能尚未取得良好的經銷通路等。這個產業發展階段的進入障礙，如取得關鍵技術，成本經濟效益或顧客對品牌之忠誠等。如果在此時，所需的核心專業技能困難且很難取得，則表示進入障礙高，從事此行業的企業，受到潛在競爭者的威脅較小。

(二)成長期產業環境

當市場對產品需求開始成長，市場滲透率隨技術日漸標準化且價格下跌加快，商品所有者由高收入普及至大眾，這個產業即迅速發展為成長（growth）產業，此時表示環境極有利於該產業的發展，如目前的太陽能產業。在成長的產業中，許多新的消費者進入這個市場，因而造成需求快速擴張。消費者熟悉產品、價格，因經驗及規模經濟

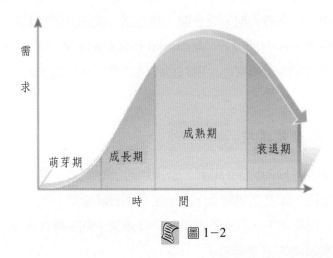

需
求

成熟期

衰退期

萌芽期　成長期

時　　間

圖 1-2

效益而下降，以及經銷通路發達，產業會迅速成長。當產業進入成長時期，以控制技術知識作為進入障礙的重要性開始消失，因為此時進入障礙已降低，且少有企業已達到顯著的規模經濟，或是產品差異化大到足夠保障其品牌忠誠度，因此，來自潛在競爭者的威脅在此時最高。在產業成長階段，競爭程度較低，由於需求的快速成長使得企業可以不用從競爭者手上奪取市場，即能擴張營收及利潤。

(三)成熟期產業環境

市場逐漸飽和開啟了成熟階段（maturity stage），此階段新需求減少，取而代之的是替換需求（replacement demand）。當產業進入成熟期，由於既有業者的規模經濟已形成，新進入者不易競爭，因此進入障礙高，而潛在競爭者的威脅降低。在成熟期的產業，市場趨於完全飽和僅限於更換的需求。由於需求的減緩，企業為了維持市場占有率，不得不降低了價格，其結果是價格戰。產業成熟後，能存活下

來的企業，都是擁有品牌忠誠度及低營運成本的企業，而這兩種因素都構成了顯著的進入障礙，新競爭者進入的興趣也逐漸消失了。使得大部分成熟期的產業多形成寡占市場。

㈣衰退期的產業環境

當新產業以新技術，生產更優良的替代品，而原產業受到新產業的挑戰時，就走入了衰退階段（decline stage）。事實上，產業衰退的產業，除新技術興起外，社會需求的改變、轉型過緩，或受到來自國際的競爭，都可能造成產業負成長。在衰退的產業中，企業間競爭的程度會增加，削價引發虧損或倒閉，亦可能引起併購或裁員。

六、產業關聯表

產業關聯表可用於分析產業間，投入與產出相互依存的關係，為擬定經建計畫及分析產業結構之重要工具。其內容是將一年期間的國民經濟活動，有關各產業相互間的貨品與服務的交易狀況，以矩陣型式來表示的一覽表，這又稱為產業關聯表，或投入（Input）產出（Output）表，亦簡稱 IO 表。它一面表示每一產業，投入中間產品的來源結構，及附加價值結構，另一方面則說明其產品銷售對象及最終需求結構，以了解產業間相互依存的關係。產業相互間交易繁複，所以產業關聯表內容的調查，最好每年調查一次，但因耗費極大人力、物力，所以最少每隔二至三年，就要編製一次。美國編表的時間，自 2004 年由 3 年縮短為 1 年。

表 1-1　產業生命週期各階段的產業結構與競爭演變

	萌芽	成長	成熟		衰退
需求	限於早期選用者：高所得、前衛者	市場滲透能力快速增加	大眾市場，替換／重複購買顧客資訊充分且對價格敏感	過時
技術	相互競爭的技術快速產品創新	以主流設計為主的標準化快速的製程創新	技術擴散：追求技術改良	少有產品或流程創新
產品	品質欠佳特色與技術繁多設計變更頻繁	設計與品質改善出現主流設計	朝向標準商品依品牌、品質與搭售進行差異化	標準商品係常態：難以差異化或提高利潤
製造與配送	高技術人力特殊銷售管道生產週期短	產能不足大量生產競爭配銷機會	產能過剩機械化生產生產週期長	產能持續過剩特殊銷售通路再現
貿易	生產者與消費者皆在先進國家	由先進國家出口至其他國家	生產據點移往開發中國家	由低工資國家出口
競爭	少數公司	進入、合併、退出	降溫價格競爭增強	價格戰退出市場
關鍵成功因素	產品創新建立廠商與產品之信譽	製造設計取得配銷通路建立強勢品牌製程創新	透過資本密集、規模效率與低成本投入要素而達到成本效率高品質	低營業費用買方選擇策略性承諾產能最適化

　　產業關聯表主要涵蓋各種交易表、投入係數表及關聯程度表。這三種表分述如下：

(一)交易表

交易表是產業關聯統計之基本表，按商品的來源不同，基本上可分下列三種：

1.整體產品交易表

包含國產品及進口品交易表，依計價基礎不同分三種：
(1)購買者價格交易表：以購買者支付價格為計價基礎。
(2)生產者價格交易表：扣除國內運費、商業差距之出廠價格。
(3)基本價值交易表：以不含貨物稅之出廠價格計算。

2.國產品交易表

該表可分橫列與縱行，橫列數值表示各種國產品之分配去路，縱行數值表示各部門或最終需要部門，對各種國產品的需要。

3.進口品交易表

該表是與國產品交易表同時產生，橫列數值表示各種輸入品之分配去路，縱行數值表示各部門或最終需要部門，對各種輸入品之需要。

(二)投入係數表

將交易表中各部門之各項投入值，分別除以該部門總產值後得之，用以測度各產業第一次直接關聯效果。

(三)關聯程度表

表示某產業增（減）產量，引起國內各產業第一次直接關聯效果，再加上各業受感應所產生各次間接關聯效果之總和。

1. 向前關聯指數

任何的生產行為，如果可能誘發其他產業，來利用其產品，這就稱為向前關聯，亦即所有產業部門，最終需要變動一單位時，某特定產業產品需求的總變動量，也就是特定產業受感應的程度，故又稱為向前關聯程度。

2. 向後關聯指數

凡是非原始性的生產活動（Nonprimary Activity），都可能誘發其他產業，生產該活動所需之投入，則稱為向後關聯，這就是表示某產業部門，最終需要變動一單位時，各產業必須增（減）數量的總和，也就是該特定產業，對所有產業的影響度，故亦稱向後關聯程度。

第三節　產業結構關係變化

各國的產業結構，不是僵化靜止的，而是不斷的發展變化，這種現象既出現在發展中國家，也出現在已開發國家。前蘇聯學者凱德洛

夫在研究世界科學發展時，曾指出世界性的科技進步，並不是齊頭並進，而是有一門或一組作為主導科學帶頭向前發展，然後再影響到一國產業的生產結構。從十七世紀以來，這種帶頭學科的發展方向是：力學⇨微觀物理學⇨控制論、原子能科學和宇宙航行學⇨分子生物學。與此相對應的是，世界上帶頭技術的替代方向是：蒸氣機技術⇨紡織技術、採礦技術、冶金技術、機械技術、交通運輸技術、化工技術⇨電力技術和電器技術⇨現在的新技術群。與此相關的新興產業的替代產業是：機械業⇨紡織業、採礦業、冶金業、化工業、交通運輸業⇨原子能發電產業、石油化工產業、電子產業、計算機產業⇨現在正出現的高技術產業群。

所以，總合全球產業的發展趨勢，可以發現初期係以「農業為基礎」，隨著工業革命的來臨，首先發展的是基礎產業，如電力、海運、鐵路、煤、銀行等。第二階段的「工業發展」為機械化，主要的發展為重化工業，包括：鋼鐵、石油化學、機械設備等。第三階段的工業發展則是電子化時代的來臨，產業發展以「電子產業」為主，包括：電腦及半導體為基礎的各項產品。第四階段則進入「資訊化時代」，以電腦通訊網路為基礎的產業，開始迅速的成長，包括：各種資訊系統的開發、資料庫的提供、衛星通訊，以及智慧型建築物的興起。

隨著通訊網路的發達，高度服務業也隨之興起，包括：資訊通訊服務、資料庫服務、醫療服務、各種資訊服務及各種新型服務業興起。長期的趨勢則以「生命文化產業」的發展為主體，包括：生化產業（生物醫療、生物化學）、人工智慧利用產業，以及文化產業（如宗教、藝術）的蓬勃發展。

經濟學著名的「佩第一克拉克定理」，從另一個角度觀察產業結構關係的變化，它是指隨著經濟發展和國民所得提高的時候，勞動力會由第一產業向第二產業移動。當國民所得更進一步提高之後，勞動力又會趨向第三產業。第一產業將逐步減少，第二產業及第三產業的份量將逐步增加。這整個變化的過程與取向，就是「佩第一克拉克定理」的精神。第一級產業所指的就如農業、林業、漁業、牧業；第二級產業以工業為主，如礦業、電子業、通訊業、營造業等；第三級產業如服務業。根據國際標準工業分類制度，包括：批發及零售貿易、餐廳旅館、運輸、倉儲、電信、金融服務、保險、不動產、商業服務、個人服務、社區服務，及政府服務。經濟變成以服務業為主後，無可避免地將朝「本地化」發展，也就是說，愈來愈多的勞動力，所生產的「服務」或銷售對象，都在同一個都會區內。不論是健保醫療、教育、法律代表、會計，或按摩、理髮、修指甲，產業與消費者之間的信賴關係將扮演重要角色。

我國半世紀的產業發展情形，過程與「佩第一克拉克定理」不謀而合。以下以我國發展經驗，作為該項理論的驗證。

一、產業結構持續轉變

我國傳統產業從 1982 年開始，占製造業的實質國民生產毛額比重日漸下滑。1972 年，我國傳統產業比重仍高達 48.93%，到了 2002 年占製造業的比重已下降到 18.76%。傳統產業所提供的就業人口與創造的附加價值率，都出現明顯的下滑。於此同時，我國所發展的資訊電子等技術密集型產業，維持國內經濟成長。

(一)農業萎縮

農業占 GDP 百分比於 1953 年達 34.5%，以後持續下降，到 1998 年時為 2.9%。我國在 2002 年 1 月 1 日加入 WTO 後，農產品市場大幅開放自由競爭，我國必須調降名目關稅、取消農產品之進口地區限制、削減境內支持農業之補貼，因此不利小農型態的農業經營。因此，我國農業將面臨激烈市場競爭壓力，在缺乏規模經濟效率之下，恐難與高效率生產的大農制國家、或與勞力成本低廉的國家相競爭。

(二)工業後來居上

工業所占百分比快速上升，至 1986 年達歷史高峰 47.6%，1998 年降為 34.0%；其中，製造業占 GDP 百分比於 1966 年超過農業，1986 年達到 39.7%的高峰後回降，1998 年更降到 27.0%。

(三)服務業持續發展

服務業就是以服務製造業為主，服務業目前在經濟體系的重要性愈來愈高。服務業所占百分比，在 1986 年之前，介於 45%至 49%之間；其後大幅提升，至 2004 年台灣服務業的產值，已占國內生產毛額的 68.7%，就業人口也達到全體的 58.2%，相當於工業先進國家的水準。台灣經濟結構已經轉變，不再以製造業為主，也不可能再有動輒 7%、8%的經濟成長。以服務業為主的經濟體，雖然經濟成長率較低，但對成熟的經濟體而言，這樣的經濟成長數字不但相對健康，而且是正常的。台灣未來成長的方向，應該在服務業，其中最大的一塊在金融產業。

二、高科技工業蓬勃發展

㈠技術密集工業產值占製造業百分比由 1986 年的 24.0%，提升
　　至1998年的42.8%；高技術密集的產品占總出口百分比自 1986
　　年的 18.4%，提高為 1998 年的 41.1%。

㈡電力及電子工業成長迅速，占製造業生產淨值百分比由 1986
　　年的 14.1%，提升至 1998 年的 31.0%。

㈢資訊產品產值居全球第三，僅次於美國、日本。

㈣ 1997 年，監視器、電腦主機板等多項高科技工業產品，產值
　　排名全球第一；與 1983 年排名全球第一的鞋類、自行車等產
　　品相較，製造業結構明顯升級。

㈤新竹科學園區發展快速：園區廠商依產業特性，主要分為積體
　　電路、電腦及周邊、通訊、光電、精密機械及生物技術等六大
　　產業。

第四節　產業成長關係

　　產業成長的相互關係，到底是「平衡成長」，還是「不平衡成
長」？它所牽涉到的，不只是表面的產業關係問題，而是更深層的國
家經濟發展戰略。不同的看法，所採取的發展戰略就會不同。

一、產業平衡成長

　　諾克塞（Ragnar Nurkse）認為產業是「平衡成長」的，因此建議國家應同時從事眾多投資，使許多產業彼此能夠產生足夠相互支援的力量，使各產業互補，如此市場將能擴大。對於經濟落後的國家，則建議要想以輸出初級產業的成品（如農業品）等，來謀求經濟發展是不可能的。唯有採取「平衡成長」戰略，才能打破貧窮的惡性循環。譬如，從產業關聯效果來說，在國內建立甲種產業，自然會引起乙種產業的發展，但是如果甲種產業所產生的誘導作用不大，那麼對乙種產業所產生的正面誘導作用也相對不大。乙種產業發展不穩定時，自然又會反饋到甲種產業，如此必然降低發展速度，所以產業政策應該同時全面的投入。

　　保羅・羅勝斯（Paul Rosenstein-Rodan）診斷落後國家時，也提出與「平衡成長」戰略類似的理論，他認為開發中國家所以無法突破停滯的困境，與缺乏「外部經濟」有密切的關係。此處所指的「外部經濟」是產業因其他產業創設而獲得的利益，對於這些利益，他們卻並沒有對原來提供者（其他產業的投資者），支付任何的報酬。因此，就這些獲得利益的產業論，就無異是由這些「外部」而來不付代價的利益，所以稱為「外部經濟」**1**。社會上如果能有這類「外部經

1「外部經濟」指的是產業因其他產業創設而獲得的利益，對於這些利益，他們卻並沒有對原來提供者（其他產業的投資者）支付任何的報酬，因此，就這些獲得利益的產業論，就無異是由這些「外部」而來不付代價的利益，所以稱為「外部經濟」。社會上如果能有這類「外部經濟」的存在，對於國內

濟」的存在，對於國內的產業發展極有助益。社會各項的公共設施，如交通、運輸、電力等等，都能發揮「外部經濟」的功能與角色。

「平衡成長」的戰略，說明了產業間不是彼此互不相關，而是有一定程度的互動，這可以透過產業關聯程度加以了解。產業關聯程度又稱為相互依存係數或波及效果係數，其意義是：某一部門產品的最終需求增加一單位時，所需向各部門直、間接購買單位數。最終需要透過產業關聯效果，無論是直接或間接，都會對生產、附加價值及輸入，產生一定程度的影響，這種影響又被稱為最終需要的波及效果。波及效果可再細分為兩大類，第一類是「向後關聯效果」，也就是當某一產業部門最終需要變動一單位時，對各產業所必須增（減）產的數量和該特定產業對所有產業的影響（dispersion）程度。第二類是「向前關聯效果」，這是當每一產業部門最終需求皆變動一單位時，對特定產業產品需求的總變動量，也就是特定產業受感應（sensibility）的程度，稱為向前關聯效果。

「平衡成長」的戰略精神在 Michael E. Porter 產業發展的「鑽石體系」中，發揮得更淋漓盡致。他認為某種產業在國際競爭中想要嶄露頭角，國家就應該在四個環節同時投入。這四個環節是：生產因素、需求條件、相關產業，和支援產業。

的產業發展極有助益。社會各項的公共設施，如交通、運輸、電力等等，都能發揮「外部經濟」的功能與角色。

二、產業不平衡成長

　　開發中國家必須採不平衡成長戰略，主要是因為資源不足，所以必須重點投入，由一點帶動全面發展。事實上，任何一種產業都與其他產業發生關係，一種產業的建立與發展，可以引起其他產業的建立與發展。因為一種產業建立以後，一方面固須有其他產業的建立來供給他所需的生產因素（如原料、半製成品、燃料），同時又會以其自己所製成的物品，供給其他產業使用。由此可知，這種關聯效果可分為「向後關聯效果」（backward linkage effect）及「向前關聯效果」（forward linkage effect）等兩大類。

　　賀緝門（Albert Hirschman）是「不平衡成長」戰略的代表者，他認為甲種產業的擴展，因而產生有利於乙種產業的條件與環境，於是乙種產業就在這種情形下發展起來，結果同時產生有利於甲、乙、丙、丁種產業的外部經濟。因此，每一種產業因其他產業的擴展而享有「外部經濟」。不過，這種外部經濟是有先後順序的，不是同時而全面的均衡發展，這是與「平衡成長」最大不同的地方。根據產業不平衡成長的關係，一國產業政策的核心精神，應該集中力量發展那些關聯效果最大的產業部門，而不要同時發展各種產業，如此動力才會有效擴大到其他產業。

　　賀緝門曾以義大利、日本與美國等三國經濟部門的關聯性，作出的結論是：「向後關聯效果」比「向前關聯效果」所發生的效力更大。因為新的產業如果產品銷路有了保障，自然要比僅僅可能在國內購得各種所需的原料更具激勵。同時，就各種產業所能產生關聯效果

表 1-2　政府角色在鑽石體系中行動上的涵義

行動涵義	生產要素	需求條件	相關與支援產業	企業策略、結構、同業競爭
財經	健全金融體系、維持資金市場的流動	利用財政政策擴大內需、公營事業民營化	建立法規，鼓勵產業環節相連結	促進經濟升級，使資源得以重組或重新定位；鼓勵市場開放及全球化策略
教育	發展教育機構、提供技職訓練	提高人文素養，追求高品質的生活	建立研究、教育機構，以培植人才	建立民族榮耀及使命感
科學	廣設研究機構、刺激技術創新	鼓勵創新及升級，形成預期需求	加速新技術的發展，以帶動產業上、下游的創新及國際化	政府科技發展部會與企業研發部門共同進行技術交流合作
內政	建立完善的福利制度	建立社會價值，改善社會風氣，以創造需求	維持治安，提供產業穩定的環境	培養人民的世界觀，激勵人民對產業的忠誠與奉獻
交通	加強基礎建設	促進資訊流通，創造內行、挑剔的顧客，及刺激產品升級	資訊流通技術提升，以利產業環節相連結	創造產業群聚的環境

的總和論，最大的則是鋼鐵產業。因為這種工業建立起來以後，「向後」可以引起煤礦與鐵礦的開採，「向前」則可刺激其他工業的建立，因為它是一般工業所亟需的基本原料。至於農業所能產生的連鎖

效果則是非常的薄弱，尤其是如果將農產品不加工製造即行輸出，其所產生的「向前關聯效果」自更稀少。

　　除了上述平衡與不平衡的產業成長關係外，「投入產出」的模型也是常被用來說明產業之間的彼此關係時，最為普遍的工具。「投入產出」是經濟發展橫斷面上的靜態分析，表示一個經濟體系的各產業部門，在一特定時間內（通常為一年）的投入，與產出數量或金額的分配。這個模型是 1953 年俄裔美籍諾貝爾經濟學（1973）得主李昂提夫（Wassily Leontief）所建構的經濟模型。

　　李昂提夫在《美國經濟的構造》一書中，採用投入產出分析的方法來分析美國的經濟。投入與產出理論是把整個國民所得，及中間生產分成詳細的項目，以期能自生產因素（input）及生產物（output）之關係，觀察一個經濟體系的結構。依照李昂提夫的看法，在經濟體系內，物品製造的過程並非是階段性的，譬如，就煤、鐵機械物品的製造，並非由鐵生產煤，再由鐵和煤來生產其他等，而是依照相互依存的生產過程所製造。也就是說，在煤鐵的製造過程中，要同時使用煤、鐵、機械等生產因素，還要加上原始生產因素（primary factor）的配合。這種生產過程的假定，即為李昂提夫投入與產出的理論依據。

第二章 全球化時代的產業關係

第一節 全球產業發展的障礙

　　在個別國家乃至在全球的產業發展，其產業結構的轉變，主要受到幾個主客觀因素的驅動，其中全球化扮演極為關鍵的角色。因為在全球化的時代，為滿足或迎合市場需求的轉變，個別國家的產業結構，乃至全球的產業結構，都必然為之移轉、調整、改變，這是不以個人意志為轉移的客觀情勢。產業存活與競爭力的條件，主要在於生產成本及附加價值的相對優勢。生產成本的優勢，幾乎主導了整個二十世紀產業發展方向與方式，但在二十一世紀，附加價值的相對優劣高低，才是真正主導產業發展，與產業結構變遷的關鍵性變數。如果這個前提是正確的，那麼未來全球產業的發展，將自然朝向全球化、軟體化、服務化、高科技、跨領域整合及資本密集化等方向發展。

　　不過全球勞動力的失衡配置、不安定的金融經濟、資源與地球環境問題、政治社會的不安定，都可能成為未來阻礙全球產業發展的關鍵因素。

一、金融危機

　　金融是產業的根本，金融若出現危機，必然危及產業的發展。二十世紀末以來，全球金融市場的自由化，加上國際資金大規模流動，更擴大金融經濟活動量及金融經濟市場規模。展望二十一世紀，若有任何國家金融出現危機，特別是美國，都將可能動搖市場，衝擊國際金融，這些在在都會衝擊各國產業的發展。

二、資源不足

　　根據全球原油存量的調查研究，如果耗用原油速度不變，五十年內，將有耗盡的可能。除了原油礦藏嚴重不足之外，其次，較有可能釀成問題的是，地球環境的惡質化，如地球溫暖化、臭氧層破壞、水源短縮、雨林破壞、河川涸竭、廢棄物處置等問題，在未來將是全球產業發展的嚴重阻力因素。

三、政治社會動亂

　　國際經濟社會的貧富失衡、文化衝突、種族關係發展、政治主權的對抗、價值觀與信仰差異等，都是政治社會動亂的危機因子。政治

社會的動亂，將使得全球化融合運動遭遇挫折，對未來全球產業的成長，都是不容輕忽的重大變數。

四、勞動力配置失衡

各國普遍都有高齡化、工資僵固化、失業率高升、人力資源數量與素質不均衡等問題。這些問題在 WTO 協定之後，因要素流動的自由化，可能會更形激化勞動力失衡的問題，進而影響到全球產業的發展取向。

第二節　產業內貿易與產業間貿易

第一級產業屬於農林漁牧所生產的產品，這些產品有些可以直接使用，有些必須經過加工製造後，才能送至市場銷售。這種加工製造的過程，即為第二級產業活動，一般稱為工業或製造業活動。而產品又必須透過運輸、批發、零售的過程，方能到達消費者手上，這些零售、批發業即為商業；運輸、倉儲、金融保險業等，即為服務業，一般將這些產業合稱為第三級產業。

國內產業會形成一定的相互關係（如完全競爭、不完全競爭、寡占、完全壟斷），國家與國家之間的產業與產業也彼此相關，進而使國家之間產生經濟上的相互依賴。在科技進步與交通便捷的二十一世紀，全球貿易密不可分，產業關聯度與價值鏈的分工體系，早已跨越

政治上的國界。以台灣而言，經濟高度依賴對外貿易，就表示產業內貿易與產業間貿易的關係極為密切。

經貿依賴在貿易上，顯示出兩種重要情形，一種稱為產業間貿易（inter-industry trade, IIT），另一種稱為產業內貿易（intra-industry trade, ITT）。

一、產業間貿易

兩國或兩國以上的國家，彼此以相同產業的產品相互貿易，就稱為產業間貿易。為什麼會出現產業間貿易這種現象？通常解釋的理由有兩項：

㈠產量方面

兩國開放貿易而使市場擴大，需求量增加，產量因而擴大，此時很可能出現外部規模經濟。其結果將使產業平均生產成本下降，產品價格下跌，兩國消費者獲益，社會福利提升。所以，外部規模經濟的存在將使得兩國有誘因開放貿易。

㈡產品種類

若沒有貿易，廠商生產只為了提供國內的消費者，且由於生產有規模經濟的特性，廠商將會侷限於生產少數種類的產品，以獲取規模經濟所帶來成本下降的好處，因此消費者所能選擇的產品，種類相當有限。反之，若兩國貿易時，消費者人數將擴增，如此一來便有較大的市場來支持較多的廠商，生產較多種類的產品。消費者不僅可選擇

購買本國產品，也可購買舶來品，因此便有較多種類的產品可供選擇，消費者福利因而提高。

二、產業內貿易

　　一國進口與出口的產品，屬於不同產業（如汽車與紡織品）的異質性產品（differentiated products）的貿易型態。一般來說，兩個貿易國若是同一語系的國家，相較於不同的國家，更容易產生產業內貿易，這種貿易在文獻上，也常被稱為重疊貿易。例如，美國出口大型汽車給日本，而日本則出口經濟省油的小汽車給美國，由於不管是大型汽車或小型汽車，皆同屬於汽車產業，但彼此間為異質性產品，這種貿易行為被稱為產業內貿易。產生產業內貿易的原因，主要有如下五點：

(一)消費者偏好

　　一國消費者的偏好，可能大於一國所能提供的產品種類。從另一個角度來說，任一國的廠商也都不可能生產來滿足全世界不同偏好或口味的消費者，如此一來，產業內貿易便自然而然的發生。再者，一些廠商為建立起消費者對其產品的忠誠度，也往往刻意生產與其他國家廠商不同性質的異質性產品（產品差異化），以達到市場區隔目的，如此一來，產業內貿易就會發生。

(二)經濟規模

　　此點與上述產品異質性的原因，是有很大關聯的。就如前述，由

於全世界各國消費者的偏好並不相同，因此任一國的廠商，基於規模經濟的考慮，不可能也不會為了滿足全球各地不同偏好的消費者而去生產全部的異質性產品。因為一國的廠商若為了生產各種不同的異質性產品，則其將必須投入很多的機器模具，若每個機器模具僅生產少許的數量，如此一來便很難發揮規模經濟的效益。也由於這種規模經濟的考量，使得國與國之間產業內的貿易便自然而然的發生。

(三)貿易障礙（運輸成本與地理位置）考量

地理區位、交通成本、關稅、非關稅等貿易障礙考量，也會助長產業內的貿易。例如，對於一些地理幅員廣大的國家（如美國、中國大陸），交通成本的高低，往往對產業內貿易的增減，扮演一個很重要的角色，尤其是產品屬於一些體積大、重量大的產業，更是如此。舉例來說，假設中國大陸的廣東省與尼泊爾皆同時生產某一產品，則位於中國大陸內蒙古的購買者，基於交通成本的考量，很有可能向尼泊爾進口此項產品，而不向廣東省購買。如此一來，中國大陸與尼泊爾間的產業內貿易，便可能隨著交通成本的降低而增加。通常，產業內的貿易會隨著交通成本及關稅等貿易障礙的降低而有所增加。

(四)國與國間所得分配不同

國與國間所得分配的不同，會影響產業內貿易的研究成果，是由 Herbert Grubel（1970）首先提出來的。根據 Herbert Grubel 的研究，兩國間的平均國民所得相同，但所得分配的不同，仍可能帶來兩國間產業內的貿易。

譬如，甲、乙兩國有相同的平均所得，但甲國有相當多的低所得

民眾，而乙國的所得分配呈常態分配。在此種情形下，甲國的廠商，將比較可能專注於滿足低所得的消費者；而乙國的廠商，將比較可能專注於滿足高平均所得的消費者。在以上的情形下，甲國高所得的消費者，及乙國低所得的消費者，由於他們本國的廠商並無法提供滿足其口味的產品，因此便必須從向外國購買產品來滿足其偏好，如此便發生產業內貿易。

(五)國與國間要素稟賦及技術的差距程度大

兩國間的要素稟賦與技術愈接近時，這兩國間的產業間貿易會較少，而產業內貿易會較多；相反的，若兩國間的要素稟賦及技術的差距愈大，則這兩國間的產業間貿易會較多，而產業內貿易會較少。

三、產業內貿易衡量

一國可以透過產業內貿易指數（intra-industry trade index），來衡量或計算產業內貿易的情形。其公式如下：

$$T = 1 - \frac{|X - M|}{X + M}$$

以上　T：產業內貿易指數；$0 < T < 1$
　　　X：一國某一特定產業的出口額
　　　M：一國某一特定產業的進口額

有關於產業內貿易指數的計算，有幾點值得向讀者加以說明：

1. 若 T＝0

　　X＝0 或 M＝0

一國對此一產業只有出口而沒有進口，或只有進口而沒有出口，該國對此一產業毫無產業內貿易。

2. 若 T＝1

　　X＝M

該國對此一產業的出口額等於進口額，產業內貿易指數達到極大。

3. T值愈高，代表產業內貿易愈熱絡；T值愈低，代表產業內貿易愈冷清。

台灣與中國大陸間有關電腦零組件產品的產業內貿易指數計算如下：

$$T = 1 - \frac{|X - M|}{X + M}$$

產業內貿易指數值（即T值）的大小，牽涉到如何定義產業的範圍，如果對某一特定產業作愈廣泛的定義，則產業T值必然愈大；反之，T值必然愈小。

第三節　產業損害與救濟制度

在全球高度整合的時代，世界各國的貿易關係愈來愈頻繁與複雜，關稅壁壘已不再為各國所接受。代之而起的是，世界貿易組織的

規範，來協調各國間的貿易行為。惟這種開放與自由化的趨勢，固然有助於國家間利益的協調與成長，但對於若干種類的進口品，對產業造成傷害時，則易產生諸多的不滿。國內產業可能受到外來商品的衝擊，此時應該如何應變呢？相信這是關心產業發展的人都會注意的議題。

　　以關稅暨貿易總協定的防衛條款（Agreement on Safeguard）而言，只要是國外大量進口、造成對國內產業衝擊，或以傾銷、補貼等不公平貿易方式，對進口國產業造成傷害，就可以採取救濟的措施。根據中華 1994 年 2 月 5 日公布的貿易法，其中第十八條：「貨品因輸入增加，致國內生產相同或直接競爭產品之產業，遭受嚴重損害或有嚴重損害之虞者，有關主管機關、該產業或其所屬公會或相關團體，得向主管機關申請產業受害之調查及進口救濟。經濟部為受理受害產業之調查，應組織貿易調查委員會，其組織規程由經濟部另訂之。」第十九條：「外國以補貼或傾銷方式輸出貨品至我國，對我國競爭產品造成實質損害、有實質損害之虞或對其產業之建立有實質阻礙，經經濟部調查損害成立者，財政部得依法課徵平衡稅或反傾銷稅。」

　　既然產業損害可以採取救濟措施，那麼各國究竟如何判斷與考量產業的損害？損害認定應綜合考量國內受害產業全盤變動的情況，它涵蓋[1]：

---

[1] 1993 年 2 月 5 日公布我國貿易法第十一條：貨品應准許自由輸出入。但因國際條約、貿易協定，或基於國防、治安、文化、衛生、環境與生態保護或政策需要，得予限制（紡織品進口救濟辦法，1977 年 6 月 2 日，經濟部）。

1. 生產量；

2. 生產力；

3. 產能利用率；

4. 存貨量；

5. 市場占有率；

6. 出口量；

7. 工資及就業情形；

8. 國內價格；

9. 利潤及投資情形；

10. 其他相關經濟因素。

國內產業有無受嚴重損害的認定，應就前面十項因素變動的趨勢，衡量該產業是否將因不採取救濟措施而受到嚴重的損害。例如，在實施紡織品進口救濟措施與否及其程度時，應斟酌該進口救濟案件，對國家整體利益、消費者權益，及相關產業所造成的影響，並以彌補或防止產業因進口所受損害範圍為限。

評估進口貨物對產業的損害程度，主要有兩種方法，一種是階段法（Bifurcated Approach），另一種是假設法（「But for」Approach）。

一、階段法

階段法是先確認進口貨物，是否對國內產業造成重大傷害，而後再進一步檢驗該產業損害與進口貨物間，因果關係是否存在。只要其中任何一部分的分析結果為否定，那麼產業損害便無法認定。

在實際行使上，必須進行：㈠重大傷害調查，以及㈡該損害與進

口產品間因果關係的檢定。任何救濟控訴案的成立，皆須同時滿足上述兩項檢驗條件。有關損害確認的部分，通常利用許多重要相關產銷指標變化，來檢驗國內產業絕對或相對狀況，這些指標涵蓋：生產量、產能、產能或產能利用率、銷貨量、存貨、就業、工資、資本支出、研究發展支出、資產價值、資產報酬率等。其目的是利用這些指標，來綜合判斷國內產業目前的真實狀況。一般而言，指標如果太低或有走低的趨勢，都代表國內產業出現某種程度的問題。在調查產業重大傷害時，常用的是：簡單推論法、趨勢分析法，及比較分析法。

(一)簡單推論法

以簡單推論法來判定因果關係，真正的目的，並不在於對國內產業造成損害究竟存不存在，或損害程度的大小。因為它實際檢驗的目的，是在評估導致該項負面影響的進口量，是否已達到「顯著」程度，以及必須採取後續的產業救濟。就產業損害認定的推論過程，邏輯上的瑕疵是相當清楚的。

(二)趨勢分析法

該法是著重進口品與產業損害的單獨直接關係，該法所選定的判斷指標有：進口量、進口品市場占有率、進口品的價格趨勢、進口價格與國內產品價格的差異、銷售貨利潤損害等。根據這種方法的最基本精神，進口品的價格，是否比國內同類產品為低。若是，則損害有可能發生；若進口品的價格，比國內同類產品為高，則進口品與國內產業損害間的因果關係便不存在。

㈢比較分析法

它先以經濟理論為依據，建立若無進口品威脅時，國內經濟應有的架構，然後以此架構作為基準，比較現行國內經濟差異，以決定進口品的威脅程度，對國內產業造成價格與數量上的改變。最後再據以認定此影響的嚴重程度，俾作為最後裁定的標準。

二、假設法

該法直接比較「不公平進口貨物存在」與「假設其不存在」等兩種情形，如果差異確實很大，那麼產業損害便告成立。這種方法需要充分而完整的資料，來估算進口貨物對國內產業，所造成的損害程度，資料必須包括：不公平進口貨物、公平進口貨物、同類貨物的供需與需求彈性，甚或這三種貨物相互間的價格交叉彈性等資料。但因這些資料通常不易獲得或不易估算，故假設法的運用，資料問題的克服為主要關鍵。

國外產業因補貼或傾銷而危害我國產業，此時產業必須蒐集，並提出四方面的資料：

㈠申請人及其所代表之產業，最近二年生產、銷售、獲利、僱用員工，及生產能量的使用等情形。

㈡該貨物最近二年進口數量、價值，在中華民國市場占有率，對國內同類貨物價格之影響，及來自該輸出國的進口數量、價值。

㈢申請人主張有延緩國內同類產業建立，須證明該產業即將建

立，且新產業之計畫已進行至相當階段，如工廠建造中或已訂
購機器。

㈣申請人如有正當理由，無法提出最近二年有關危害中華民國產
業之資料者，得提出最近期間之國內產業損害資料。根據貿易
法第十條的規定，經濟部應於案件送達翌日起的四十五日內，
就申請人及利害關係人所提資料，參酌其可得之相關資料審查
後，將初步調查認定結果通知財政部。

經初步調查認定未危害中華民國產業者，財政部應提交委員會審
議結案，並刊登財政部公報。其經初步調查認定有危害中華民國產業
者，財政部應於通知送達之翌日起七十五日內，作成有無補貼或傾銷
之初步認定。財政部初步認定有補貼或傾銷事實，而有暫行保護國內
有關產業之緊急必要時，得於平衡稅或反傾銷稅課徵審議完成前，與
有關部會會商後，報請行政院核定，對該貨物的進口訂明範圍、對
象、稅額，臨時課徵平衡稅或反傾銷稅。但其課徵期間最長不得超過
四個月。

財政部初步認定的案件，應繼續調查，並於初步認定翌日起六十
日內完成其最後認定。經最後認定無補貼或傾銷的案件，應即提交委
員會審議結案，並通知經濟部，停止調查及刊登財政部公報。若最後
被認定有補貼或傾銷者，則應迅速通知經濟部，於通知送達之翌日起
四十五日內作成該補貼或傾銷，是否危害中華民國產業最後調查認
定，並將最後調查認定結果通知財政部。

財政部對於經濟部最後調查認定，無危害中華民國產業之案件，
則應提交委員會審議結案，並刊登財政部公報；對於經最後調查認定
有危害中華民國產業者，應於經濟部通知送達翌日起十日內提交委員

會審議。前項經委員會審議決議課徵平衡稅或反傾銷稅之案件，財政部應即報請行政院核定對該貨物之進口，訂明課徵範圍、對象、稅額、開徵日期，課徵平衡稅或反傾銷稅。

　　面對二十一世紀全球化的經濟新挑戰，產業除了可透過上述政府的政策工具來改變既有產業劣勢外，為避免產業空洞化或產業衰退，尚可將以下策略分別或合併採行。這些策略有：

(一)重建產業吸引力

　　以期能強化產業對資本、人才及研究開發之吸引力，使能再獲具體之成長，並據以提升產業獲利能力，增進產業吸引力，而成為產業發展之良性循環。

(二)研發以提振比較競爭力

　　就全球市場層次之供給、需求，以至中間產業市場之相對競爭力優劣勢，以至絕對競爭力優劣勢，進行跨國家、跨地區、跨特定市場、跨類型廠商之比較分析研究，並據以引申發展產業特有或專屬競爭條件與作法。

(三)創新全球布局

　　從全球產業價值鏈之觀點，聚焦集中於高附加價值之產銷階段，掌握國際「為需求而需求」與「為供給而需求」之普及策略發展態勢，以「高增值之價值觀」積極取代「大減成本之價值觀」。

㈣創新需求管理

從市場缺口分析與國際行銷缺口研究，改善產業整體需求管理思維與作法，期能加速促成產業在國際市場上的「價格學習曲線再生」。

㈤聚焦市場價值

強化個別廠商價值鏈抉擇的技術／產品創新、組合、延伸的能力與能量，取得有利之市場價值地位。

㈥擴大普及應用

強化產業之向外、向異業的應用、整合與延展，提高產業擴大應用範圍的經濟效益。

㈦分享策略聯盟

積極推動產業的聯合設計中心、聯線生產、發貨倉庫、共同標幟（品管、保證）之策略聯盟類型方案，以強化產業品質、安全、保障、責任與服務能力與能量。

第四節　全球總體經濟環境與我國產業發展

全球化時代的總體經濟環境，已有四項明顯的趨勢：產業發展科技化，國際環保規範受到重視，區域整合日趨深化，以及全球貿易與

投資自由化。在這樣的環境下，我國產業究竟應朝哪個方向發展，是本節重點所在。

一、就全球總體經濟趨勢作說明

㈠產業發展科技化

近年來，資訊革命大步開展，科技創新一日千里。未來高科技產業將更重視研發，傳統產業也須靠研發來加速轉型與升級。面對以科學技術知識為基礎，講求速率、效率的新世紀，科技創新將主導未來的產業發展。這些科技涵蓋了資訊科技、網路應用、自動化技術、智慧型生產等。未來十年，資訊、通訊、電子、生物技術、航太、自動化機械等高科技工業，將成為工業發展的主流。所以，工廠無人化、自動化、零庫存、機器精密化、材料性能高級化，及廢棄物充分回收利用等都會逐步實現。在生產與消費都將充分運用科技的大環境架構下，必然會提高生產的效能與生活品質。

㈡國際產業分工

在關稅及非關稅障礙愈來愈低的情況下，國際產業分工非常的明顯，換言之，有機會將各國優勢的生產資源組合起來，例如，先進國家的資金、技術，與開發中國家的大量廉價勞工，以提高產業的競爭力。由於全球競爭愈趨激烈，企業必須以全球化的經營，來提升競爭優勢。全球製造、商情資訊的獲取，以及透過併購、技術交換、相互授權、策略聯盟等方式，走向研發及行銷全球化，將是未來發展的重

點。

(三)國際環保規範受到重視

1. 聯合國於 1992 年召開「里約地球高峰會議」，通過二十一世紀議程、生物多樣性公約，以及氣候變化綱要公約。其後，歐、美工業國家紛紛以貿易制裁方式，落實國際環保規範，並已形成國際共識；而綠色生產、消費也成為國際新趨勢。

2. 1996 年 7 月，國際標準組織（ISO）發表 ISO-14000 系列，正式將環境管理納入企業生產流程，對於無法取得該環境管理標準認證產品之出口，將受到抵制。

3. 京都議定書在超強（美國）退出，多強（歐盟）堅持，小國參與的情境下，於 2005 年 2 月 16 日正式生效，這是國際環境合作的典範。其中有 130 個國家，批准溫室氣體減量的國際條約，工業化已開發國家領先減量，在 2008 到 2012 年間，將六種溫室氣體（主要為二氧化碳），減至比 1990 基準年再少 5.2%。條約採取「全球總量抑制，國家個別目標」策略，將締約國家分為三類，第一類已開發國家必須減量，並提供經濟援助及技術轉移；第二類東歐經濟轉型國家必須減量；第三類發展中國家，於第一承諾期間（2008～2012）並無減量義務。

(四)區域整合日趨深化

在北美洲方面，美國、加拿大與墨西哥於 1994 年通過北美自由貿易協定（NAFTA）；在亞洲方面，亞太經濟合作會（APEC）也於 1994 年通過茂物宣言，宣示於公元 2010 年及 2020 年，已開發國家

及開發中國家，將分別完成貿易暨投資全面自由化；在歐洲方面，歐洲共同體於 1999 年 1 月 1 日正式發行歐元，歐元地區對國際市場影響力大增；1997 年 11 月，亞太經濟合作會成員於加拿大溫哥華達成決議，將化學製品等九大部門，列為優先自由化項目，並自 1999 年起實施。

㈤全球貿易與投資自由化

1995 年 WTO 成立後，全球自由化的範圍，由工業產品貿易擴及農業、服務業與相關的投資活動。首屆世界貿易組織部長會議，於 1996 年 12 月發表「資訊科技產品貿易部長宣言」，同意將資訊科技產品關稅在公元 2000 年降為 0。1997 年底，世界貿易組織的 102 個國家代表更進一步達成協議，同意開放銀行、保險、證券與金融資訊市場。

二、我國產業發展方向

在過去半個世紀政府與民間的共同努力下，產業快速發展，結構急遽改變，產業競爭力不斷提升，並累積了厚實的發展潛力。但是不可諱言的，自李登輝先生所主導的「戒急用忍」政策，以及陳水扁先生的「積極管理」政策主導下，我國目前的發展與先進國家相較，已產生一段嚴重差距，總體經貿與投資環境也產生重大變化。

這種變化可區分為三大類：第一類，將面臨嚴重競爭挑戰之產業，包括：金融產業、教育服務產業和傳統產業。第二類，目前面臨發展困境，未來或有轉型契機之產業，包括：觀光休閒產業、農業、

高科技產業、房地產業和倉儲運輸業。第三類，目前已有雄厚基礎，未來有更大發展空間之產業，如：資訊電子產業與機械產業。對於前兩類產業在面臨嚴重競爭挑戰，與生存危機的關鍵時刻，如能轉型成功，也將有新的發展契機。

除此之外，政府應促進產業發展的可行對策，強化經濟建設等外部環境，以協助產業升級與發展，這些具體強化投資經營環境的措施，應該涵蓋下列這些部分：有效解決交通瓶頸，縮短旅運成本；全力改善治安狀況，保障住民生命財產安全；提升居住與設廠環境品質，吸引廠商進駐與定居意願；廣設通關、簽證、稅款繳納的單一窗口，使業者出口手續得以一次作業完成，節省人力、時間成本。在全球化激烈競爭的時代，未來我國農業、工業及服務業的發展趨勢，將與以往截然不同。但有些產業發展方向，幾乎是可以肯定的。

(一)農業發展方向

台灣的農業屬於內需型產業，由於國內市場供給過剩，勞工成本高昂，農產品配銷體系不健全，加上在開放農業市場後，又必須面臨歐美有機品、營養食品、東南亞稻米等強大壓力，因此，新世紀農業發展趨勢，應涵蓋三大面向：

1. 兼顧維持糧食安全與生態景觀維護的責任，追求生產、生態與生活間平衡的永續發展。
2. 發展具競爭力的農、漁、牧產品，有效結合生物技術與資訊科技，產銷全面朝向工業化、服務化。未來這個趨勢的發展結果，農業與二、三級產業的界限，勢將逐漸模糊。
3. 結合傳統生產、農村生活文化，以及自然生態環境，轉型發展

休閒觀光農業。

(二)工業發展方向

我國必須快速順應國際化、科技化，與永續發展等全球工業的方向發展，才能掌握市場利基與契機，發展符合比較利益的產業，如此才能使我國新世紀的工業，在國際市場更具競爭力。這些趨勢包括：

1. 傳統工業朝科技化、彈性化、精緻化、高品質、高價值領域發展。
2. 提升石化及鋼鐵工業的生產力，作為其他產業的後盾。
3. 發展高附加價值的技術密集產業來帶動我國經濟成長。
4. 生產高度自動化與高度國際產業分工；由代工生產（OEM）及代工設計（ODM），轉為採行全球運籌管理策略。
5. 推動更多的高科技公司發展成為跨國公司，促成其他世界級公司來台進行策略結盟，使台灣成為亞太高科技製造及研發中心。
6. 開發各類智慧型工業園區，以吸引相關配套產業，來加速形成「高科技產業群」，由點而面，逐步實現「科技島」的建設。
7. 推動環保產業，使工業發展與生態能夠保持平衡。

(三)服務業發展方向

我國服務業政策早已逐步開放，國內服務業員工服務顧客的觀念與能力雖然不斷改進，但是在相關法律、制度、組織結構與科技技術方面仍有待改善。未來服務業發展趨勢，必然涵蓋三大特質：

1. 高效率

開放國內電信、金融等服務業市場,再配合資訊與通訊科技,必然會帶動新興的服務商品的發展,如電子商務、電子金融、個人行動通信等,提供更好的服務品質。

2. 高品質

發展國際貿易、運輸倉儲、通訊、金融、保險等專業性、高附加價值的服務,並透過電子商務、網際網路服務業、知識技術及資訊軟體服務業,支援第一產業、第二產業,以創造更高的國際競爭力。

3. 完善的制度法令

要使我國服務業效率與品質大幅提升,硬體設施固然重要,但完善的制度法令,才能保障企業更多元化及更便利的專業服務。

台灣產業的升級,可以從高科技產業的深化與廣化,與傳統產業的轉型著手。就高科技產業的深化而言,即強化研發或品牌、行銷,以及延伸企業價值鏈來鞏固利潤;所謂深化,則是增加產品線或跨入其他科技領域。在傳統產業轉型方面,可循三個主要途徑,第一是積極投入研發,提升技術,或提高產品附加價值。第二是加強創新知識的擴散,使傳統產業能運用網際網路、電子商務,以掌握交易,爭取物流時效。第三是加強產業設計活動,並大力推動品牌及建立行銷網路,以提升產品的附加價值。

第二篇

傳統產業篇

Industrial Analysis

12456 65 9875 456 2155　125　4　688　654 22 5 2

第三章　傳統產業

第一節　傳統產業的界定

　　傳統產業對一國的經濟成長，占有非常重要的地位，這主要是它能涵容龐大的就業人口，提供大量的就業機會，所以，傳統產業有其重要的地位。

　　在我國的法律上，並沒有對傳統產業提出明確的定義，所以傳統產業到底有沒有確切的標準，如果有，那麼符合者即可稱為傳統產業；如果沒有，就要經過產業與產業的比較之後才能確定何者為傳統產業，何者為高科技產業。不過以行政院主計處的資料顯示，製造業可區分為「傳統產業」、「基礎產業」與「技術密集產業」三種類型。其中所歸納的傳統產業，包括食品業、菸草業、紡織業、成衣及服飾、皮革毛衣及其製品業、木材製品業、家具及裝設品業、紙漿及

紙製品業、印刷及有關事業、非金屬礦物製造業與雜項工業。

一、標準指標

就標準論者所提出的指標，涵蓋：產值占國內生產毛額、研究發展經費、產品的生命週期等三項指標。

㈠產值占國內生產毛額

以產值占國內生產毛額的變化來界定產業是否屬於傳統產業，例如，二十年前紡織業產值占台灣國內生產毛額（GDP）的45%，當時如果紡織業瓦解，台灣經濟就會嚴重受損，就這個指標而言，當時紡織業就可以稱為高科技產業。但現在紡織業只占台灣經濟總產值的6%左右（儘管它的產值和外銷值都較以前成長），從這樣的角度來看，現在台灣的紡織業應該屬於傳統產業。

㈡研究發展經費

研究經費愈高，代表技術層次愈高，所以以這個作為指標是有意義的。根據先進國家研究，研究發展占營業額10%以上，高級人才占員工人數 10%以上，就是高科技產業。但不同國家對 10%有不同的看法，例如，台灣研發經費只要占 5%，就可以進駐科學園區。因此研究發展經費固然可以作為觀察的指標，但是研究發展經費到底占營業額多少，就非常容易仁智互見。不過就此指標的精神而言，沒有研發，產業就難以生存，相對的也就愈接近高科技產業。

在一般實證研究裡，大多傾向將高科技產業以「研發支出占銷貨收入的比重」，來認定該產業是否為高科技產業。其次，再以「研發人員的比重」來認定，也可以運用「技術特性」及「產品市場」等項目來輔助。

(三)產品的生命週期

1966 年，哈佛大學威隆（Raymond Vernon）教授提出產品生命週期理論（Product Life Cycle Theory），將產品分成新產品階段、產品成熟階段、產品標準化階段。傳統產業因產品壽命較長，對生產所需資源需求變化性較小；高科技產業因產品的生命週期短，產品變化快速，各種設備及材料變異性較大，所以產品的生命週期只能粗略的劃分，但還是很難劃分出產品生命週期的真正界線所在。

二、相對論

就相對論而言，某種產業在先進國家可能是傳統產業，但在開發中國家可能就是高科技產業。對比論者可以避開絕對的標準來判定傳統產業與非傳統產業，不過它仍然需要相對的標準作為比較之用。

就競爭特性來說，傳統產業技術層次較低，競爭者進入門檻較低；高科技業技術層次較高，資金較密集，進入門檻較高。就傳統產業經營面而言，勞動者成本占產品價值極大比例，產品取代性較高，就屬於傳統產業；反之，它的對立面新興高科技產業，通常製造費用占總成本比例較低，產品較具特殊功能，取代較不容易。

本書為便於研究，乃以我國促進產業升級條例中，對於新興重要

產業之外的產業，歸納為傳統產業。在製造業的 22 項分類中，有 18 項定位為傳統產業，像食品、紡織、金屬、非金屬的礦物、塑膠、橡膠、石化產業等。

第二節　傳統產業的威脅

行政院公布的六年國發計畫，以「兩兆雙星產業」為主軸，規劃新台灣產業藍圖。「兩兆雙星」產業的「兩兆」指的是，半導體產業及影像顯示產業，六年內產值將各達一兆元以上；「雙星」產業則是數位內容及生物技術這兩項高度成長潛力的明星產業。在諸新興產業蓬勃發展的現代，傳統化工產業似乎漸漸沒落。值此二十一世紀的先期階段，台灣傳統產業正面臨巨大的轉變與挑戰，無論是加入世界貿易組織而大幅開放國內市場，網際網路與電子商務的興起等因素，都更加使得產業競爭成為更激烈的時代。

我國傳統產業的發展，面對來自於國際與國內經營環境的危機，國內企業面臨的經營問題，按優先順序分別為：

1. 兩岸關係不穩定，造成台商缺乏保障；
2. 國內市場飽和；
3. 基層技術勞工不足；
4. 欠缺全球化運籌管理人才；
5. 研發設計能力不足；
6. 營運資金融通不易；

7.國際匯率變動過大；

8.相關輔導機構支援不足；

9.國內欠缺相關產業配合，尤其是關鍵零組件供應不足；

10.進口貨傾銷；

11.消費者對國產品信心不足的錯誤觀念；

12.資訊化及電子商務的程度低。

傳統產業的生產面，涵蓋有十二大類的問題：

1.原料進口關稅過高，影響生產成本；

2.人力不足；

3.訂單不穩定，造成設備閒置；

4.產品市場太小，未能達到規模經濟；

5.原材料存量太多，以致增加成本；

6.國外供應的原料難以掌握；

7.獲取新技術所需的成本太高；

8.國內供給的原料品質欠佳；

9.進口原料價格受到外商控制；

10.現有設備產能過低或過於老舊；

11.員工缺乏訓練，難以提高生產；

12.所需原料尚未開放進口。

傳統產業所面臨的行銷面問題，雖與前述有所不同，不過本質上仍有共同之處。基本上，可以區分為十二大類：

1.國內同業惡性競爭；

2.大陸及東南亞在外銷市場競爭激烈；

3.國內市場受到進口品競爭；

4. 市場發展潛力不足；

5. 消費者需求多變，難以掌控；

6. 缺乏國際行銷人才；

7. 產品銷售網建立不易；

8. 缺乏商業分析及市場預測人才；

9. 促銷成本過高，難以掌握；

10. 無法迅速取得可靠的商情資訊；

11. 銷售通路難以掌握控制；

12. 關稅障礙。

在以上林林總總的問題中，資金取得的障礙是普遍傳統產業所遭遇的難題。企業資金取得面臨的主要障礙，包括：

1. 借貸利率水準太高；

2. 行業不景氣，金融機構緊縮信用；

3. 金融機構借貸審查太過嚴苛；

4. 沒有足夠的擔保品。

這些原因以行業不景氣，造成金融機構授信緊縮信用最為普遍。根據產業的調查，其中以金屬機械工業資金最不易取得，民生工業次之，化學工業位居第三。未來唯有更強化我國證券市場，健全基層金融機構體質，以及有效落實金融自由化，才能建構產業良好的經營環境。

表 3-1　傳統產業主要所面對的經營問題

生產面問題	經營面問題	行銷面問題
1. 所需原料尚未開放進口（尤其是來自大陸），造成成本升高	1. 國內市場狹窄，發展不易	1. 國內同業惡性競爭
2. 人力不足	2. 基層技術勞工不足，市場競爭力不易增強	2. 大陸及東南亞在外銷市場競爭激烈
3. 國外供應的原料難以掌握	3. 欠缺全球化運籌管理人才	3. 國內市場受到進口品強力競爭
4. 產品市場太小，未能達到規模經濟	4. 研發設計能力不足，導致缺乏國際競爭力	4. 市場發展潛力不足
5. 原材料之存量太多，增加成本	5. 營運資金融通不易，企業危機增高	5. 消費者需求多變，難以掌控
6. 訂單不穩定，造成設備閒置	6. 國際匯率變動過大，風險控管障礙大	6. 缺乏國際行銷人才，形成拓展商品的障礙
7. 獲取新技術所需成本太高	7. 相關輔導機構支援不足，造成產業易受傷害	7. 產品銷售網建立不易
8. 國內供給的原料品質欠佳	8. 兩岸關係不穩定，造成台商缺乏保障	8. 缺乏商業分析及市場預測人才
9. 進口原料價格受到外商控制	9. 進口貨傾銷，使幼稚產業難以迅速成長	9. 促銷成本過高，難以掌握
10. 現有設備產能過低或過於老舊	10. 消費者對國產品信心不足的錯誤觀念	10. 無法迅速取得可靠的商情資訊
11. 員工缺乏訓練，難以提高生產	11. 資訊化及電子商務的程度低	11. 銷售通路難以掌握控制
12. 原料進口關稅過高，影響生產成本	12. 國內欠缺相關產業配合，尤其是關鍵零組件供應不足	12. 關稅障礙

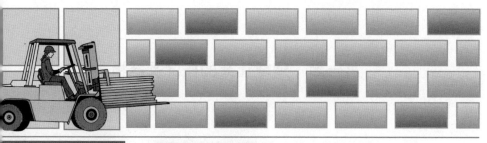

第四章　鋼鐵產業

　　鋼鐵工業為國家建設的基本工業，為經濟發展必須重視的關鍵產業，與其他產業的關聯性極高，舉凡運輸工具、機械、造船、建築、電機等，無不以鋼鐵為根。由於鋼鐵為經濟社會發展所不可或缺的原料，亦為衡量一國工業生產的重要指標，世界許多重要的工業國家，均將鋼鐵工業視為國力強弱的象徵。

　　鋼鐵產業係以製造各式各樣鋼鐵製品的行業，然而產業的發展，必須仰賴工礦、電機機械、土木、運輸與資訊工業的支援，以及下游產業的配合。這種產業營運的屬性是高投資、低報酬的景氣循環產業，不過自亞洲金融風暴與國內建築業景氣不佳的衝擊後，國內鋼鐵業在生存上面臨極大的挑戰。因此振興我國的鋼鐵產業，具有改善工業結構與促進整體經濟發展的功能。

第一節　鋼鐵產業的概況及結構

國內鋼鐵產業除了最上游的原料外，國內鋼品都能自給自足，其中除鋼板與電磁低矽鋼板兩項產品自給率低於 100%外，其他所有產品自給率均超過 100%，表示國內所生產的鋼品除了滿足國內所需，並能夠外銷到其他地區。換句話說，國內地區的需求不足以消化國內的供給，使得廠商必須大量輸出鋼鐵產品到大陸、香港及東南亞等地。在出口的部分，主要的市場，為大陸及東南亞地區。

目前國內鋼鐵廠依其生產方式，可分為高爐廠（一貫作業煉鋼廠）與電爐煉鋼廠。以營運方式分類，則可分為三大類：一貫作業煉鋼廠（煉鐵、煉鋼及軋鋼）、電爐煉鋼廠（煉鋼及軋鋼），及單軋廠（軋鋼）。在上市的 25 家鋼鐵廠中，僅有中鋼為一貫作業廠商，以高爐方式生產粗鋼外，其餘多採電爐煉鋼方式，所生產的產品，依其不同生產方式，可大致分為平板類鋼（高爐）及條狀類鋼（電爐）等兩種。

一、平板類鋼

國內鋼鐵產業上、中、下游結構，其中平板類的鋼，上游產品（扁鋼胚、大鋼胚）僅中鋼一家生產，其生產的產品除自用、外銷外，並提供國內廠商作為原料。中游則以扁鋼胚為原料，生產鋼板、

熱軋及冷軋鋼品。下游廠商以冷軋鋼品、鋼板為原料,作進一步的加工生產電磁鋼片、鋼管鍍烤鋅鋼品。

二、條狀類鋼

在條狀類鋼方面,國內生產條狀類鋼產品廠商,大多設有電爐,以生產 H 型鋼、鋼筋、棒鋼、型鋼及盤元為主。

下列將鋼鐵的主要產品簡介如下:

一、型鋼

型鋼類的鋼品,又可分為 I 型鋼、H 型鋼、U 型鋼、角鐵,及其他型鋼,其中以 H 型鋼之需求量最大,主要使用於營建及公共工程方面。

二、特殊鋼

特殊鋼會大量使用高價的鎳、鉻等金屬原料,所以具耐蝕及抗氧化的特性。這類鋼材大都用於電子、建築材料、廚具、汽車材料等產業。不鏽鋼屬特殊鋼產業中的重要一支,具有技術及資本密集的特性,採一貫化生產能達到生產規模經濟。近年來國際不鏽鋼業者紛紛透過合併、聯盟方式,以提高生產效率,達成技術互補,並進而達到擴大市場占有率,及提升國際競爭力。

三、棒線類鋼品

棒線鋼產業為內需型產業，內銷比例較高，雖然具有資本密集及能源密集的特性，惟進入障礙不高，加以產業已屆成熟階段，經營獲利誠屬不易。這類鋼品是以小鋼胚為原料，經由加熱、軋延及冷卻等加工程序而成，一般可分為直棒（straight bar）、捲鋼棒（bar-in-coil），以及線材（rod），而後兩者亦通稱盤元。

根據中鋼公司之定義，棒鋼為直徑 14mm 以上者，未滿 14mm 則稱為線材。若以材質分，則包含低碳鋼（碳含量低於 0.25%）、中高碳鋼（碳含量 0.25%以上）、快削鋼及合金鋼等。棒鋼的功能，係產製螺絲螺帽、手工具、揚聲器導磁的主要原料，線材主要下游市場為鋼線鋼纜（含伸線）業及螺絲螺帽業，其發展情況與棒鋼類似。

四、鋼筋

鋼筋主要的原料為小鋼胚或是廢鋼。以小鋼胚為原料者俗稱為單軋鋼廠；以廢鋼為原料者稱為電爐鋼廠。電爐鋼廠係以廢鋼為原料，加入矽鐵、錳鐵、石灰石等副料，透過電力加熱熔解成鋼水，經鑄造而得小鋼胚，再經由軋延而成鋼筋，因此廠商生產成本與廢鋼價格密切有關。

五、鍍鋅面鋼品

此類的鋼品，一般包括含熱浸鍍鋅、冷浸鍍鋅、電鍍鋅及鍍鋅後的彩色鋼片（以鍍鋅為底材），具有耐蝕性，所以在海島型氣候下，如台灣地區，就特別被重視。我國自九二一大地震後，房屋結構以鋼鐵取代木材的趨勢大幅成長，未來鍍鋅面鋼品的需求將持續升高。

六、冷熱軋鋼品

我國鋼鐵產品出口以熱軋、冷軋鋼為主，過去以日本為最大市場，近年來日本進口已逐漸減少，故我國鋼品已轉攻中國大陸市場。熱軋鋼品本身可產製鋼管、鍍鋅輕型鋼、貨櫃、容器（如瓦斯鋼瓶）等，同時也是產製冷軋的材料，而冷軋鋼品又是鍍鋅、彩色鋼片，及馬口鐵、電磁鋼片之底材，所以其關聯效果較大。主要影響冷軋需求的下游產業有製管業、電腦周邊設備、電吊扇業、自行車，及零件業、汽機車零件業、鍍面業等。

七、粗鋼

台灣粗鋼的生產，係以鐵礦砂為原料的高爐、氧氣轉爐，與以廢鋼為原料的電弧爐生產為主。這是我國鋼鐵產業中最弱的一環。原因是粗鋼自給率太低，因此大都必須仰賴進口。粗鋼是由鐵礦砂或廢鐵鋼製造出的鋼胚半產品。若以生產方式來看，其中電弧爐生產占

39%，高爐轉爐生產占 61%；若以鋼種來看，普通鋼占 94%，特殊鋼占 6%。以往舊船解體鋼板，我國亦列入粗鋼生產原料。舊船解體工程工業的發達，對我國鋼鐵工業的發展，有其不可磨滅的貢獻。

表 4-1　主要鋼鐵產品外銷國家一覽表

產　品	前三大出口國
粗鋼	香港（32.7%）、泰國（25.2%）、美國（14.7%）
熱軋鋼板捲	日本（54.2%）、香港（14.6%）、馬來西亞（14.6%）
熱軋鋼捲帶	日本（53.2%）、香港（16.9%）、馬來西亞（15.5%）
冷軋鋼捲片	香港（37.8%）、中國大陸（24.2%）、美國（10.5%）
冷軋鋼捲	香港（33.6%）、中國大陸（23.3%）、美國（10.5%）
冷軋鋼帶	香港（66.8%）、中國大陸（17.5%）、泰國（2.8%）
鍍面鋼捲片	中國大陸（38.6%）、香港（34%）、加拿大（4.9%）
電磁鋼捲片	香港（65.8%）、中國大陸（13%）、泰國（10.7%）
熱浸鍍鋅鋼捲片	中國大陸（43.3%）、香港（25.1%）、加拿大（12.6%）
電鍍鍍鋅鋼捲片	香港（70.5%）、中國大陸（20.5%）、新加坡（4.3%）
彩色鋼捲片	中國大陸（50.8%）、香港（34.8%）、馬來西亞（5.5%）

資料來源：台灣鋼鐵協會、寶來證券整理。

第二節　鋼鐵產業的發展經過

　　鋼鐵工業為國家的基本工業，是國家工業化現代的礎石。政府有鑑於此，將一貫作業的大鋼廠列為十大建設之一，以配合國家整體工

業發展的需要。目前國內掛牌上市的鋼鐵廠共計有 25 家，除中鋼以高爐方式生產粗鋼外，其餘皆採電爐煉鋼方式。

國內的鋼鐵產業發展約可分為五個階段：1960 年代以前的萌芽期；1960 年代中期隨著中鋼成立，進入成長期；1970 年代中鋼 2、3 期擴建，及民間廠商積極從事建廠，是為成熟期；1980 年代朝擴充生產規模，與擴大銷售市場方向發展；1990 年代以後則為產業整合時期。

我國鋼鐵業的發展，係配合戰後經濟發展所需，依據政府所規劃分期經建計畫，逐步建立國內鋼鐵業的基礎。這項經歷約半世紀努力的產業，由早期以廢鐵煉鋼為主，進而建立一貫作業煉鋼廠與電爐煉鋼廠，並自國外引進最新的生產技術，逐步完成上、中、下游的體系，除一些特殊鋼材外，各類型鋼品均可自行生產。

鋼鐵工業係屬重工業，台灣在光復之前，鋼鐵工業的年產量僅有三萬公噸左右。光復初期，全省各地均飽受戰爭摧殘，破壞甚烈；肆虐之後百廢待舉，鋼材需要迫切，鋼鐵業者乘機而起，發展迅速。由於當時業者只純為供應內銷需要，故缺乏整體性之長期計畫。嗣後經政府不斷輔導，逐年發展，漸具規模。但自 1965 年起，開放廢船進口，拆船業漸趨發達，促使小軋鋼數量激增。不過也形成規模過小，競爭卻非常激烈的局面。

在第五期建設四年計畫內，由於建築業、電機，及電器、機械、運輸工具、食品罐頭工業的蓬勃發展，政府為了配合上述各工業發展需要，一方面鼓勵業者生產特殊鋼品及金屬加工等價值較高的鋼材，如研製軍用特殊鋼料，以供應國內外需要；同時又積極興建一貫作業大鋼廠（中鋼），以提高鋼材品質，降低生產成本，進而有助於我國

造船、機械、汽車等相關工業邁入新的境界。

第三節 鋼鐵產業的特色

鋼鐵工業歷經千百年的演變，至今已是一種成熟型的集資本與技術密集工業為一身的產業。這種產業是以生產各種鋼鐵產品為主的行業，屬於原料密集產業，可帶動下游工業，改善工業結構，促進整體經濟發展的功能，為國家級的策略性基礎工業。在二次世界大戰之後，常被視為國力強弱的象徵，因此先進國家與開發中國家對於鋼鐵產業都積極採取措施，以振興該項工業。

鋼鐵產業建廠時間長，設備技術都非常的精緻，惟生產彈性小，投資回收慢，能源消耗比其他產業高。另外，加上防治空氣污染最基本的環保問題，擴充廠房所需要的土地要大，都是該產業在經營上所具有的特色。由於該產業發展，上、下關聯很大，必須仰賴工礦、機械、電機、土木、耐火材料、運輸與資訊等工業的綜合支援，與下游所需鋼鐵材料工業的合作支持，才能充分發揮產業所有的功能。由鋼鐵產業本身的產業特性來看，可條列出以下的特性，分別是基礎工業、能源密集產業、內需型產業、高投資低報酬產業等，其內容說明如下：

一、基礎工業

鋼鐵產業與其他產業關聯性相當高，這主要是其產品支援機械業、汽車業、建築業、造船業、國防工業等等。由於鋼鐵業是各行各業發展，所不能欠缺的基礎，因此鋼鐵業素有「工業之母」的稱號。

二、能源密集產業

煉鋼必然要耗費大量的能源，目前煉鋼所採用的方法，主要分為高爐、氧氣轉爐及電爐。但不論運用什麼方法來煉鋼，它所耗用的能源都相當的驚人。根據中鋼公司出版的《中鋼能量消耗計算與分析》，每生產一公噸須耗熱能（以煤為主）650 萬～800 萬千卡，而電爐煉鋼，每公噸鋼品也需要 2,300 萬千卡。

三、高投資低報酬產業

鋼鐵工業是資本支出大、人力需求高的產業，而且回收期間長。若以財務的觀點審視鋼鐵業經營，那麼鋼鐵產業顯然是一種高投資、低報酬的產業。

四、產品廣泛範圍的應用

鋼鐵業是其他工業的基礎，各國政府基於經濟發展與國家安全理

由,極力追求鋼鐵產能的自給自足。以產業別來看,條鋼、熱浸鍍鋅鋼捲片及彩色鋼捲片,主要是應用於營建業。其中條鋼及彩色鋼捲片,主要是作為建築樓板外牆等用途;鋼板捲、熱軋鋼捲、熱軋鋼片、冷軋鋼捲,主要是應用在金屬品製造業方面,用來製造線材、鋼鐵容器、螺絲螺帽等;熱軋鋼板則用於汽車、造船等運輸製造方面。

就國內鋼鐵產業來說,主要集中在中、下游,上游原料供給不足(如中鋼所提供的扁鋼胚、大鋼胚),無法滿足下游廠商需求,因此對於上游原料的進口依賴度相當高。可是下游產品大致上卻是供過於求,所以下游產品必須依賴出口來去化產量。

表4-2　主要鋼鐵產品應用領域統計表

單位:%

產　品	營建業	金屬品製造業	機械製造業	運輸業	通訊業	其他
鋼板捲	5%	82%	0	7%	0	6%
條鋼	56%	34%	0	0	0	10%
熱軋鋼捲	0	95%	0	0	0	5%
熱軋鋼板	0	7%	18%	67%	0	8%
熱軋鋼片	0	70%	0	8%	0	22%
冷軋鋼捲	0	52%	0	9%	0	39%
鍍錫鋼捲片	0	0	0	0	0	100%
熱浸鍍鋅鋼捲片	20%	2%	0	18%	0	60%
電鍍鍍鋅鋼捲片	0	18%	0	0	2%	80%
電磁低矽	0	0	0	0	0	100%
彩色鋼捲片	100%	0	0	0	0	0

資料來源:台灣鋼鐵協會、寶來證券整理。

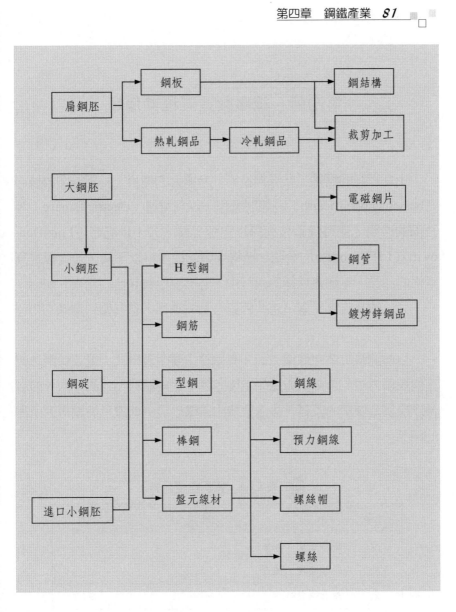

圖 4-1 鋼鐵產品

第四節　鋼鐵製造流程與種類

　　十九世紀的鋼鐵工業煉鋼技術,有重大的進步,特別是開放爐心(bessemer open hearth)的煉製過程,以及電爐(electric furnace)等技術的發明,使得煉鋼技術得以迅速發展。二十世紀時,Linz-Donowitz(LD)process的發明,使得煉鋼的成本得以下降,並大幅提高鋼鐵的品質。不過在煉鋼的過程中,必然要摻雜其他的元素,如碳、矽、錳、磷及硫等元素,這些因素含量的多寡,會影響到鋼鐵的物理性質。

　　目前鋼鐵工業在煉鋼方面,有兩種主要生產模式:電爐煉鋼法與高爐煉鋼方法。這兩種方法的主要差異,在於原料投入的不同,前者係以廢鋼為煉鋼的原料,後者直接由鐵礦砂經由煉鐵、煉鋼得到所需的鋼品。

表 4-3　煉鋼重要元素

元素	性質
碳	增加硬度、強度
矽	增加硬度、強度
錳	增加強韌性
磷	鋼中有害元素,具冷間脆性,含量愈少愈好
硫	鋼中有害元素,具熱間脆性,含量愈少愈好

表4-4 電爐、高爐煉鋼法差異比較

	電 爐	高 爐
原料	廢鋼、石灰石、矽鐵、錳鐵	鐵礦沙、石灰石、焦媒
原理	電解為鐵水	高溫氧化還原反應
半成品	小鋼胚	大鋼胚、扁鋼胚
投資額	小	大
產量	小	大
生產彈性	高	低
品質	差	優
能源耗損	多	少
污染	少	多
產品	條鋼類	平版類
廠商	東鋼、豐興、桂宏、威致	中鋼、世界大鋼廠

資料來源：寶來證券整理。

㈠電爐煉鋼原料是以廢鋼為主，廢鋼來源如：家庭廢鋼、廢棄鋼
筋廢型鋼等。目前國內廢鋼產量約為 500～600 萬噸，而國內
電爐廠年產量約為 600 萬噸，因此廢鋼大致是自給自足。國內
高爐煉鋼僅中鋼一家，其生產原料為鐵礦沙、石灰石、焦媒。
其中除石灰石，國內可提供部分外，其餘均須仰賴國外進口。

㈡高爐與電爐兩者除原料不同外，電爐煉鋼其投資額、產量相對
較小，因此其生產彈性較大，然而產品品質差、耗能源，產品
為小鋼胚。高爐煉鋼投資額、產量較大，但產品品質佳、節省
能源，不具生產彈性，產品為大鋼胚、扁鋼胚。

第五節　鋼鐵產業發展的弱點與威脅

　　發現自己產業的弱點與威脅，是正確找到生存空間的第一步。為此乃將鋼鐵業發展的弱點與威脅，分別說明如下：

一、鋼鐵工業機會

　　儘管台灣地區的鋼鐵內需市場，無法消化自身產量，但近年來隨著金磚四國及中東產油國經濟的崛起，全球對鋼鐵的需求連年大幅擴增。目前大陸地區汽車業、建築業、機械製造業呈現蓬勃發展下，再加上奧運，以及大陸地區經濟成長，所帶動的鋼鐵需求相當強勁（產品如：輸油鋼管、鍍鋅鋼板、烤漆鋼板、型鋼及熱冷軋鋼捲等）。這些產品，大陸本身無法滿足自身需求，因此須藉由進口來填補需求的缺口，這部分正是台灣廠商的發展機會。另外，中共煉鋼的技術較其他先進國家落後，以至於產品的品質，無法與國際鋼鐵廠相比，而僅能生產一些較低階的產品。因此其高階產品產出相對不足，必須倚賴國外進口，這又是我國鋼鐵產業發展的另一個機會。

　　在產業關聯的方面，面板廠用的鋼鐵量非常大，例如，奇美電子及同業規劃中的第六、七代廠一旦開工，相信對鋼鐵業經營會有很大的幫助。以友達為例，在台中科學園區一座六代廠的鋼筋用量，正好就等於建造台北 101 大樓的鋼筋用量。未來每一年都將有三至四座六

代或七代面板廠投入興建，等於面板產業每一年都要創造出三至四座台北 101 大樓的鋼筋用量，這些需求必然帶動鋼鐵業的成長。

二、鋼鐵業發展的弱點

㈠廢鋼原料不足

以往我國廢鋼原料的主要來源，主要依賴三大領域：

1. 一般家庭廢鋼，如家電、自行車、廚具等，都經由拾荒者交由中盤收購，各中盤商再交區域大盤商，煉鋼廠則只向大盤廢鐵商收購。
2. 工廠生產過程中所產生之廢料及損壞的不良品等。
3. 拆廠、拆屋後的廢棄鋼筋，報廢機器或汽機車等廢型鋼。前述廢鋼約三成是來自國內，其他七成則須靠國外進口來補足。

㈡產業結構失衡

國內上游鋼胚原料供應能力嚴重不足，粗鋼自給率僅達 63%，而中游軋製鋼材產品的生產供過於求，形成原料仰賴國外進口，而成品產能過剩的不健全產業結構。

㈢特殊鋼材品質不佳

中、下游產業對國產特殊鋼材缺乏信心，所以國內所產特殊鋼材，除通用品級較為下游產業接受外，其他高級材質或應用於關鍵零組件的特殊鋼材，下游普遍缺乏信心，接受度不高。

(四)產銷失調導致市場失序

國內鋼鐵廠的生產投資，均集中於量大且通用品級的產品，造成重複投資情況；此種畸形之投資狀況，最後導致市場供過於求，造成削價競爭的惡性循環，對產業發展有極不利的影響。

(五)中、下游產業外移

目前國內因社會、經濟環境變遷，造成土地、勞工環保成本增加，迫使屬於勞力密集、低技術層次及污染性產業外移國外生產。國內鋼材需求，因受部分下游產業外移的影響，有跟著外移的趨勢，整體產業有正在逐漸衰退的潛在隱憂。

(六)污染嚴重

鋼鐵產品的製造，需要耗用大量的原料與燃料，各製程中伴隨產生的廢棄物量亦相當龐大。主要的污染源和污染物來自於製程，如煉焦、燒結、製鐵、煉鋼、軋鋼等單元。有鑑於環保意識普及，鋼鐵產品市場將傾向於高附加價值、高品質、無公害、低污染、省能源之產品。簡述如下：

1. 廢水

煉鋼、煉鐵過程中，需要移除大量的沖洗金屬表面，因此冷卻水及清洗水用量龐大，這些水雖可循環使用，但仍須補充約 $1 \sim 5\%$ 之水量；另外，直接冷卻的水含有大量的鐵屑、塵粒與油脂等。

2. 空氣污染

鋼鐵業使用大量能源，排放大量空氣污染物，其中以粒狀物、S2、NOx 及煙塵為主要的污染排放物，另有少量的苯酚及氰化物等。主要來自煉焦爐、燒結爐及鍋爐的 SO_2、Nox，是造成酸雨之主要污染物；污染源來自煉焦爐、燒結爐外，金屬加熱爐、高爐及原料堆置場的粒狀物與煙塵，極易造成空氣品質惡化。

3. 固體廢棄物

鋼鐵業所產生的廢棄物，其中因含大量重金屬，屬有害事業廢棄物。依特性可分成五大類：

(1)爐石與爐碴

為熔融爐及鍋爐產生之爐石。

(2)礦泥與污泥

為廢水處理廠或濕式集塵所產生。

(3)粉塵

大多為集塵設備所收集之灰渣。

(4)廢油

為防止機械磨損及潤滑用所剩之廢油。

(5)鐵鏽皮與鐵屑

軋延或切割時所產生。

三、鋼鐵業發展的威脅

儘管我國鋼鐵產業自 2002 年以來，國際鋼價受到減產、景氣復甦帶動下，價格已自谷底上升。但是全球鋼鐵產能過剩，同業間出現削價競爭情形，導致許多鋼鐵廠的產能都大幅的萎縮。在面對嚴酷的挑戰，鋼鐵廠紛紛面臨申請破產保護，及同業合併的命運。比較著名的例子，如：日本川崎（Kawasaki Steel）鋼鐵與日本鋼管（NKK）間的合併，及美國國家鋼鐵（National Steel）與美國鋼鐵（USS）的合併。

㈠政策制約

各國政府的保護，也是威脅鋼鐵業成長的主要障礙。這主要是因為鋼鐵業的發展受到高度重視，所以產品都會受到國家法令的特定保護，採取進口設限，這就很容易造成鋼品的供需失調。美國是世界上最大的鋼鐵消費國，為保護其國內產業，自 2002 年 3 月 20 日，正式啟動提高進口關稅的鋼鐵 201 法案。201 法案規定，對鋼材等進口的主要鋼鐵，實施為期 3 年的關稅配額限制，或加徵高達 8～30%不等的關稅。2002 年 8 月 27 日，美國國際貿易委員會進一步啟動新的裁決。該裁決表示美將增加一些，外國鋼鐵廠商的進口關稅，來遏制美國市場供應量的上升，以加強對國內鋼鐵廠商的保護。

(二)溫室效應

自 1992 年在巴西通過「氣候變化綱要公約」後，至 1997 年 12 月日本京都召開「第三次締約國大會」以來，如何因應溫室效應與相關能源環境議題已備受國際關切，由於全球 CO_2 排放量約占溫室氣體總量的 55%，故 CO_2 極有可能成為國際間控制溫室效應的減量對象，這將對國內鋼鐵業者，產生一定程度的衝擊。

(三)下游困境

鋼鐵業景氣持續翻升，然而上游不斷調漲價格，下游卻因價格已高，需求漸告趨緩，對於下游廠商而言，成本轉嫁市場日漸艱困，獲利空間慘遭擠壓。不鏽鋼廠情形更為嚴重，除鋼價上揚外，原料鎳也因季節性因素上漲，但下游需求卻受價格壓抑而未見成長，在成本持續墊高且市場需求未明下，中游剪裁廠只能低價求售，減低庫存避免損失，連帶的整體獲利也將受到壓縮。

(四)外貨低價競爭

近年來新興工業國家如韓國、南非及巴西等國皆致力於發展及擴大其鋼鐵產業規模，亟思為其國內過剩產量尋找市場；另東歐、前蘇聯各共和國在其共產制度瓦解後，亦擴大低價對外輸出鋼材，逢國內鋼鐵市場自由化發展，致使大量低價品湧入國內市場，對國內鋼鐵工業造成相當大之衝擊。

㈤反傾銷控訴

由於國內部分鋼材供給能力增加，且品質受到國際市場肯定，近年來出口呈大幅成長。惟隨著出口量大幅增加，引發國外競爭對手關切，因此頻頻遭受到國外競爭廠家，為確保其市場占有率，而採取控訴傾銷的行動壓力。

第六節　鋼鐵產業的因應戰略

鋼鐵工業是國內重要的經建基礎工業，其未來的發展，影響到國家的經濟發展。我國產業應追求規模經濟並提升競爭力，建立外銷導向的行銷體系，使台灣成為亞太鋼材的供應中心。其具體的戰略有下列五項：

一、吸收經營人才

台灣鋼鐵產業的多元化，偏向中小型化的結構型態，較難吸收優秀的人才，因此會連鎖產生很多問題，如缺乏匯率避險觀念而造成巨額匯兌損失。從鋼鐵業的未來發展趨勢來看，全球鋼鐵產業經營環境所面臨的主要課題有四，包括：供需失調、環境保育、貿易設障與反傾銷、網際網路應用。面對這四方面的挑戰，鋼鐵業者必須要能吸收優秀的人才才能轉危為安，化危機為轉機。

二、擴大整合

　　鋼鐵為國際性流通商品，即使是國內的市場，亦常受全球供需所牽動。國際大廠如日本的川崎（Kawasaki Steel）鋼廠與日本鋼管（NKK）間的合併，美國國家鋼鐵（National Steel）及美國鋼鐵（USS）的合併，都將強化大鋼廠對全球鋼價的主導力。「他山之石可以攻錯」，我國業者亦可建立嚴密的產銷聯合，形成聯盟，摒棄單打獨鬥或相互削價競爭的經營方式，並結合上、中、下游業者，於生產技術及研究發展的領域，進行水平及垂直整合與分工，達成共存共榮的發展模式。

三、運用政府資源

　　鋼鐵產業長期以來被列為傳統產業，以致在申請研發補助時，不如電子產業受重視。實際上，鋼鐵產業發展涉及科技層面更高，研發費用昂貴，並不亞於晶圓電子業。鋼鐵業應善加利用政府所設置的研究發展機構，促進產業升級的租稅優惠獎勵、金融補助等辦法。

　　業者可透過集體的力量，建議政府：

　　㈠藉由世界經貿組織來排除不當的貿易障礙，並提供合於 WTO 規範的租稅、金融優惠措施，以激勵投資，加速產業升級。

　　㈡加強進口救濟措施的執行，以維護公平貿易：以平衡稅、傾銷稅解決傾銷問題，並透過與國外雙邊諮商產生共識，事先防止傾銷糾紛。

㈢開放大陸地區原料及半成品進口,以降低業者成本。

㈣輔導鋼鐵業者改善機器設備,特別是運用租稅優惠措施來鼓勵機器汰舊換新,減低二氧化碳的排放。這一類包括進口機器設備免關稅、投資抵減部分國內設備,享有 20%抵減營業稅,國外設備享有 10%抵減營業稅。

㈤鼓勵研發:利用科技專案取得政府補助經費。

四、改善污染

台灣經濟歷經民國 50 年代快速起飛,60 年代的蓬勃發展,民國 70 年代後,台灣經濟則邁入穩定成長期,生活水準提高,教育程度改善,加上國際間對環保問題的重視,人們對環境保護的意識覺醒,不願一味以犧牲環境,作為換取經濟利益的代價,於是各種環保抗爭不斷出現。鋼鐵工業屬於高污染工業之一,是不爭的事實。即使連廢鋼回收再利用,都極易產生各種不同型態的污染物,若未予以適當的處理與處置,對生態環境自然易造成嚴重的衝擊與破壞。所以,改善污染是必然的趨勢,鋼鐵業要有決心盡快加速處理此問題,才能避免不必要的困擾。

五、爭取公平競爭

我國目前鋼鐵產業的產能,有供過於求的現象,在轉為出口型產業的同時,對於我國出口頻遭外國,尤其是美國之反傾銷指控,均形成沉重的負擔。政府應主動透過 WTO 終端機制,來尋求公平仲裁,

以協助業者化解貿易糾紛，進而設立海外鋼廠，以突破貿易壁壘。例如，國際鋼價殺手的俄羅斯，以往因經濟低迷，常藉由出口鋼品至全球各地來換取外匯收入，造成產業的傷害。儘管近年來該國經濟漸漸回穩，並重新將鋼品定位後，低價傾銷情形已減緩許多，但建立公平的貿易秩序對鋼鐵業來說，仍是刻不容緩的當務之急。

除以上五點之外，鋼鐵多方面的應用，也是重點之一。譬如，鋼鐵與藝術的結合，以形塑新的產業文化。

第五章 汽車產業

　　有便捷的交通工具，才能「貨暢其流」地使材料、零件、產品運送到需要的地方。內燃機引擎車輛（Internal Combustion Engine Vehicle, ICEV）是二十世紀人類史上最重要的發明之一。歷經百餘年的發展，汽車的普及，縮短了兩地之間的距離，已成為現代人類代步的主要工具，可說是人類進步的原動力。雖然目前受到能源、污染、交通道路等諸多因素限制，但其為人類主要交通、運輸工具的型態，至今仍未改變。

　　一般所說的汽車業，就是汽車及其零件製造業的總稱。從一部汽車設計開始，至顧客使用到報廢為止，均與汽車工業有關，故其牽連之範圍相當廣泛。所以，汽車工業幾乎都被各國公認為「火車頭工業」，不論在已開發國家或開發中國家，均以汽車工業的發展層次，作為衡量該國工業技術水準的指標。因此，各國產業政策在制訂時，都寄望以汽車產業，帶動整體經濟的發展，這種現象在開發中國家更是如此。

　　在政府政策輔導及業者不斷努力下，我國汽車工業逐年成長，在

整體製造業中占有一席之地。目前全球汽車工業已經整合為「6＋3」的格局。「6」指通用（General Motor）、福特（Ford）、戴姆勒‧克萊斯勒（Daimler-Chrysler）、大眾、豐田、雷諾—日產（Renault-Nissan）；「3」指本田（Toyota）、寶馬、標致—雪鐵龍。這六大集團的市場占有率已達 84%。

表 5－1　全球六大汽車集團旗下品牌

集團	品牌	血統	品牌	血統
General Motor	Buick	美國	Saab	瑞典
	Opel	德國	Cadillac	美國
	Subaru	日本	Chevrolet	美國
	Hyundai (Kia)	韓國	Oldsmobile	英國
	Pontiac	美國	Saturn	美國
Ford	Jugar	英國	Mercury	
	Ford	美國、德國、日本	Volvo	瑞典
	Lincoln	美國	Land Rover	英國
	Mazda	日本		
Daimler-Chrysler	Benz	德國		
	Chrysler	美國	Mitsubishi	日本
Volkswagen	Audi	德國	Bently	英國
	Volkswagen	德國		
Toyota	Lexus	日本	Hino	日本
	Toyota	日本	Daihatsu	日本
Renault-Nissan	Infiniti	日本	Renault	法國
	Nissan	日本		

第一節　汽車產業的特質

以汽車製造的中心工廠，及專司生產汽車零組件的衛星工廠，所共同合組而成的「汽車業」，具有高進入障礙、高資本、高技術密集產業、須長期投資（回收資本慢）、產品安全性及精密度要求高、並具量產規模經濟利益等產業特性。它是高附加價值的綜合產業代表，因此，各國均訂定各種汽車工業培植與保護的辦法，譬如，我國於民國 74 年由行政院通過「汽車工業發展方案」，期能促進汽車工業的健全發展，並帶動國內相關產業技術水準的提升。

汽車產業製造流程相當複雜，技術密集度高，產業關聯效果大，牽涉範圍廣泛，需要各種產業的密切配合。就汽車製造程序而言，當開始大量的生產階段，汽車中心工廠就應該要有下列十一種相關單位的配合：

1. 鑄造工廠；
2. 鍛造工廠；
3. 熱處理工廠；
4. 機械加工工廠；
5. 模具夾具工廠；
6. 引擎裝配工廠；
7. 壓造工廠；
8. 車身工廠；

9.油漆工廠；

10.車輛裝配工廠；

11.試車跑道、整備、檢驗等工廠或生產單位。

其中尚有大部分的零件須從衛星工廠供應，如輪胎、玻璃、座椅、電線、電裝品、裝潢零件等。所以，汽車產業可帶動鋼鐵、橡膠、機電、玻璃及油漆等相關產業成長。反過來說，衛星工廠的技術、品質水準，也直接影響到一部汽車的品質、性能、成本，甚至售價。

雖然汽車工業的發達，有助於工業結構的改變，但是由於汽車產業的規模經濟之故，所以投資金額龐大，加上近年來環保要求嚴格，進入障礙極高。一部汽車的設計，從市場調查開始，設定規格、模型、模具、零件、原型車試造，進行各種測試通過之後，再上生產線試裝，最後才能推出上市。若以階段性劃分，可分為企劃、研究設計、試選生產和銷售等四大階段。新車開發所需的時間，視技術純熟度而定，一般也須 4～5 年左右，而且過程中必須不斷投入經費，結果也不一定會成功。

就總體而言，汽車業的發展，可以帶動零件工業及其相關原、材料工業的發展，這對國家經濟發展（就業機會及稅收），具有極大的貢獻。不過，近年來各國簽署區域貿易協定已蔚為風潮，目前全球已存在221個區域貿易協定，如北美洲地區的NAFTA、東協的AFTA。在區域內，關稅是0～5%，但在區域對區域間，卻把關稅提高，對競爭者築起貿易障礙，以保護區域內汽車產業的發展。另一方面，各國加入世界貿易組織（WTO）後，汽車產業的市場洞開、整車及零組件進口關稅逐年調降，及自製率取消等趨勢，而使競爭更加激烈。

第二節　我國汽車產業的結構特性

　　匯率、技術改變、零組件關稅、自製率高低、製造成本的差異，都會對國產汽車的市場競爭力形成某種程度的影響。我國汽車製造產業因受先天自然環境的限制，如幅員狹小、資源缺乏、民族性保守等時間、空間、歷史、文化之因素，與歐美國家迥然不同，科技發展也較歐美為慢，加上後天條件不足，造成我國汽車產業的制約。不過，我國企業家的勤奮與努力，以及政府扶持汽車產業的政策，都是該產業突出重圍、走出我國汽車工業、獨特發展道路的重要變數。下列將我國汽車工業的獨特性，分點敘述如下。

一、對外依存度高

　　我國汽車市場由於市場規模小，無法達成規模經濟產量，欲發展汽車產業，須與國外車廠合作。同時我國汽車原材料、零組件及技術大都受制於外人，不能完全自給自足，須仰賴國外進口。譬如，大約三分之一的零件，如變速箱、化油器、方向機、板金件等，都是由國外進口。因此，國外母廠常會以不提供關鍵性零組件，或不提供最新上市的車種作為要脅，造成國內廠商對國外母廠的依賴日深。

　　從 1957 年 8 月與美國製造吉普車的威利斯汽車公司技術合作，開始生產吉普車起，到 1960 年與日本的日產汽車推出第一款 1,200cc 青鳥（Blue Bird）小轎車，開啟我國生產小汽車的先河，一直到 1965

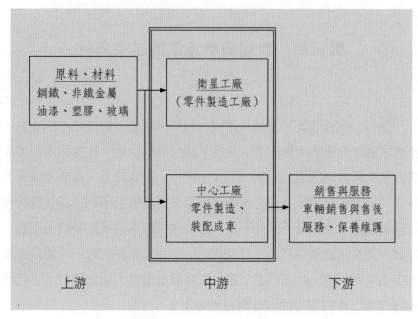

🔖 圖 5-1　汽車產業體系圖

年成立的六和汽車,與早期日本豐田技術合作,後來又因日本豐田汽車公司到大陸投資(1972 年),政府遂要求六和汽車暫停與豐田的合作,轉與美國福特汽車合作,成為美國在台擁有 100%經營主權的第一家汽車公司。

我國汽車產業對日系車廠的依賴,遠超過對歐美的依賴,這有兩個主要原因:

㈠ 1979 年適逢全球石油危機,台灣也陷入石油危機的低迷景氣中,歐洲車的引擎及鈑金較日本重,也比日本車耗油,在石油危機期間,消費者更在乎汽車使用的成本問題。

㈡從日本進口零件到台灣的速度比歐洲快,可以提升效率,節省

成本。

二、「漏斗型」的產業結構

　　整個汽車產業的上、中、下游,可將上游界定為零件製造業,家數約在1千家左右;中游界定為組裝工廠,目前共有9家(裕隆、中華、福特六和、國瑞、三陽、羽田、大慶、太子、台灣五十鈴等);下游界定為汽車銷售業,包括有代理商、經銷商及平行輸入業者(即所謂水貨),總家數約為三、四百家。以產業結構內的分工數來看,整個產業好像「漏斗型」,上下龐大,中間窄小。

三、垂直或水平整合程度低

　　國內的汽車業相較於世界各國,最大的差異是普遍缺乏經濟規模。形成的主要原因是,市場規模不大,車型多,產量少,未達經濟規模產量,導致成本高,在國際上缺乏競爭力。再加上政府又採取開放政策,以及台灣人寧為雞首的個性,所以出現百家爭鳴的局勢。

　　不管是上游零件廠或下游的銷售業者,都不可能單靠某家組裝工廠的需求。換言之,做煞車皮的零件廠,會同時供應十家組裝廠,銷售業者也不會專做某家組裝廠的獨家經銷,因此,縱向的垂直整合程度極低。

四、政策扶植汽車工業

我國視汽車產業為策略性工業，政府於 1970 年代起就規定汽車業的自製率，逐步提升至 70%，因此也培養了零組件製造廠商多達 2,000 多家。目前國內有 10 家整車廠：原有 12 家車廠中，因羽田公司尚未復工，三富停產，故 90 年台灣汽車製造中心廠僅 11 家，包括中華、裕隆、國瑞、三陽、福特六和、慶眾、台灣五十鈴、太子、國產、大慶、羽田等。

最早政府頒布兩項重要措施：第一項措施為 3% 貨物稅減免，即車身、引擎、底盤等三項自行研發，並經產、官、學界評估認可，任一項皆可減免 3% 貨物稅。第二項措施為訂定零組件回銷比例限制，即國外合作車廠必須自台灣回銷一定比例之零組件。1972 年的「促進汽車工業經營方案」中，又頒布各銀行可以用融資分期付款的方式，協助民眾採購國產車。1985 年，行政院通過了「汽車工業發展方案」，提供車輛及零組件的檢測和認證，以提升車輛產業的技術。目前政府為協助汽車零件業，研發關鍵性的零組件，已將安全氣囊、觸媒轉化器、防鎖死煞車系統、汽車引擎、動力方向盤系統、引擎燃油控制系統及自動變速箱等七項零件，列入高科技產業範圍，使其適用促進產業升級條例。

五、市場需求

我國汽車銷售與經濟發展幾乎成正比，它深受政治、經濟、股

市、房地產、交通等因素影響。國內整體汽車市場掛牌數，自 1992 年突破 50 萬輛，1994 年創下 57 萬 5 千輛的歷史最高紀錄後，即因市場景氣不佳，整體需求量呈現持續下滑的走勢，2001 年更創下近 12 年新低紀錄。

第三節　我國汽車發展歷程

我國市場狹小，又缺乏主要原材料，產量無法大幅成長，以致生產成本偏高，很難與外國廠商競爭。所以，政府對汽車工業的政策，在我國汽車工業發展史上，扮演重要的角色。

汽車工業始於 1953 年，發展迄今已歷經五十餘年，年產量從 1958 年的 77 輛，擴增到 1995 年的 41 萬輛。整體而言，我國汽車工業發展可劃分為六個階段：

- ・第一階段自 1953 年至 1967 年，屬於裝配技術導入期；
- ・第二階段為群雄紛起期；
- ・第三階段是自由化時期；
- ・第四階段屬汽車產業的積極發展期；
- ・第五階段進入國際化時期；
- ・第六階段是海外發展期。

早期汽車被視為奢侈品，因為只有上層階級及有錢人士才能擁有，所以這個階段屬於「貴族階段」。從「貴族階段」轉折到「大眾化階段」，是在 1987、1988 年之間。從家庭主要設備普及率來看，當

時汽車銷量從 1987 年的 29 萬輛，快速膨脹到 1988 年的 40 萬輛，之後則持穩定成長。政府於 1985 年宣布「汽車工業發展方案」，揭櫫自由化、國際化的精神，決定將進口關稅從 1985 年的 60%降到 1991 年的 30%，進口小轎車的銷售量，從 1984 年的 1 萬輛、1985 年的 1 萬 6 千輛、1986 年的 2 萬 4 千輛、1987 年的 4 萬 8 千輛、1988 年的 11 萬輛、到 1989 年的 15 萬輛最高量，藉此似乎可初步說明，台灣汽車消費的市場，已走向一個分眾市場的時代。

一、裝配技術導入期

戰後重建期，我國僅有簡單的輕工業，機械及鋼鐵等重工業相當缺乏。1953 年的國民所得只有新台幣 2,320 元，離汽車的先進工業國家所謂「國民所得超過 500 美元」的汽車工業發展門檻，相去甚遠。再加上政府每年僅增發 50 輛汽車牌照，換言之，發展汽車工業所需的市場、人才、技術、龐大資金，以及上游環環相扣的衛星工廠，完全付之闕如，所以我國汽車工業發展歷程備極艱辛。

儘管如此，1953 年，我國仍然成立第一家汽車製造公司（裕隆汽車公司），1956 年，在沒有外援的情況下，用舊引擎及自己組配的零件拼裝，自製成第一輛吉普車，同年的雙十國慶完成環島長途試車壯舉。到 1959 年，共計生產吉普車 3 百輛，可說是代表台灣汽車產業的開始。為扶植國內汽車產業，從 1947 年到 1959 年，政府極力節省外匯，除特定條件自備外匯進口、外交使節或美軍用車的賣出之外，小轎車全面有條件的限制進口。1959 年之後，雖曾開放以僑資結匯進口外國車，但 1964 年，政府規定營業用車必須使用國產車後，

已部分解決國產車市場競爭的壓力。

　　同時在這段期間，政府為協助裕隆所推出的「青鳥」，行政院於1961年核頒「發展國產汽車工業辦法」（期限4年），禁止新設整車裝配廠，1965年又通過「動產擔保交易法」，讓近萬餘輛的三輪車業者可以採用「分期付款」的方式，順利購買裕隆小轎車，轉型為計程車業。從此台灣營業車市場，年需求量從5百輛躍增到2千輛，並且裕隆汽車才得以趁勢，要求日產汽車協助擴充產能，脫離自創立以來連續虧損的情形。

二、群雄紛起期（1967年到1979年）

　　1965年到1968年的「發展國產汽車工業辦法」，明訂不可設立汽車裝配廠。不過，裕隆汽車經歷了國家長期保護、扶植，卻未能達到預期的效果。政府在輿論批評壓力下，改採有限度自由競爭的策略，於1967改頒「國內汽車工業保護及外國進口汽車辦法」，以降低汽車廠設立的條件，企圖透過市場競爭的壓力，迫使國產汽車廠的進步。以致在1967年底起，陸續有三富汽車、六和汽車、三陽工業、中華汽車等汽車廠成立■。新設汽車廠陸續推出新產品來刺激市場，

■中華汽車於1969年成立，為台灣第一家以生產商用車為主的汽車廠，由裕隆汽車轉投資成立。中華汽車成立時，台灣正處於經濟準備起飛的年代，因此創立中華汽車的目的就是將中華汽車定位為與台灣經濟共同成長的商用車製造廠，以趕搭十大建設的列車。同時，嚴慶齡也渴望有日產汽車以外的技術合作對象，遂與日本三菱汽車合作另成立中華汽車，希望中華汽車與裕隆汽車能達到三菱汽車與日產汽車良性競爭的效果，並進一步減輕日產汽車對於裕隆汽車的「牽制」。中華汽車在徐賡久、林信義、蘇慶陽等專業經理人帶領下，果然不負眾望地站穩台灣小型商用車市場龍頭寶位，該公司首屈一指的員工生產力，更成為台灣汽車廠的典範。

打破裕隆汽車一家獨占國產車市場的局面，也讓小汽車市場銷售明顯提升。

　　儘管政府開放小汽車全面進口，不過另一方面，又於 1972 年 8 月頒布「促進汽車工業經營方案」，調高進口車關稅，由 1965 年的 50%調高到 75%，大貨車為 46%，其他車輛則為 65%，並開放由銀行融資來分期購車。政府希望進口車對於國產車的威脅能降到最低，遂於 1975 年再度限制進口小汽車，直到 25 年後才再度開放進口。

　　台灣汽車產業在開放設廠競爭，及小汽車全面開放進口等措施下，刺激台灣汽車產業及售後服務的進步。當時福特六和的管理制度與訓練課程，也為台灣的汽車產業孕育不少專業領導人才。汽車銷售量與當時台灣經濟成長，及每人國民所得相互呼應，1972 年、1973 年，台灣經濟成長率高達 13%，每人國民所得已突破 400 美元；但自 1976 年起，政府積極推動十大建設等基礎設施，大幅增加汽車流通效率與經濟發展，到 1979 年時，每人國民所得則達 2 千美元。同年，台灣地區的六家汽車廠汽車年產量已超過 10 萬輛，與裕隆汽車獨占時期相較，成長幅度高達 9 倍之多。

　　汽車廠在政府高關稅保護及經濟快速成長下，汽車市場規模進一步的擴充，汽車廠商多能獲致長期營運的競爭力。整體而言，群雄紛起的 1970 年代，台灣汽車市場快速茁壯，奠定汽車廠未來打拚的基礎。不過這個階段的汽車，特別是進口轎車，普遍仍被視為奢侈品。

三、生產技術吸收期（1979 年到 1985 年）

　　由於我國是汽車後進的國家，所以生產技術的吸收，是必要的發

展過程。我國在這個時期引進煞車、儀表、轉向系統零組件的生產技術，進行零組件國產化，國產化率達 70%。1979 年的「促進汽車工業發展方案」，明訂設立 20 萬輛大汽車廠設廠標準，同時為了提升國內既有車廠的競爭力，在發展方案公布之前一個月，頒布小汽車自製率必須在 1980 年度之前完成由 60%提高到 70%的規定。

　　在大汽車廠籌劃階段的期間，吳舜文則於 1981 年設立裕隆汽車工程中心，1986 年推出飛羚 101，創下國內汽車設計之先河。

四、自由化時期（1985 年到 1997 年）

　　1985 年開始實施「六年汽車工業發展方案」，揭櫫自由化、國際化的精神，將進口關稅從 65%逐年降低到 30%，自製率降低到 50%，並歡迎國外著名車廠來台投資、合作、引進先進技術。1992 年，政府再訂定「汽車工業發展策略」時，不再限制外資母廠設廠投資比例。1995 年，日本五十鈴汽車與台灣三富汽車合資成立台灣五十鈴汽車，日本五十鈴汽車股權高達 51%。

　　進口小轎車從 1985 年的 1 萬 6 千輛，快速成長到 1986 年的 2 萬 4 千輛、1987 年的 4 萬 8 千輛、1988 年的 11 萬輛、及 1989 年的 15 萬輛之飽和量。1990 年到 1997 年間的年銷量都在 10 萬到 12 萬輛間。進口關稅逐年降低，最主要的作用是，刺激國內自製汽車品質的改善，同時在此階段，台灣經濟拜電子電機及金融迅速成長之賜，國民所得急速增加，對汽車需求大幅增加，國產小汽車銷量從 1985 年的 15 萬輛成長到 1987 年的 25 萬輛、1989 年的 33 萬輛，及 1992 年的 42 萬輛之高峰，1993 年開始遞減到 39 萬，1994 年為 40 萬輛，

1995 年又滑落到 39 萬輛，及 1997 年的 36 萬輛，1998 年又上升到近 40 萬輛。

「汽車工業發展方案」是台灣汽車產業發展史上，重要的分水嶺。該方案擬定於六年內，將政府過去對台灣汽車工業，一向以提高自製率減少對外國依賴，並帶動相關產業發展，且以加強保護為手段，這一切在新的方案中作了重大改變，採行逐年降低自製率、減少關稅保護，及取消外銷比例的規定。1985 年之前，台灣汽車產業幾乎完全受到政府的保護政策，1985 年之後，台灣汽車產業逐漸受制於市場機制，汽車廠必須直接面臨市場壓力，推出具有現實競爭力的產品。

在開放市場的政策中，「汽車工業發展方案」執行要點中卻又指出，「凡使用國人自行設計之車型、底盤或引擎之汽車，經經濟部專案認定者，其貨物稅可就該三項各降低 3 個百分點，限期自出廠起四年。」這是政府給予國產汽車廠因應自由化競爭時代的利器，且指明送給曾按政府規定努力提高自製率的車廠，擁有自行設計車身的裕隆汽車及其關係企業中華汽車，仍然是新政策的保護對象。

汽車關稅及國產化率，並放寬整車裝配廠設立之標準。各車廠開始自我設計新車型，當時已有裕隆—101、102、精兵，中華汽車—威利，羽田—銀翼、新象，三富—紅龍，大慶—金美滿，計八種車型由台灣自行設計。車型之開發以及汽車零件外銷金額大幅成長，其中對日回銷比率每年皆大幅成長，1994 年已高達 20%。

五、國際化推進時期（1997 年迄今）

　　隨著國際間汽車廠整合趨勢，以及加入 WTO 而來的市場再自由化，台灣正逐漸融入全球汽車工業分工體系之一環。回顧台灣汽車產業的發展過程，為了建立國內汽車工業與節省外匯等因素，曾有一段時間對進口車採取禁止或限量進口的政策，直到民國 86 年由於中美貿易順差的問題，在美國的強大壓力下才宣布全面開放北美與歐洲小汽車自由進口，但日本與韓國等地小汽車仍繼續限制進口。

　　加入 WTO 前的過渡期間，我國制訂「關稅配額制」與「全球配額制」，以及擬定入關後所有的開放市場策略與步驟等，都是這一階段的汽車大事。在 WTO 的規範中，往往允許所謂的「緩衝期」，而「關稅配額制」正是常用的緩衝手段。因此，我國就設定了兩級關稅稅率：配額內的進口車，適用 30%的關稅稅率；超過配額後的進口車，則用 60%的關稅稅率。入關後的第 6 年，稅率將從 60%降為 30%；到入關後第 11 年起，將完全取消關稅配額制，開放各國汽車自由進口。

　　WTO 特別允許台灣將配額分為兩大類來處理：一是「國別配額」，另一是「全球配額」。「國別配額」適用於已全面開放進口的國家，如美國與歐盟。原則上，其配額數量都相當大，不致在實施新制後損及其既有利益。「全球配額」則是我國為了討好日本及國內汽車產業的需要所創立，這一部分並非將配額分配給特定的國家，而是交由國內汽車製造廠來使用，依其需要自由向世界各國進口小汽車，但由於國內汽車業者多與日本合作，因此可說全球配額根本是專為日

本而設。日系車在「全球配額」下，1997 年起即大量進口日本高價位車及休旅車，而韓國車也搭此順風車，大量進入台灣汽車市場。

六、海外發展期

台灣汽車產業由於無法達成規模經濟產量，除了須與國外車廠合作，以因應未來汽車產業價值鏈的變化之外，海外投資設廠也是我國企業因應國際化的發展方式。因為這種方式可利用當地充沛的物料及勞力，來有效降低生產成本及拓展外銷，或積極透過國際分工，進入國際舞台。

台灣汽車市場於 1992 年，達到生產 44 萬輛的高峰之後，開始呈現衰退的局面，但 2005 年始，台灣汽車市場又有擴大的跡象，達51.5 萬輛之多，汽車業產值達 3,964.2 億元。基本上自 2002 年 WTO 開放，汽車工業的保護傘將逐步褪去，因此向海外發展成為不得不然的趨勢。同時也由於看好東南亞及中國大陸的市場，所以投資這些地區的市場動作更加積極。再加上台灣由於和大陸同文同種，地理位置又近，因此台灣車廠及相關汽車零組件廠商，赴大陸再造汽車工業的第二春是相當自然的事，而中華汽車、裕隆汽車及零組件廠商在大陸布局，在 2002 年也已經進入收成的階段。例如，2002 年，中華汽車有近四成獲利是來自大陸東南汽車的業外挹注。裕隆汽車轉投資大陸的風神汽車，大陸車市場占有率約為 17%，僅次於上海大眾汽車，2002 年貢獻營業外獲利貢獻大約為人民幣八億三千萬元，占裕隆去年獲利的 56%。

第四節　我國汽車產業的弱點與威脅

汽車產業與其零組件，基本上構成典型的中衛體系，中心車廠將零組件外包給一級衛星廠，一級衛星廠再將細部零件，轉包給第二級、第三級衛星廠，最後形成多層次的金字塔型分工結構。儘管每一個產業都有其內在的弱點與外在的威脅，不過弱點與威脅都不可怕，可怕的是不知弱點與威脅的所在。為此，特別將我國這一部分歸納說明如下。

一、汽車業弱點

汽車市場屬於成熟產業，與經濟成長率關聯極高，譬如目前受到國內車市不景氣，以及油價攀升的影響，我國汽車產業就呈現衰退，尤其是我國汽車業有五大顯著的內在弱點，涵蓋市場狹小、新車研發技術嚴重依賴、零件業成本高、原料品質弱及基礎建設欠缺。下列將其分別敘述如下：

㈠市場狹小

市場狹小（國產車年需求量僅 45 萬輛左右），汽車廠卻多達 12 家，生產六十多款車型，在型多量少的情形下，零組件根本無法達成經濟量產規模；與南韓現代、起亞及大宇三家汽車廠每年輸出達一百

萬輛，一款車型之零組件每年達二、三十萬輛的量產規模，根本無法相比。

(二)技術依賴

我國汽車工業自發展以來，一直欠缺整車開發的整合能力，因此均與外商技術合作，以取得技術移轉，其中以日商介入最深。目前除日產柴油外，其餘均與國內汽車製造廠有技術合作及投資關係。近年來在成車設計技術上，雖有部分的突破，但絕大部分藍圖、基本數據、實驗測試、製程等，仍依賴外商的提供。

(三)零件業成本高

就汽車專用產品的零件產業部分，國內零件產業生產的產品雖然在補給市場具有競爭力，但在國際汽車用品市場要求性能、品質、交期下，競爭就顯得弱勢。汽車零組件並非一般電子或機械五金加工產品，不能沒有技術母廠及中心廠的支援與協助。零組件業的興衰，牽動整個汽車工業的榮枯。但由於國內零組件廠，過度仰賴中心廠或技術母廠提供圖面或技術協助的結果，國產車的關鍵零組件必然受制於國外技術母廠。因此，生產成本居高不下，再加上土地及人工成本偏高，國際行銷能力及經驗不足，導致國際競爭力薄弱，整車外銷相當困難。在技術無法獨立自主的情況下，一旦內銷市場萎縮，又無法開拓外銷市場，生存空間自然立即受到嚴重的衝擊。

(四)原料品質弱

原料產業部分，以鋼鐵業與樹脂業影響最大。國內的鋼鐵業以中

鋼為主,中鋼對國內汽車工業具有相當大的貢獻,但中鋼在技術開發、鋼鐵品質、供應數量及價格上,仍差國外廠商一截。樹脂業配合技術尚未熟練,品質無法維持一定的水準。

(五)基礎建設欠缺

國內汽車產業配套的發展環境欠缺,尤其是在停車場設施方面,目前國內都市地區停車位已全面不足,使得購車者視為畏途,並將抑制汽車產業的發展。其次,在道路建設方面,台灣地區道路總長度約二萬公里,每輛汽車之道路長度,與先進國家比較,約僅占一半而已,顯然嚴重不足。加以交通秩序混亂,假日高速公路壅塞,在在都影響消費者的購車意願,相對減弱國內汽車工業發展之基礎。

二、汽車產業威脅

景氣不佳、股市低迷、失學率節節上升、油價高漲,這些因素對汽車業來說,都是威脅,再加上我國加入世界貿易組織後,對台灣汽車產業而言,可謂「腹背受敵」,一方面是世界汽車業巨頭兵臨城下,虎視眈眈;另一方面是國內同行諸侯爭霸,左衝右突。

我國加入世界貿易組織(WTO)後,市場遭逢全面洞開的新變局。它涵蓋的層面包括:

(一)自製率取消

由現行小汽車 40%、大客貨車 31~37%,全面取消。

(二)市場全面開放

進口限制逐步取消,進而全面開放新車、中古車進口。

(三)進口地區限制取消

小汽車方面,入會後第八年取消配額;柴油小客車方面,入會二年後開放。

(四)關稅降低

入會後第八年,小汽車稅率由 30%降至 17.5%;重車稅率由 37%降至 25%;零組件稅率則在入會後第四年,由 14.6%降至 8.9%。

加入 WTO 對汽車產業的整體影響,來自於上述關稅下降、進口地區限制的解除、貨物稅的調降,以及自製率取消等四個層面,而最大的衝擊來自於關稅下降、自製率撤除[2]。因為關稅下降所產生的價格競爭,這方面對國產車的競爭壓力會增大。另外,自製率取消後,國內汽車零組件業可能面臨激烈競爭,以及內需市場的萎縮。不過關鍵因素還是在於汽車製造廠的態度,如果汽車製造廠為提升與進口車的競爭力而大量採購技術母廠,或其海外生產基地價格相對低廉的零組件,則對於國內 OEM 零組件業者而言就可能產生致命的打擊。

---

[2] 自製率係指一輛汽車或機車出廠後,所有零組件以價格計算,其中使用本地生產之零組件所占之比例。現行自製率的計算,不論零組件為自製或進口,一律以國外「完全拆解」(CKD)零組件之 FOB 價格為依據。

表 5-2　汽車產業關稅調降表

項　目	入會年	入會第一年	入會第二年	入會第三年	入會第四年	入會第五年	入會第六年	入會第七年	入會第八年	入會第九年
整體進口關稅率（%）	29	27.5	26.1	24.7	23.2	21.8	20.3	18.9	17.5	視產業狀況調整
國家配額（輛）美國	159,220	191,064	229,277	275,132	330,159	396,190	475,428	570,514	684,616	∞
國家配額（輛）歐聯	159,220	191,064	229,277	275,132	330,159	396,190	475,428	570,514	684,616	∞
國家配額（輛）其他各國	10,000	12,000	14,400	17,280	20,736	24,883	29,860	35,832	42,998	∞
全球配額（輛）	7,500	7,800	8,112	8,436	8,774	9,125	9,490	9,970	10,264	取消
零組件進口關稅稅率（%）	13.45	12.32	11.19	10.06	8.93	視產業狀況調整	視產業狀況調整	視產業狀況調整	視產業狀況調整	視產業狀況調整

第五節　我國汽車產業的因應之道

　　國產車品質不如進口車，這是社會普遍認知的事實。因此，如何改善國產車的品質，進而改變消費者的認知，勢必是未來汽車工業發展的考量重點。目前我國計有 600 餘家廠商取得 ISO 9000 驗證，並有 100 餘家取得美國三大車廠 QS 9000 驗證，表示台灣汽車產業的品質水準已有向上提升的趨勢。而且為持續擴大差異化及提升競爭力，台灣各主要的車廠紛紛成立 R&D 中心，以培養研發能力。裕隆汽車公司於 1992 年首先建構「裕隆汽車工程中心」（YLEC），以及後來的「裕隆亞洲技術中心」，中華汽車成立「亞洲技術研發中心」，福特六和投入新台幣 60 億元成立技術研發中心，國瑞汽車也進行新車型研發。這些都是提升產業競爭力，可喜可賀的現象。

　　國內的汽車零件產業，要應付國際貿易自由化的衝擊，必須改善生產技術、品質水準，以及管理方式。並且要在產品價值上開發符合當地市場需求的產品，與原廠設計者不同，漸次培養台灣汽車產業研發能力，所以我國汽車產業要努力的方面很多。下列將一些較為重要的因應策略歸納如後。

一、積極的產業政策

　　當競爭進入戰國時代，政府的產業政策，將扮演關鍵性的角色。

政府對汽車產業的功能角色，應從「保護者」的地位，轉為「輔導者」地位，以建立適合汽車產業發展的「產業環境面」。尤其是提供金融租稅的優惠最為重要。主要措施可以包括：

　　㈠外國營利事業收取權利金暨技術報酬免稅；

　　㈡五年免徵營利事業所得稅或股東投資抵減；

　　㈢其他「促進產業升級條例」租稅優惠事項；

　　㈣研究發展、人才培訓適用投資抵減；

　　㈤購置設備或技術適用投資抵減。

二、設計研發

　　全球暖化和油價飆漲，故在設計研發等領域，應往省油的方向發展，這些包括標準汽電式、插電式、電動式、燃料電池，以及使用生質燃油的車種，才能符合這個大環境的需求。

　　只有研發設計符合消費者需求的產品，才能維持產業的競爭力。以往國產汽車中，除裕隆的飛羚車系外，其他皆是與國外技術合作下的產物。事實上，國內汽車業者應研發，符合本地消費者喜好的車種，簡化汽車組裝流程，建立自主技術，開發新車型、底盤、關鍵零組件等，經由少量多樣生產技術、系統整合技術及電子技術，逐步建立具有中華民國特色的設計研發。國內車廠相繼興建技術研發中心，可望帶動汽車上、下游相關產業發展。

三、開發新車款

開發新車款要有創意，如歐美車型概念來自馬車，而中國車型概念來自轎子，前者造型為圓弧型，沒有尾巴，而後者則有頭有尾，這些文化上的差異，都可以落實在新車款上。從車身外型以至內裝設計，都可導入多項電子通訊與衛星導航系統，這些都是開發新車款可注意的範圍。

隨著週休二日，工時縮短、休閒時間增加，我國汽車產品的結構出現重大的變化。過去一直是市場主流的轎車，在休閒風氣帶動下，轎車占整體市場比率逐年滑落，反而休旅車大行其道，日趨成長。國內車廠對休旅（RV）車的成長抱持樂觀看法，將競相推出新一代RV車款。當然也可以略作修正，如中華汽車的Space Gear，在其設計研發中心的巧妙設計下，將寶馬（BMW）新大七系列豪華轎車採用的頭燈組設計融入車頭，有效營造媲美豪華廂型休旅車的氣度，就是一個例子。

四、強化電子商務

推廣網路行銷及零件交易的電子商務，進而將整個汽車產業的供應鏈電子化，如此才能為產業建立競爭優勢。基本上，汽車零組件主要可分為原廠組裝使用的零件，與售後維修車廠所使用的零件。就零件銷售管道來看，可分為 OEM（Original Equipment Manufacturing）、ODM（Original Design Manufacturing）、OES（Original Equipment

Service）等等汽車銷管道，如果能在電子商務領域加強，則有助於產業的發展。

五、與國際大廠合作

汽車產業雖然是相當成熟的產業，不過在產業供應鏈上卻出現變化，由於不再沿用過去一貫化的生產方式，整車廠汽車零組件的自製率不斷降低，對於外部汽車零件廠的依賴程度逐漸提高。這樣的結果，有利於我國汽車零組件廠，一躍成為車廠主要研發夥伴。

台灣尚未有任何產業，可以從頭到尾掌握該產業價值鏈，然而，國際知名品牌皆不願其產品被局部改變，業界只能全部自行研發或技術仰賴合作夥伴，即零或壹的選擇。為求突破，台灣汽車產業可選擇須與六大集團，及大陸三大汽車集團（中國第一汽車集團、上海汽車集團、東風汽車集團），進行國際分工，這是台灣汽車產業發展的利基。

六、健全售後服務網

國產車業者數十年的努力和經營，已建立相當普遍、便利且管理良好的售後服務據點，再加上熟稔本地法令及風俗習慣，對重大消費糾紛的危機處理亦累積相當成熟的經驗和能力。若能更進一步的加強售後服務，再配合廉價的零組件和維修費用，這將是國產車生存的重要依賴。

七、強化經銷商的服務品質與能力

汽車市場在供過於求的情況下，製造與裝配過程附加價值低，附加價值存在於隨品牌所提供的產品服務。產品服務必須符合消費者的需求，經銷商為汽車銷售之通路，所以市場的攻防，通路卡位是決勝的關鍵因素之一，而未來經銷的網路相對的會比製造重要。

尤其在加入世界貿易組織（WTO）之後，不同品牌的汽車產品間的競爭將更形激烈，車廠與車廠間的競爭，也將由原先的產品競爭，延伸到通路競爭的局面。在經銷通路已成競爭關鍵之後，各車廠也積極擬定經銷策略，強化經銷商的服務項目，同時充實售後服務的網路，以期建立完整的經銷通路。隨著市場瞬息萬變的競爭生態，以往由小型經銷商獨力經營的格局已不符市場需求。一方面是因同一區域內，若有過多的小型經銷商，相關資源無法統合運用；另一方面，單打獨鬥的態勢容易造成各行其事，甚至削價競爭的情況。因此改採大型化精兵策略，成為適應市場生態的策略之一。裕隆公司近二、三年全面重組全省經銷體系，並大力投資參與經銷商，已完成第一階段的經銷商整合工作。唯有充分授權經銷商或區域分公司，依個別市場不同屬性，迅速回應消費者需求，方能確保優勢的競爭地位。故持續整合經銷資源，投資經銷商應有其必要性。

八、產業整合

對內應促成國內業者整合分工，對外可透過整車廠技術合作對象

的國際行銷管道，推動整車及其零組件外銷。

九、發展電動車

　　車輛廢棄物排污問題，近幾年來成為先進國家亟欲改善的要點。
面對二十一世紀全球綠色環保潮流下，潔淨能源應用在交通運輸工具
的需求與日俱增，改善全球溫室效應，發展電動車工業，已是一項發
展趨勢。目前以色列已推出新型的全電動汽車，時速可達 140 公里，
每次充電可行駛 150 至 200 公里。

表 5−3　我國電動機車前十大出口國

國　別	2001 年		國　別	2002 年 1～9 月	
	出口值 （新台幣仟元）	比重 （%）		出口值 （新台幣仟元）	比重 （%）
美　國	201,969	70.9	美　國	28,396	51.8
日　本	32,475	11.4	德　國	7,716	14.1
德　國	14,093	4.9	荷　蘭	5,931	10.8
英　國	9,295	3.3	英　國	2,524	4.6
瑞　典	6,436	2.3	挪　威	1,502	2.7
瑞　士	3,722	1.3	丹　麥	1,335	2.4
西班牙	3,318	1.2	日　本	1,063	1.9
奧地利	3,217	1.1	哥倫比亞	1,052	1.9
荷　蘭	2,636	0.9	瑞　典	999	1.8

香 港	1,492	0.5	阿拉伯大公國	970	1.8
Top10 合計	278,653	97.8	Top10 合計	51,488	93.9
總 計	284,866	100.0	總 計	54,828	100.0

資料來源：中華民國海關進出口統計；工研院經資中心 ITIS 計畫（*2002/12*）。

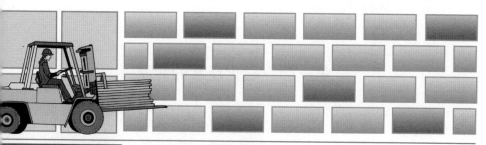

第六章　石化產業

　　石化產業從開始發展，至今已超過 50 年，目前是我國印刷電路板、汽車工業及建材等產業的重要支柱。以往的傳統化學工業是以動植物、礦物等天然原料為基礎的工業，而石油化學工業則是以石油或天然氣為主要的原料（如塑膠、橡膠、纖維、化學品等），經化學反應後，加工製造而形成各種化學產品及日常用品的產業（如鞋子、輪胎、衣服、油漆等）。

　　石油或天然氣製造出來的石化基本原料，如甲烷、乙烷、乙烯、丙烯、丁二烯、苯、甲苯、二甲苯等，經過特定製造程序，可先製得中間原料。此中間原料經過聚合（polymerizatio）、酯化（esterification）、烷化（alkylation）等製造過程，最後可以得到塑膠（plastics）、橡膠（rubbers）、合成纖維（synthetic fibers）及化學品，如清潔劑、溶劑、肥料等。

第一節　石化產業的範圍

　　以石油與天然氣為原料的石化產業，由於上、中、下游的龐大產值，在台灣整體經濟發展中扮演極重要的角色。自 1950 年代開始迄今，雖不過短短 50 年，我國石化相關的產業應用卻已遍及人類各種生活層面。目前我國石化產業總產值約新台幣 1.8 兆左右，約占製造業總產值 28%，影響層面及深度為各產業之冠。不僅是民生基礎工業，甚至連高科技產業發展都必須依賴石化塑膠產品，作為關鍵性的材料。

　　依照中華民國工業分類（CIC），石化產業的範圍包括石化本工業及石化依賴工業，其中石化本工業屬石化工業的上游和中游，範圍涵蓋石化原料業、化學肥料業、人造纖維業、合成樹脂及塑膠業等。石化依賴工業則屬石化下游廠商，涵蓋油漆業、清潔用品業、人造纖維紡織業、針織業、橡膠製品業等。無論是生產基本原料的上游工業、生產中間原料的中游工業，與生產各種加工品的下游工業，這些都與我們的生活有密切的關係。石化產業發展至今，約有95%以上的有機化學品來自石油化學產業。

　　石化上游產業涵蓋石油或天然氣，經分解、精煉而產生的蠟烴、烯烴、芳香烴等基本原料。中游產業是將烯烴（乙烯、丙烯、丁二烯）、芳香烴（包括苯、甲苯、二甲苯）等石化基本原料，經聚合、氧化、氯化、烷化等化學反應，而製造出各種單體、高分子及低分子

等石化中間原料。此部分包括塑膠、橡膠、合纖、清潔劑、溶劑等原料工業，產品種類繁多。其中特別值得一提的是，石化中游產業的塑化原料業，由於原油在煉油廠分餾得到汽油、燃油、輕油及黏度很高的瀝青。

下游產業是將石化中間原料加工，製成各種用品而成為石化下游部分，例如，塑膠製品業就屬於石化產業的下游產業。由於石化下游部分的塑膠製品應用廣泛，產業關聯性甚高，相關應用的產業，諸如家電、汽車、醫療器材、資訊產品、清潔劑、飲料、植物油、文具、

表 6-1　全球煉油公司產能排行

排名	公司名稱	設備產能（桶／日）
1	艾克森美孚公司（Exxon-Mobil）	5,360,000
2	荷蘭皇室／殼牌（Dutch/Shell）	4,537,000
3	英國石油（BP PLC）	3,195,000
4	中國石油化工集團公司（Sinopec）	2,665,000
5	委內瑞拉石油公司	2,665,000
6	康納和飛利浦（Conoco Philips）	2,613,000
7	TotalFinaEif SA	2,509,000
8	雪芙龍德士古公司（Chervon Texaco）	2,380,000
9	沙烏地阿拉伯石油公司（Saudi Aramco）	2,128,000
10	巴西石油公司	1,907,000
11	墨西哥石油公司	1,851,000
12	中國石油天然氣公司（CNPC）	1,788,000
15	日本石油公司（Nippon Oil Co.）	1,474,000
22	中國石油公司（CPC）	770,000

日用品等，與人類的食、衣、住、行、育、樂密不可分，因而也大大提高人類的生活水準，這就是該產業被冠上民生工業之母頭銜的根本原因。反過來說，這些應用產業的市場與需求變化，也直接關係著整體石化產業的興衰。

一、食的方面

石化工業提高了農產品，及畜產品的生產效率，因而充分滿足了人類食的需求。以稻米生產為例，化學肥料及農業化學品的施用，會增加稻米的產量。以家畜飼養為例，飼料中增加氨基酸含量，自然加快家畜成長的速度，提高農民的生產力。

二、衣的方面

石化工業以低成本、高效率，生產大量的合成纖維，才有今天各種價廉物美的衣飾。通常約占一個足球場（合 5 千平方公尺）的合成纖維廠，即有九萬噸纖維的年產量。如果是種植棉花，則需土地 1,600 平方公里（比台北還大）；如係羊毛，則須牧地 4 萬平方公里（比台灣還大），由此可見石化產業對於人類衣著的貢獻。我國自 1964 年開始發展合成纖維，如今已能加工製成各類紡織品，並揚名於國際。

三、住的方面

建築業各式的配管、壁面、牆板、油漆，以及家具等，都少不了

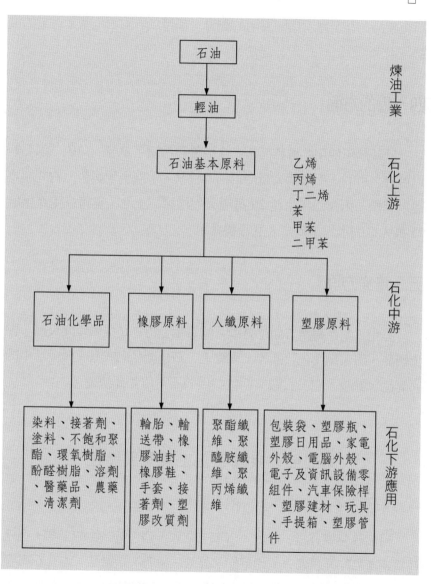

圖6-1　石化產業上、中、下游

石化產品。甚至連屋頂防漏用的瀝青，都可以看到石化產業貢獻的痕跡。

四、行的方面

就輪胎所使用的橡膠而言，合成橡膠扮演了重要的角色。因為若以百分之百的天然橡膠來製造車輛的輪胎，那麼土地與勞力的問題將難以想像。因為每年生產 20 萬噸天然橡膠的土地，足可以生產供應25 萬人口的米、小麥、大豆等糧食。

五、育樂方面

石化工業在育樂方面也有顯著的貢獻。特別是提供娛樂設備、醫療藥品、清潔劑及化妝品等。事實上，石化產品已成為人類生活中的必需品，缺少了它，人類文明的發展將不可能如此快速。

第二節　我國石化工業發展歷程

目前政府將資訊、電子、汽車工業等，列入策略性的工業，但這些精密產品的硬體部分，如零件、外殼、輪胎、化學品，約有60%至70%來自石化工業。由此可見，石化工業是關鍵性的工業，無論在國民生活、經貿以及就業市場上，都占有動見觀瞻的顯著地位。

　　石化產業既是民生基礎工業，也是技術與資本密集產業，更是高科技產業重要的一環。不過這種產業深受全球化的影響，各項產品的供需與市場價格（國際石化原物料報價）都深受國際市場需求的影響，所以價格常會劇烈的波動，因而連帶使得國內的廠商，長期面對成本不易控制的困擾。

　　尤其我國在未生產石化原料之前，國內所需均仰賴進口，數量與價格都受制於國外供應商，因而限制該項原料下游工業的發展。不過隨著國內廠商自產原料、自行研發技術、與國外技術合作、引進國外技術等方式，才使得技術不足的問題，得到某種程度的解決。

　　我國石化工業的發展，是一種「逆向整體化」（backward integration）的發展模式，也就是說，先發展下游石化加工業，如紡織、塑膠等輕工業，而這些工業所需的原料都是從國外進口，然後再由國內製造石化加工原料而形成的中游產業。在這個過程中，慢慢會感覺到原料取得的困難，而產生由國內自行製造中間原料的迫切需要。於是政府乃積極發展，石化工業的上游工廠，並以積極的行動，出資興建輕油裂解工廠，提供石化基本原料，上游體系因而形成，所以，我國石化工業上、中、下游環環相扣。此一體系在短短數十年間，就獲得良好的成就，並帶動國內經濟蓬勃發展。不過，由於國內上游石化基本原料未能積極擴充產能，因此以往我國主要石化基本原料供需缺口，仍須大量仰賴進口，才能解決嚴重不足的供給量。

　　石化工業是政府積極輔導的產業，也是我國發展很早的基礎工業。過去五十幾年來，在政府多次重大的國家建設計畫，例如十大建設、十四項建設中，都可以看出政府發展石化工業的決心。歷經五十多年的石化工業，已有三大主要石化產品（塑膠、合成纖維、合成橡

膠）外銷，確實為我國帶來龐大的外匯收入，強化台灣的經濟成長。

下列將石化產業的過程，與國內整體經濟發展的順序，歸納為下面幾個階段：

一、第一階段（1945 年至 1957 年）

石化產業的初期發展，主要為一般化學工業及以農業用途為主的肥料工業。此階段起於 1945 年二次大戰結束，至 1957 年台塑完成小型聚氯乙烯（PVC）工廠的興建為止。當時我國的整體經濟，正處於第一次進口替代時期，同時也實行第一期四年經建計畫（1953～1956 年），在此段期間，以食品、紡織及化學製品所占製造業產值較大，而紡織業的興盛也帶動了石化工業中游與上游的發展契機。

政府在 1945 年接收了日本在高雄所興建的軍用煉油廠，並更名為高雄煉油廠，由中國石油公司接手，從此開啟自行提煉國外原油的新紀元。1953 年，行政院成立經濟安定委員會（簡稱經安會），下設工業委員會（簡稱工委會），主要工作在推動各項工業計畫，並透過美援運用委員會申請美援，扶植民營企業。台灣塑膠公司（簡稱台塑）的 PVC 廠計畫，由於 PVC 廠的生產供過於求，迫使台塑須自設加工設備，於是在工委會的協助下，利用美援小型貸款，於 1958 年成立了南亞塑膠加工廠來消化上游的石化原料。

二、第二階段（1958 年至 1967 年）

1958 年，中油公司在苗栗錦水一帶發現天然氣；1961 年，中油

與美國 Mobil 公司和 Allied 化學公司合作成立慕華公司，以天然氣為原料，製造尿素以及液氨。這種利用天然氣生產石化產品，可說是我國石化產業的進階。

　　1958 年工委會結束，經安會撤銷，為繼續推動工業投資，經濟部下設工礦計畫聯繫小組（簡稱工礦組），1963 年，工礦組又設立化學工業推動工作小組，推動石油化學品工業計畫是，其中的項目之一。在此階段，政府先後推行了第二至第四期的四年經建計畫（1957～1968 年）。第一期的經建計畫，原本是以進口替代政策為主，但是因生產已超過國內市場需求，因此政策由進口替代轉為出口導向的貿易型態。經建計畫讓大量的農業人口投入工業生產的行列。1960 年代後期，勞力密集產品的出口開始急速成長，工業產品在所有的出口中所占的比例，由 1965 年的 46%，到 1970 年增為 79%，其中又以塑膠製品與紡織產品為早期出口品的大宗。

　　此時興建一輕的計畫，仍屬試探性階段，因為石化投資的計畫，須有完善的垂直整合體系才值得進行。當時的政策是，希望由中油公司負責上游，民營企業參與中游，但由於民間投資反應冷淡，因此一直沒有成功。直到外商（NDCC）來台，設立台灣聚合化學品公司為中游廠之後，一輕計畫才得以真正的實現。一輕本為政策任務導向，但沒有造成中油太大的財務負擔。而台聚在第二年獲利即達 13.6%，之後更維持 20%以上。當時政府實施高關稅保護的措施，使得產業的獲利穩定，因而也提高民間廠商的投資意願。

三、第三階段（1968 年至 1973 年）

中油在 1968 年第一座在高雄的輕油裂解廠完工後，我國整體的石化產業才略具規模（年產量 5.4 萬噸乙烯）。不過，當時因為只有台聚一家客戶，所以產能無法完全消化，其中有五分之二的產品沒有出路。當初決定將一輕設於高雄煉油廠的理由，是基於關聯產業的集中，且由於大部分的重化工業，所需原料均仰賴海外進口，為減低運輸費用，因此設於臨海一帶的港口地區，加上日本時代已有的煉油基礎，遂使高雄逐漸成為石化工業發展的重心。

在民間方面，由於台塑 PVC 廠的成功，因而帶動華夏海灣塑膠公司、義芳塑膠公司及國泰塑膠公司陸續開工，這四家公司使用焦煤生產氯乙烯單體（VCM），並進一步製成氯乙烯（PVC）。由於原料不足，這四家公司開始向國外進口 VCM 原料，但是中油生產過剩的乙烯，是可以作為製造 VCM 的原料。於是經濟部與中油遂推動「台氯計畫」，促使中油與這四家民間廠商合作，成立台灣氯乙烯公司，生產氯乙烯，以消化台聚未用掉的乙烯。這個計畫讓這些民間廠商的力量正式加入石化產業的領域。

1972 年，美籍顧問公司評估台灣與鄰近國家競爭力的對比，認為台灣具有低投資成本、充裕的技術與管理人員、優質的勞工、輕油裂解廠及煉油設施等優點，所以非常適合發展石化工業。加上當時下游的廠商，常因所需原料受制外人而錯失商機，也迫切希望政府能夠興建石化中間產品的工業。雖然台塑提出自設輕油裂解廠的計畫，但政府卻以可能造成壟斷的理由加以拒絕。不過，為滿足中游業者的需

求，政府乃開始規劃二輕與三輕的興建。

四、第四階段（1973 年至 1984 年）

在這個時期，國家清楚的顯示，興建石化產業的決心，並將其納入當時的十大建設。我國在這個時期，最重要的石化建設是，二輕與三輕的完工。

1975 年，二輕（高雄煉油廠內）完工，同時開發附近的大社仁武工業區，提供中游廠商設廠。另外，為配合大林埔煉油設備及發電廠，在林園開闢一個工業區設立三輕，並在此工業區提供中游廠商設廠，形成一個完整的石化工業體系。由於鄰近港口、腹地廣大等優點，使得高雄縣市成為台灣石化的重鎮，當時政治在戒嚴時期，因此工業區土地的取得、規劃，及石化廠的設置，皆能順利推動。二輕生產的石化基本原料除乙烯外，還有丙烯及丁二烯，是製成人造纖維的原料。三輕計畫於 1976 年完成，但由於受到 1973 年石油危機以及世界經濟衰退的影響，使得許多民間廠商退出計畫，迫使三輕的計畫分為前後兩期，1976 年完成的三輕，延後至 1979 年才正式開工生產。

1978 年，石化業景氣低迷，當時的行政院長孫運璿接受世界銀行經濟學家 Balassa 的建議，認為「非產油國家應發展技術密集工業，不宜發展石化業」，而台灣缺乏自然資源，不應再發展耗費能源與自然資源密集的石化產業，因此擱置五輕廠的計畫。這項政策的決定，使得台灣工業逐漸轉向能源消耗較低，與技術密集的工業。這項政策建議，使得我國資金開始大量流向電子、資訊等策略性工業，促成了新竹科學園區的開發。

五、第五階段（1984 年至 1989 年）

1980 年代，石油危機解除，美國經濟逐漸復甦，油價也下跌，經建會重新對石化工業的發展作評估，認為國內未來十年，石化工業在經濟發展的過程，仍具關鍵性地位，因此石化工業再次成為發展目標。不過石化工業的發展方向，已調整為配合資訊、電子工業所需的化學產品為優先發展項目。

1984 年四輕完工，廠址設於三輕所在地──林園工業區。1986 年本欲開始推動五輕計畫，但是廠址（高雄市後勁）居民的抗爭，使得五輕延後至1990年才開始興建。另一方面，由於石化產品的國際價格大幅下降，於是許多下游加工業者，紛紛進口海外原料，於是引起中游業者的恐慌。事實上，中油的一輕是石化基本原料的獨占廠商，經營效率差，成本高，使得下游廠商的成本墊高。對此，中、下游業者相當不滿，台塑公司甚至向政府申請興建「三輕」，但是被政府駁回。為了減緩中游廠商的不滿，政府遂對中游產品，進行系列的保護措施。

六、第六階段（1990 年代至今）

整體而言，過去十年來，全球石化工業的發展趨勢，為全球化與自由貿易。所以在這個全球大趨勢下，政府先降低石化原料的進口關稅，又在 1990 年正式核准台塑的六輕計畫。其實這個階段正是石化產業的矛盾階段，一方面，石化產品的關聯性大，產業本身是製造業中發展最完整的體系，不能輕易放棄。但是由於廉價勞工的優勢已經

被中國以及東南亞國家所取代，石化產業的出口已經沒有比較利益，更嚴重的是，來自國內的環保抗爭運動，讓石化產業的發展倍感艱辛。雖然目前產業外移嚴重，但供應鏈仍然存在。

不過從2002年開始，石化產業就在全球總體經濟環境的陰霾中，市場需求不旺、供給過剩、原料成本高漲，尤其是美國經濟成長率的下降，使得石化產業的需求，受到嚴重衝擊。

第三節　石化及塑膠基本原料概說

我國的石化產業，乃是政府與民間共同的合作，其發展過程是由國營的中國石油公司投資，設立輕油裂解及芳香烴製造工廠，生產各項石化基本原料。以往我國主要石化基本原料，供需情勢大多呈現供不應求的局面，亟須倚賴進口，以填補需求缺口。但自1999年台塑六輕興建煉油廠、輕油裂解廠及石化相關工廠後，國內原料自給率大幅提升，進口量逐漸減少，部分產品並有能力外銷至東南亞與大陸地區，國內原料不足情況得以改善，同時也能擺脫新加坡、印尼、泰國、馬來西亞等後進國家的追趕。

基本上，絕大部分的石油化學工業原料是，來自天然氣（Natural Gas）、煉油氣（Refinery Gas）、液化石油氣（LPG）、輕油（石油腦）或製氣油裂解（Naphtha or Gas Oil Cracking）、重組油（Reformate）中的芳香烴（B.T.X），以及輕油裂解廠的裂解汽油萃取、純化而來。例如，甲烷及少量乙烷是取自天然氣；氫氣、甲烷及乙烷取自煉油氣；丙烷及丁烷取自液化石油氣；高純度氫氣、乙烷、乙烯、

丙烯、丁二烯及芳香烴,都是取自石油腦或製氣油裂解氣。

　　原油經煉製後的產品,包括汽油、柴油、燃料油、航空燃油、液化石油氣、潤滑油、溶劑油、柏油、烯烴及芳香烴等,其中烯烴及芳香烴為石化的基本原料。大致而言,石油化學基本原料包含兩大部分,第一大部分是烯烴(乙烯、丙烯、正-1-丁烯、丁二烯),第二

表 6-2　石化原料的特性與用途

	產品名稱	特　性	用　途
烯烴	乙烯	聚合級:純度:99.9mol%以上	作為聚乙烯、氯乙烯、環氧乙烷、乙二醇、苯乙烯、醋酸乙烯、乙醛之原料
烯烴	丙烯	聚合級:純度:99.6mol%以上 化學級:純度:92 mol%以上	乙醛之原料作為聚丙烯、丙烯腈、氧化丙烯、異丙醇、丙烯酸樹脂之原料
芳香烴	苯	硝化級:純度:99.8wt%以上 比重:0.882~0.886 蒸餾範圍:不超越 1℃,包括 80.1℃在內	作為苯乙烯、己內醯胺及清潔劑烷基苯原料、化學品原料、溶劑
芳香烴	甲苯	硝化級:純度:99.0wt%以上 比重:0.869~0.873 蒸餾範圍:不超越 1℃,包括 110.6℃在內	作為生產苯及二甲苯之原料、化學原料、溶劑
芳香烴	對二甲苯	純度:99.7wt%以上	作為對苯二甲酸之原料
芳香烴	鄰二甲苯	純度:98wt%以上	作為酸酐之原料
芳香烴	碳煙進料油	美制比重 API:最高 8 BMCI 值:最低 110	作為製造碳煙之原料

大部分是芳香烴（苯、甲苯、混合二甲苯、對二甲苯、鄰二甲苯、烷基苯）。這些基本原料是先經過特定製造程序，先做成中間原料，再經過聚合（polymerization）、酯化（esterization）、烷化（alkylation）等過程後，就可取得塑膠（plastics）、橡膠（rubbers）、合成纖維（synthetic fibers）及其他化學品。上述這些石化原料的需求量會隨著經濟成長率的上揚、國民所得的提高，而帶動整體上游原料的需求。

一、芳香烴系統

芳香烴系統包括苯、甲苯、二甲苯，它乃是以人纖工業為主體，部分使用於塑膠、清潔劑等工業。國內的石化基本原料長期以來一直處於供給不足的狀態，以 2002 年為例，苯、甲苯及二甲苯，其年產量為 107 萬公噸、5.4 萬公噸及 126.4 萬公噸，自給率則分別為 49.5%、24.2%及 66.8%，顯見嚴重不足。

二、烯烴系統

將輕油（又稱石油腦）通過裂解爐爐管，使其在830°C的高溫下斷裂分解為原子量較小的成分，然後再經一連串製程分餾後，就可以得到乙烯、丙烯、丁二烯、芳香烴等石化基本原料。台塑六輕一、二期的輕油裂解廠就是這方面石化原料的重要工廠。

三、塑化原料

　　台灣在天然資源如此貧乏的環境下，能夠發展石化產業的主要原因是擁有龐大的塑膠加工體系，如製鞋、玩具、雨傘等產業。這些產業在台灣的蓬勃發展，因而促進台灣的石化工業，所以本文將塑膠中間原料納入分析。這些原料涵蓋：聚氯乙烯（PVC）、氯乙烯單體（VCM）、聚乙烯（PE）、乙二醇（EG）、合纖中間原料的純對苯二甲酸（PTA）、丙烯睛（AN）、聚丙烯（PP）。

(一)聚氯乙烯（PVC）及氯乙烯單體（VCM）

　　聚氯乙烯（PVC塑膠原料）是生產塑膠皮、布、管，及塑膠板、塑膠鞋、電器絕緣體、泡沫乳膠等產品的主要原料，為應用最廣的塑膠原料。

(二)聚乙烯（PE）

　　乙烯是製造聚氯乙烯（PVC）、聚乙烯（PE）和聚苯乙烯（PS）的基本原料，乙烯的產量常被國際上視為衡量一國石化工業的規模指標。其中的聚乙烯（PE），依其原料乙烯聚合密度及共聚物不同，大致可分為：

1.高密度聚乙烯

　　其用途為購物袋、垃圾袋、沙拉油瓶、檔案夾、漁網、編織袋、塑膠機布。

2.低密度聚乙烯

主要用在鞋材、包裝袋、農業用膜、牛奶瓶、各式玩具等。

3.線性低密度聚乙烯

其用途有重型包裝袋、食物包裝薄膜、大型容器。

㈢*乙二醇*（EG）

EG與PTA同為聚酯纖維的主要原料，由於近年來遠東地區聚酯廠產能擴充，帶動對EG的需求成長。然而，國內因乙烯原料不足，又遭逢環保的抗爭，以致EG產能無法擴增。國內需求七成由進口供應，故價格深受國際市場影響。

四、合纖中間原料

㈠*純對苯二甲酸*（PTA）

PTA為聚酯纖維原料之一，隨著下游聚酯纖維需求的持續增加，國內廠商陸續擴廠。

㈡*丙烯睛*（AN）

丙烯睛為製造亞克力棉（聚丙烯睛纖維）及 ABS 樹脂的主要原料。目前國內壓克力棉與 ABS 樹脂以外銷中國大陸為主，因此 AN 去化仰賴大陸市場頗深。

表6-3　泛中油與台塑體系中、下游廠商分布概況

原料別	泛中油體系	台塑體系	原料別	泛中油體系	台塑體系
乙烯	台灣塑膠	台塑 HDPE 廠	丁二烯	台橡	台化 ABS 廠
	台灣聚合	台塑 LDPE 廠		南帝化工	
	東聯化學	台塑 EVA 廠		奇美	
	亞洲聚合	台化 SM 廠		國喬	
	中纖	南亞 EG 廠		台達	
	國喬	—		李長榮化學	
	台灣氯乙烯	—	苯	中石化	南亞 SM 廠 台化 ABS 廠 台化酚廠
	大連			國喬	
	台灣苯乙烯			和益	
	李長榮化學			台灣苯乙烯	
	福聚			台橡	
	永嘉			信昌	
丙烯	中石化	台塑 ECH 廠	甲苯	中石化	台塑 TDI 廠
	福聚	台塑 AN 廠	二甲苯	中美和	台化 PTA 廠
	永嘉	台塑 AA/AE 廠		聯成	
	李長榮化學	台化 PP 廠			
	台灣塑膠	台化酚廠			
	信昌	—			

資料來源：台灣區石油化學工業同業公會（*2001*）；工研院經資中心 ITIS 計畫。

㈢聚丙烯（PP）

聚丙烯是由石化基本原料丙烯聚合而成的聚合物，主要用於食品與包裝業，可製造編織袋、吹袋薄膜、纖維加工、吹瓶及戶外休閒器材等產品。

目前我國所生產的石化基本原料，主要來源集中於泛中油及台塑兩大體系，其中隸屬台塑體系的六輕輕油裂解廠，其市場占有率已達五成以上，全然扭轉中油體系歷年為石化基本原料供應的主流局面。

第四節　石化產業的挑戰與威脅

石化工業是產業的火車頭工業，不僅支持基礎的民生產業，更是高科技產業的重要根基。不過，台灣石化產業的投資環境，由於受到國內能源、環保及土地等環境惡化的影響，使得石化業海外投資有日益增加的趨勢。尤其自 1994 年起，石化業赴海外投資型態以原料回銷為主，然而，隨著台灣石化下游業者大量外移之後，原料廠的海外投資策略轉以配合投資地的需求，並整合台商在當地的加工體系。

一、產業體系解體

石化工業在國內原屬於供應鏈上游區，透過原材料的供給，讓下游業者加工外銷，直接出口原料的很少。台灣上游的石化產業提供原

料，藉著下游加工，並將其產品銷售到國際市場，而形成完整的產業體系。不過，隨著國內勞工短缺、工資上漲、生產環境丕變，使勞力密集的下游加工業紛紛外移至東南亞或中國大陸（下游加工廠十之八九都已外移）。外移廠商回頭購料的比例，隨外移國家石化工業發展而逐年降低，導致國產石化原料需求萎縮，因此上、中、下游產銷體系有解體之虞。不但台灣既往的有利基礎頓失，而且外移以後，產業完整性立刻受到威脅，同時也強化了競爭對手的優勢條件，相當程度壓縮了台灣石化產業的生存空間。

以中油高雄煉油廠為例，它原本與石化工業區唇齒相依，為完整的上、中、下游生產體系。但是當部分石化中、下游廠商赴大陸投資後，該石化工業區就會被迫關廠或外移。其連鎖反應就是資金與人才的外移，這又將牽連和石化有關的電子產業的發展。

二、環保問題

石化業設施，尤其是上游的輕油裂解廠，具有一些特殊性，第一，石化業所產生的經濟效益為全國民眾所共享，但設施所產生的污染卻為地方民眾所承擔；第二，發生意外的機率雖然低，但如果不幸發生事故，則後果相當嚴重，亦即具有低機率／高後果（low probability／high consequences）的特性。上述這兩項特性，造成這些設施的設置經常會受到地方民眾的反對，這種現象稱為「請不要擺在我家後院」（Not-in My-Backyard, NIMBY）或「地方上最不喜歡的土地利用」（Locally Unwanted Land Use, LULU）。所以儘管拜耳案固然可以在台中港區創造就業機會，增加當地稅收，紓解國內對該產品的

需求壓力，並透過連鎖效果，帶動石化中、下游產業的發展，更可提高其他外資在台灣投資的誘因，但因前述的特性，最後仍然導致拜耳案功虧一簣。

　　所以，政府興建石化上游工廠，雖能為台灣經濟帶來大量外匯，有助於總體經濟的發展，不過以往只顧及石化工業所帶來的經濟利益，卻忽略了該項產業所帶來的環境污染問題。特別是台灣土地有限，石化廠又多緊鄰民宅，因而嚴重影響地方民眾的生活品質。根據歷年行政院環保署「公害糾紛處理白皮書」，自 1981 年至 2002 年 4 月，我國重大環保抗爭共有 488 件，若以行業別區分，石化業有 98 件，所占比率約為 20.08%，而化工業有 63 件，所占比率為 13.11%，兩個產業相加，占全部抗爭件數比率達 33.19%。若單以製造業來看，這兩個產業所占全部抗爭件數的比率，即高達 57.04%。近幾年來，隨著民眾環保意識的覺醒，以及政治的民主化，公害糾紛的案件逐漸增加，所以國內的土污法要徵收土壤污染費，其中約 97% 是來自於石化業。換句話說，政府的產業政策，以及社會強烈的環保意識，這些都是石化產業擴展的有形與無形障礙。

三、不易建廠

　　石化產業建廠所需的土地取得不易，地價又高，面積又大，以致投資建廠成本日漸升高。這些因素都會使輕油裂解廠無法如期完成，且又會使原料自給率偏低，造成國內石化原料多年來的供應，仍無法自給自足。2004 年 8 月行政院通過的三輕更新案，如果不能在 2015 年正式完工投產，將影響南部地區數萬工作機會，以及減少 2 千多億

產值。

四、關稅偏低

我國石化原料關稅偏低,且石化廠以生產單一產品為主,這樣的產品結構易受外貨傾銷打擊。目前中間原料的平均關稅稅率為2.5%,塑膠製品的平均稅率則為 5%,若與日、韓、歐美等國稅率相較,則明顯偏低。儘管我國加入世界貿易組織之後,可提供較佳的公平競爭環境,不過在過渡期,對國內石化廠仍會有所衝擊。

五、關鍵技術難取得

國內石化產業的生產技術,多仰賴整廠方式買進,缺乏自主性研發能力,對於改進製程及開發新產品方面的能力較薄弱。而國外石化公司對關鍵性技術,出售的意願也不高,這會增加關鍵性中間體之製程技術取得困難,對國內石化廠品質及國際競爭力的提升,自然會造成相當大的影響。

六、市場威脅

東南亞國家為提高其國內的自給率,紛紛擴充石化產能,此舉對我國海外既有市場會造成威脅。另一項更大的市場威脅是,全球大型石化集團刻正搶奪大陸市場。實際上,全球石化集團對大陸覬覦良久,紛紛以技術提供、合資設廠、獨資設廠等手段前進大陸卡位,換

言之，大陸已成為石化大廠競逐的戰場。

　　全球六大石化集團在大陸的設廠，對台灣石化產業而言，猶如芒刺在背。全球六大石化集團包括：殼牌（Shell）、巴斯夫（BASF）、BP-Amoco、陶氏化學（Dow）、艾克森美孚（Exxon-Mobil）、及飛利浦石化集團等，已分別在廣東、江蘇、上海、天津、福建及甘肅等地建立據點，相關石化上游原料產能將在 2004 年至 2006 年間分別開出。未來六大石化集團石化原料的產能，將完全取代目前中國大陸自台灣進口石化原料的產能；甚至多餘的產能還有可能銷往台灣，奪取我國市場。

七、競爭激烈

　　我國曾是化學纖維生產王國，中國大陸近十餘年全力發展聚酯纖維工業後，我已拱手讓出化纖王國的寶座。大陸化纖工業壯大後，不只奪下全球化纖龍頭的大位，對我國化纖業的生存也造成極大的威脅。2004 年底、2005 年初完工的聚酯纖維廠，日產能約在 600 公噸到 700 公噸之間，瓶用聚酯粒廠日產能約 1,000 公噸到 1,200 公噸，生產規模之大，造成我國化纖業者嚴重衝擊。

　　全球化的產業競爭是現實而殘酷的，以我國現有生產設施在全球化的角逐下，有許多企業不具競爭力，顯然不能再從事石油化學工業，而必須轉型或是多角化經營。轉型有朝向綠色製程及產品（如環保的水性樹脂及塗料）、製程微小化（廠房變小，不用付昂貴土地成本），以及從事電子、光電、通訊、生技、生命科學、醫藥等高性能及高附加價值的產品。

　　不過占整體產值不大,但廠商家數多且從業人口廣的下游製品業,在面對大者恆大,且技術／資金密集的現實潮流下,多半無力轉型。但因其所占的產值比重小,致使從經濟面(產值)來看影響不大。不過從社會安定面來看,在失業率高漲的今天,其衝擊面實在值得關心與重視。

八、跨國併購

　　為在國際競爭中占據有力地位,從二十世紀 90 年代起,全球各大石油石化跨國公司展開大規模的策略併購行動,如 1998 年 EXXON 公司以 722 億美元兼併了 MOBIL 公司;BP 公司以 480 億美元兼併了 AMOCO 公司;2001 年 PHILLIPS 公司兼併了 TOSCO 公司和 CO-NOCO 公司。這種以提高企業核心競爭力為目標的戰略重組,為企業帶來顯著的收益。在亞洲金融危機後,從 1998 年起,全球石油業的競爭也已進入了寡頭併購的時代。從全球煉油廠最具產能的角度觀之,市場已分別被前五大公司所瓜分。它分別為艾克森美孚公司(Exxon-Mobil,設備產能 536 百萬桶／日)、荷蘭皇家／殼牌(Shell,4,537 百萬桶／日)、英國石油(3,195 百萬桶／日)、中國石油化工集團公司(2,665 百萬桶／日),以及委內瑞拉石油公司(2,665 百萬桶／日);以亞洲地區而言,則以中國大陸的中國石油化工集團公司(簡稱 SINOPEC GROUP)產能最大,日煉原油達 2,665 百萬桶(我國的中國石油公司三座煉油廠原油蒸餾產能共計 77 萬桶／日,在世界石油公司中排名第二十二);若以單一煉油廠產能計算,則以委內瑞拉煉油廠(Paraguana Refining Center)

表 6-4 日本石化工業的事業整合概要

形式	內容概要		時　　程
企業合併	(1)三井化學與住友化學成立共同持股公司 (2)前述兩家公司的所有事業納入單一公司		(1) 2003 年 10 月 (2) 2004 年 3 月
事業統合	聚烯烴	三井化學與住友化學各出資 50%，設立三井住友 Polyolefin 公司	2002 年 4 月
	PE	日本 Polychem 與日本 Polyolefin 部分事業統合成立新公司	2002 年春季
	PP	(1)出光石油化學與德山兩家司各出資 50%，成立製造公司，名稱為德山 Polypro (2)三井化學將宇部興產持有 Grand Polymer 公司的 33.3%股權購下，並合併該公司	(1) 2001 年 4 月 (2) 2002 年 4 月
	PVC	(1)新第一 PVC 公司的股權重新分配：德山 71%，日本 Zeon 14.5%，住友化學 14.5% (2)大洋 PVC 公司的股權重新分配：Tosoh 68%，三井化學 16%，電氣化學 16% (3)三菱化學與東亞合成各出資 60%及 40%成立 Vitech 公司	(1) 2000 年 3 月 (2) 2000 年 3 月 (3) 2000 年 4 月
事業讓渡	(1) Chisso 將 PVC 的商業權利讓與鐘淵化學 (2)德山將 PP 的營業權利讓與出光石油化學		(1) 2000 年 4 月 (2) 2001 年 7 月
生產面的合作	德山 Polypro 預定在 2003 年第一季，完成年產能 20 萬公噸的設備並量產，在此之前，PP 的生產委託德山既有的年產能 14 萬公噸的設備來生產，新設備完成後，德山的設備將廢棄		2003 年第一季

資料來源：日本石油化學工業協會；工研院經資中心 ITIS 計畫。

最大，可日煉 94 萬桶／日。

　　與歐美購併不同的是，日本石化產業的整編，側重在國內的合縱連橫。但無論是購併或者是產業的合縱連橫，都表示石化產業的競爭已進入到另一個新紀元。

第五節　石化產業的發展策略

　　石化產業對我國的經濟發展，有著不可抹滅的貢獻，至今石化相關產業的產值，仍高居台灣整體製造業的三分之一。石化產業是重要的工業，為避免受制於人，造成供應不穩，或成本偏高等後遺症，故石化產業不容偏廢。既然如此，就必須提出正確的發展戰略，來化解威脅與挑戰。下列提出十項戰略，作為政府與產業之參考。

一、明確石化產業定位

　　石化產業具有高度的產業關聯性，其產品範圍廣泛，不僅民生用品（如紡織品、塑膠製品等），另外，汽車、資訊、機電等高科技產業也需使用大量石化材料。過去歐美等先進的國家，在發展經濟的過程中，石化產業均扮演過舉足輕重的角色。目前中共將石化業，定位為關鍵性產業，新加坡政府並大量引進外資從事石化工業。到底我國對於石化產業應定位在何處？以現實面而言，很多外銷產業的原材料，都是由石化產業所提供。以電腦為例，一部電腦經分解後，其中

至少有 80%，是石化產業所生產的產品。若沒有該產業的貢獻，就不可能有一部完整電腦的成型，由此可見該產業的不可或缺性。

　　過去五十多年來，我國也將石化工業列入經建計畫的重點之中。不過，石化廠為高耗能生產，其龐大的二氧化碳排放量，將使台灣的總排放量，無法達到國際公約要求的標準。該產業所造成的環保問題，一直困擾政府對該產業的政策定位。由於該產業屬資本密集，動輒需要上千億元的資金，如果沒有政府政策的支持，產業是不容易獨力完成的。石化產業的發展，對台灣的永續發展，究竟是正面抑或是負面的影響？政府應該在深思熟慮後，要有定位而不能停滯。

　　尤其現階段我國的石化投資環境，正在惡化中，石化業者如果沒有更明確的政策誘導，產業就難有長久的因應之道。故此，政府宜儘速確立我國石化產業的定位，以免貽誤契機，使產業未來的生存空間受到威脅。以現在的發展情形來看，我國石化工業的發展政策，應定位在以內需為主；擴大規模、提高石化原料自給率；整合經營體系，配合油品自由化，提高經營效率；改善製程，節約能源，重視環保；促進石化下游工業升級，強化上、中、下游產銷體系；提升工程塑膠及特用化學品等，高附加價值產品品質；拓展大陸及東南亞市場。

二、調整產業內關係

　　石化產業應完成垂直整合，在國際市場上才有競爭力。國內的石化業生態，大致可區分為中油及台塑集團兩個體系，台塑已完成上、中及下游的垂直整合，中油在這一部分則有待加強，一方面是中油與石化中、下游業者可簽定長期供料合約，以公平合理的原料價格提供

石化中、下游，以維持供銷秩序及保持市場競爭力。另一方面是中油公司在輕油裂解廠建廠之初，即須與中間原料廠協議好，基本原料的分配比例。待開始量產後，價格由中油參考國際行情，於每月月底宣布實收價格方式來訂定。下游加工業者可就所需用量的比例，先期協調中間產業，以維持固定往來關係；至於下游的產品，則以外銷為主戰場。

三、建構產業新競爭力

石化業為資本與技術密集產業，人工成本比重低，因此不是考量的重點。真正的決勝關鍵在於資金運籌、廠址選擇（影響土地、運輸成本及市場焦點）、原料取得（影響成本最大因素）、建廠時程、製程技術來源及市場通路的布建。但由於台灣石化產業發展較早，現有產能偏低，製程老舊，和世界級的石化廠商比較，是需要提高競爭力。所以，我國石化工業應加快步伐建構產業新的競爭力，促進「質」與「值」的提升，完成產業內之產品結構的調整。

四、保障原料來源

自台塑六輕一、二期輕油裂解廠完工投產後，國內烯烴與芳香烴兩類基本石化原料產量及自給率大幅提升。雖然整體而言仍未能達到完全自給自足的目標，但自給率已明顯提升。不過，六輕所生產的石化基本原料幾乎全數供應給台塑體系之下游廠商，或轉以自行外銷，使得國內非台塑體系業者之原料需求來源，仍以中油公司為主。一旦

未來在中油石化原料供應量不敷需求、基本設施歲修或故障停工時，石化基本原料顯然仍有不足之虞。所以，政府應准許石化業界另謀原料來源，使原料來源多元化。

中、下游產業對於原料供應相當的敏感，因為這是產業環節的脆弱處。現在可以做的是，促成七輕與八輕完工，並在七輕與八輕未能完成前，先使二輕改善環保後，積極整修並復工。如此，對石化原料長期供應不足等問題就可以得到一定程度的解決。

五、研發新技術

石化業是全球化特性強的產業，入會後全球化競爭來自四面八方，尤其台灣石化產品多以外銷為主，不管是人員流動，或是商品的進出，都將更自由化。基於「大者恆大」的市場競爭道理，政府應協助現有石化廠商取得新技術。以下游的聚脂纖維為例，它屬於化學工程的產物，隨著化工科技的發展，可以隨心所欲配加不同特性的化學原料，而取得各種不同功能與用途的新纖維。又如中游 PVC 塑膠原料，如何將它做得更薄、更有效，都有賴新技術的支持。這一部分固然是產業責無旁貸之責，不過力量畢竟有限，政府可以在不違反世界貿易組織的規範下，強化產業的技術，使我國石化產業更具國際競爭力。

六、促進石化下游工業升級

下游與日常生活密切相關的塑膠製品業，超過九成均屬中小企

業，勞力密集，技術層次不高，規模不大，又欠缺市場與技術情報。目前這些傳統產品已屆成熟期，面臨市場縮小卻削價競爭的窘境，再加上各種直接成本持續上漲，生存困境已現。這一部分產業大致粗分為五大類：

㈠工業用零組件業

包含電子、資訊、家電用品，及汽、機車零組件等，如行動電話塑膠外殼、影印機塑膠外殼及內部零組件、電腦塑膠外殼及內部零組件。

㈡皮板管材業

包含塑膠布、片、板、管、桿、合成皮等。

㈢塑膠皮製品業

包含塑膠外衣、雨衣、衣櫥、公事包等。

㈣膜袋布業

包含編織袋、編織布、夾鏈袋、網袋、包裝袋、保鮮膜及地工織物等。

㈤日用品業

包含塑膠杯、塑膠盆及塑膠盒等，如鞋業。

有鑑於此，下游產業必須思考如何提高製程效率，降低各種直接

成本，積極轉型成為以內需市場（如民生工業）及支援出口產業（如電子產品製程化學品及封裝／包裝材料）為主的基本產業。至於中游的化學材料工業雖然現在出口尚佳，但未來仍在未定之天，故有必要結合國內 3C 產業，逐步展開電子化學領域。當然，產業也應該主動結合政府的力量，全面培訓產業研發、製程、品管、設計及行銷專業等各種所需的人才，以提升競爭力，提高產品的附加價值。

七、選擇重點突破

我國能源 96% 依賴進口，儘管受制於人，但卻不能沒有石化產業。所以應根據國際供需現況及既有石化業的技術、規模等因素，從石化產業的上游基本原料、中間原物料（乙烯、丙烯、丁二烯、芳香烴），或下游製品（塑膠、橡膠、纖維製品）中，選擇重點項目，集中力量發展，這樣才能在全球化過程中取得優勢的比較利益。以乙烯的生產為例，新加坡只有 300 萬的人口，每年量產 250 萬噸，而台灣人口有 2,300 萬，卻只生產約一百萬噸，很顯然，乙烯是新加坡發展的重點。我國也應該找出發展重點，全力以赴，這樣產業才有生存空間。

八、發展符合環保趨勢的產品

運用資訊知識創造競爭力，是企業轉敗為勝的關鍵。尤其在知識經濟的時代，除了要符合趨勢的創意外，在生產過程中，也必須基於環保考量，透過科技以清潔生產機制（cleaner production），力求資

源節約以及污染減量。以往環保這一部分仍有加強的空間,例如,每天所穿的衣服、運動鞋、使用的皮包、沙發、手機外殼的塗料、CDR表面塗料、牆上的油漆、車內裝飾的毛絨布等,都要用到聚異氰酸鹽樹脂(Polyurethane,簡稱 PU)。這些 PU 樹脂的產品,有 90%以上含有高量的有機溶劑,使用這些有機溶劑在 PU 樹脂時,就會造成環境的污染。因此,歐美國家已漸漸禁止使用含有毒性較強的有機溶劑之 PU 樹脂原料進口。

九、強化危機處理能力

2003 年的美伊戰爭,曾一度造成國際原油飆漲,不過這已對我國石化產業造成很大衝擊,所以危機處理的能力,對該產業相當重要。石化產業向來有「向前向後」產業連鎖的特性,除了在生產結構上的互相依賴,在景氣上亦是如此。油價若維持在高檔或緩步趨升,廠商可適時調整報價,將成本轉嫁出去(轉嫁程度需視下游廠商反應)。若國際原油及上游石化基本原料大幅上揚,因而導致上游石化基本原料價格偏高,這就會墊高原料的成本,中間的石化廠商就會巨幅減少利潤。若中間石化原料無法向下游廠商轉嫁成本上漲的部分,獲利衰退是必然的。即使轉嫁成功,下游產業就更需要有危機處理的能力。

十、拓展大陸市場

中共有計畫地引進全球各大石油公司赴大陸設廠,並與大陸石化

企業策略聯盟。這些合作個案分配至大陸各地，例如在廣東設立石化煉油中心；以惠州為中心，引進荷蘭大石油企業（SHELL）合作；在上海沿岸的石油企業與英國 BP 合作。這些全球的大石油公司經中共「定位」後，都分配好各地的市場。所以，我國產業可選擇大陸適當地點，建立台灣石化產業為主導的石化專區，與其石化中、下游為合作對象，形成區域型策略聯盟，以達垂直整合的目的。過程中，政府若能給予金融支持，我國石化產業的海外實力就會壯大得更快。

目前台灣石化業最大的市場在大陸，需求量已超過台灣的內需市場。這主要是中國經濟開放，讓原在台灣已難生存的石化下游加工業在大陸找到了新的生存空間。當台灣的石化產業伴隨下游產業外移對岸，在中游的化學材料及上游的化學原料也隨之擴大出口比例，而能保持一定之成長。石化業赴大陸投資的主要動機是穩固客源、服務客戶、爭取市場，將大陸視為生產製造中心，發展較屬於規模經濟的大眾用品，著重整合化及規模化。

當然，耕耘大陸市場不是下游產業的專利，以上游的煉油業為例，國內油品的需求量每日約為 80 萬桶。中油日煉原油 77 萬桶，台塑石化 45 萬桶，其中約有 42 萬桶的原油要靠外銷去化。大陸是目前全球前三大的油品進口國，煉油廠設備老舊，生產成本較高，對於上游而言，就有機會來為對岸中化集團代煉。這也是有效拓展海外市場，避免內部激烈競爭的方法。

紡織產業

　　在台灣的經濟發展過程中，紡織業始終占有相當重要的地位。根據世界貿易組織（WTO）2001 年的統計資料顯示，在紡織品的出口方面，台灣排名世界第六位，貿易出超約為 180.5 億美元，其中紡織業創匯高達 96.8 億美元，占總創匯金額的 53.6%。儘管這幾年產值頻頻下滑，但整體而言，台灣紡織產業在創匯方面，一直都具有相當重要的貢獻。

　　目前台灣紡織業的發展涵蓋纖維、紡紗、織布、染整及成衣服飾品等五大類，已成為具競爭力的垂直整合體系。上游有人纖業，中游有紡紗、織布、染整業，下游有製衣業及其他產品製造業。每一業種項下尚有分業，形成一個相互支援、環環相扣的產業體系。紡織產業自 1940 年代末期發展迄今，已成為一個涵蓋上、中、下游的完整產業體系。不過，目前因為產業的發展已經達到成熟型的階段，因此必須面臨相當嚴苛的轉型階段。有鑑於此，政府在 2003 年對於紡織工業的設計，提供各種獎勵措施，並將其列為國家發展重點之高科技產業項目。

第一節 台灣紡織業發展歷程

台灣紡織業的發展，起源於 1940 年代末期，國民政府及許多紡織業界領導者自中國大陸撤守來台，在政府的政策輔導下，棉紡業快速發展。1970 年代則因石化業的興起，而使人造纖維具原料優勢，人造纖維製品占全國總出口值三成以上。1980 年代，在勞工不足、新台幣升值、貿易障礙，而且不再將該產業列為策略性工業等因素衝擊下，大幅成長之局已不再。尤其自 1990 年代起，棉紡、毛紡及成衣服飾產值衰減，產業面臨轉型。

台灣紡織業的發展有六個重要的階段，下列將分別予以說明。

一、萌芽期（1945 年至 1962 年）

這個時期正處於經濟重建與民生工業的發展階段，政府的政策是以農業培養工業，以工業發展農業。優先發展電力（工業動力）、肥料工業（農業發展），以及紡織業（民生必需品及賺取外匯）等三項工業。當時的美援為台灣農工業生產的恢復和發展，提供了大量的原料、機器設備和資金，對爾後台灣紡織業的發展，提供極大的助益。

韓戰爆發後，美國重新提供援助給台灣。早先因外匯不足，無法進口原棉的情況，獲得大幅的改善。因為在美國對台灣的物資援助中，原棉也是重要的一部分，所以對紡織業的發展助益甚大。再加上

政府以強制性的政策措施禁止棉布進口，因此排除了國外產品的競爭，對內以「代紡代織」（以物易工、委託加工）、優厚的資金融通保障棉紡織業者，才使得台灣的紡織業在短短幾年就能快速發展。

二、擴張期（1963 年至 1972 年）

　　政府採行出口擴張政策，並以外銷獎勵等配套措施來發展工業。這個時期。我國已能開始自製人造纖維，來滿足紡織業增加原料的需求，紡織品也由棉製品，擴展到人造纖維製品。於此同時，紡織產業也積極尋找國際市場，提供具有台灣本土特色的產品，不過，這個階段的紡織產業結構各製程獨立，幾乎不相往來。例如，人纖業多會考慮何處需要，進而配合其規格製造纖維；紡紗業只生產符合客戶規格的紗，原料可從國外進口；織布業亦是因應客戶需要而織布，原料也可單獨向國外買紗。所以，台灣為什麼會有二十二個紡織相關公會，就是因為各有各的原料、技術及市場。

　　紡織業在這個時期，是一個纖維高科技化的重要轉捩點，高功能纖維（high performance fiber），如具防火功能的間位芳香族聚醯胺纖維（meta-aramid fiber）與具防彈功能的對位芳香族聚醯胺纖維（para-aramid fiber），相繼於此時期被發明。

三、茁壯期（1973 年至 1979 年）

　　這個階段，政府推動第二次進口替代（重化工業原料及零組件）政策，是紡織業的再擴張期，政府採輕工業發展並重的雙軌政策。此

時期成衣及服飾品,成為台灣紡織產業出口的主力產品,也使台灣紡織業,成為具有指標性的出口地位。發展至今,從原料端的纖維,紡紗、織布、染整,到終端製品端成衣等,上、中、下游完整的供應鏈體系,並以優異的人造纖維業為基礎,發展出以人造纖維為主要原料的紡織產業。

四、成長趨緩期（1980 年至 1990 年）

由於長期的貿易順差,台幣對美元升值,外銷競爭能力降低,國內經營環境大幅變化。尤其自 1990 年代起,工資飆漲、勞工短缺、取得土地困難、環保成本節節高升等,多項不利因素衝擊下,紡織及成衣業移動彈性較高,而成為對外投資及外移的先驅者。惟近年部分中、上游業者因感產業總體競爭力漸失,故外移腳步日趨加快。同時業界也開始體認到,紡織品從原料端到完整產品,愈到終端的附加價值愈高,而單一製程或一般化的產品,已缺乏國際競爭力,所以,產業期望將已有的前段或後續製程加以連貫,共同分享利潤,增強國際市場的競爭力。

五、轉型期（1991 年至 2000 年）

我國紡織業已由勞力密集的製衣工業,逐漸發展完整的上、中、下游紡織生產體系,產業開始大規模的聯盟,其中有同業垂直整合及異業水平整合等兩種形式。聯盟體制的促成,為我國紡織業開拓了新的新領域。如著名跨領域的「噴墨印花系統技術研發聯盟」,結合了

資訊、機械、染料、原料、印花、染整等產業;又如「金屬纖維產品開發策略聯盟」,這是同業中纖維製造、紡紗、染整、縫製等製程分工合作,共同做出加值產品(如抗電磁波)。

六、嚴峻挑戰期(2001 年迄今)

2002 年台灣紡品出口值衰退,係因整體市場面臨生產過剩,復遭遇東南亞各國的低價競爭。目前可以說是台灣紡織產業最艱辛、動盪的一段時間。因為國際經濟區塊形成、中國大陸十五計畫推動自給自足政策、911 事件、波斯灣戰爭、嚴重急性呼吸道症候群(SARS),造成台灣紡織品主要出口市場的中國大陸和美國,消費能力降低,以及外銷屢遭控告傾銷等不利的經濟結構。就內在環境而言,也面臨化學纖維產能過剩、資本市場募集資金不易、環保法規的日益嚴苛、市場需求萎縮,以及投資意願衰退,導致台灣紡織產業,面臨空前嚴峻的挑戰。

第二節 台灣紡織業的特質

紡織工業經歷五十餘年的努力,已發展成為台灣主要出口業之一,年總生產值達新台幣 5,500 億元以上,每年創匯達 100 億美元,並提供 23 萬餘個工作機會。總計近二十年來,為台灣賺進約 2 千億美元之外匯,平均每年創匯約 100 億美元左右,向居各產業之首。下

列將其特質，分為產業結構、產業規模、市場競爭力、互賴性、結構
變遷等五項說明。

一、產業結構

目前我國紡織業的廠商約有 7 千家左右，擁有上、中、下游完整
的生產體系，加上石化產業的發達，使台灣的化纖產業原料充足，再
加上先進技術，使加工絲、人纖原料生產規模與技術基礎，在品質與
成本上均具競爭力。所以，台灣的紡織業能夠在全球市場上扮演著舉
足輕重的角色。儘管現在國際不景氣，台灣紡織業加工絲和玻璃纖維
出口產量仍高居全球第一，聚酯纖維居全球第二產量，尼龍纖維占全
球第三產量。

台灣纖維業的競爭力，在於它「小而全」的產業體系，毛紡、絲
紡、棉紡、亞克力、尼龍都有，而且台灣擁有生產化纖四大原料的
PTA、EG、AN、CPL 等石化上游工業（上游原料供應無虞）。除擁
有原料的利基外，人纖原料量足、價格及品質也好，中游的織布和染
整業在品質設計和染整做得好，所以下游織布業的優勢正建基於中、
上游的一貫體系。

二、產業規模

以三萬六千餘平方公里的台灣面積，就聚集了登記有案的近萬家
紡織及成衣廠，產業群聚現象甚為明顯。紡織業之上、中、下游產
業，因資本投入及勞工需求等屬性不同，在產業規模上具有很大的差

異性。上游的纖維業，因屬資本密集及自動化生產，廠家數雖少，但平均每廠的勞動人數，及平均每人年產值均較大。愈往中、下游的紡紗、織布、染整及成衣服飾業，則因勞工依賴度較高，所以雇工總人數較多，但平均每廠之雇工人數及平均每人年產值均較小，並且多係以中小型之代工廠形式存在。為符合市場縮短交期的要求，成衣服飾業代工戶已取代於一廠內，進行所有作業的傳統生產模式。

三、市場競爭力

紡織產業為台灣重要的創匯產業之一，然而，台灣的紡織產業，在無天然纖維的環境下，卻能夠在世界市場，扮演舉足輕重的角色，顯然極具國際市場競爭力。台灣紡織業從 1950 年代發展至今，經歷了許多風風雨雨，許多體質不良的紡織業者早已消失，現在紡織業都是經過千錘百鍊而存留下來的，所以產業韌性極強。不過，下游的成衣及服飾業在越南及中國大陸的低價競爭下，經營日益困難。

四、互賴性

台灣是亞洲最大的布料供應中心，織物的染整是不可或缺的一環。如果這一環（染整業）被迫外移之後，與它唇齒相依的紡織業上、下游將有許多企業無法在國內容身。近年紡織業經營愈形艱困，部分業者選擇外移，產業體系的完整性的確有減縮之勢。

五、結構變遷

　　世界競爭的環境已經變化，尤其自 1994 年 1 月起實施北美自由貿易協定（NAFETA），美、加、墨紡織品進出三國間完全免稅。1993 年，歐盟實施市場單一化，歐盟各國商品可完全自由貿易。這樣的區域性經濟結盟所形成的貿易壁壘，改變了全球貿易的生態，也改變了台灣產業競爭之道。台灣廠商為了有效降低人力成本，自 1980 年代末期，陸續前往勞力低廉的東南亞國家（泰國、馬來西亞、印尼）設廠。1990 年代後期，隨著自由貿易的談判（如 GATT、WTO）及區域經濟聯盟的發展，台商更改設廠策略，從「低廉勞力」的考慮轉換到「接近市場」的戰略選擇。如年興紡織公司於尼加拉瓜、墨西哥設廠，以利產品於北美洲的暢通無阻。

　　在結構轉變的過程中，國內紡織業、成衣服飾業、皮革業等，先以南向政策為主軸，然後再轉向歐盟、北美自由貿易區及西進投資中國大陸。這主要是因為台商具有資金、技術、人才等深厚的產業背景與豐富的外銷經驗，加上文化、語言、地域相近等因素，而有以致之。

　　2002 年，台灣的紡織產業由於受到中國大陸市場蓬勃發展的誘因影響，同時也基於成本與市場導向的因素，下游的服飾業及加工出口部門早已移到對岸。因此，國內紡織業所創造的外匯收益絕大部分來自中國大陸。其規模則在外移後倍數擴張，成為台灣紡織業中、上游的主要支援對象。不過也產生一些不利的現象，如我國內產值呈衰減的趨勢，甚至出口值出現負成長；另外，紡織產業結構面的轉變，

漸漸以中、上游為發展重心，造成產業價值鏈逐漸縮短。

第三節　紡織業產品概說

　　我國紡織業發跡於1950年代初期，其間經歷了紡織業由剝而復、由榮轉衰的歷程，紡織業也由原本的勞力密集產業，逐漸發展成具備上、中、下游一套完整的技術密集生產體系。

　　早期台灣紡織業以麻及鳳梨纖維為主要原料，台灣紡織品的進口項目一直都以纖維、布、紗以及成衣為主，四種產品的進口值分布也差不多，分別占有22～25%的均等比例，其中纖維與布的進口占有比例逐年下降，而紗與成衣的占有比例卻是逐步提高。我國紡織品出口方面，2007 年 1 至 12 月的統計是，紡織品生產值 4,632 億元（台幣）、出口值為 3,828 億元，出口占生產比率為 82.6%。

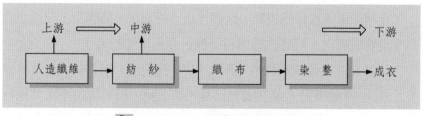

　圖 7-1　台灣紡織產業供應鏈

一、布類產品

台灣紡織品的出口一向位居世界牛耳，歷年來創下的輝煌紀錄備受肯定。其中的布類產品，長久以來更是主要出口項目，每年布類產品出口值皆可達到 90 億美元，占總出口比重 60%左右，相信這個出口比例於短期內仍將難以改變。

二、紗類產品

紗類產品的出口也因為東南亞與中國市場產品自給率的提高，而訂單漸漸流失。另一方面，也因國內業界的自行減少產能，使得出口值自 1995 年到 1999 年呈現逐步下滑的趨勢。

三、成衣

全球未來成衣業的趨勢，是個性化、舒適化、品牌化、時尚化的高度消費者導向，同時也是價格下跌、產量增加的時代。

2001 年，全球成衣貿易總額為 1,950 億美元，較 2000 年 1,990 億美元減少 40 億美元，雖然成衣貿易總額下降，但表現並不比其他行業差。2001 年仍占世界商品出口的 3.3%，占世界製造業出口的 4.4%，顯示世界成衣貿易量穩定成長。我國成衣歷年來的出口比率稍高於紗類產品，約在 15%左右。但長期而言，在東南亞及中國廉價勞工的成本競爭壓力下，應會漸漸喪失其出口占有比率，尤其是中國大

陸加入世界貿易組織，將更加速大陸成衣產品的出口成長。

　　全球紡織品及成衣貿易進入無配額時代後，台灣成衣行銷將步入另一新的挑戰。尤其是全球供應體系的改變，網際網路的普及，影響消費者偏好甚劇。多元化的發展、流行週期的縮短，促使產銷體系產生變化，導致零售端淘汰率提高，競爭更為激烈，產品更加便宜。由於價格向下調整，帶動已開發國家尋求國外更低廉的供應成本，以保持既有的利潤，成為採購商既定的政策。

四、紡織纖維

　　紡織纖維中最重要的兩項是，一是聚酯纖維（polyester fibre），另一是尼龍纖維（nylon）。聚酯纖維是台灣人造纖維生產中相當重要的一項產品，目前幾乎所有的衣著用原料都以聚酯為主。它是由二元醇二元酸，縮聚成含有酯鍵的線型聚合體紡製的纖維。其中，聚酯長纖維稱為聚酯絲；聚酯短纖維稱為聚酯棉。2002 年，台灣聚酯纖維產量為 239 萬公噸，進出口方面出口值為 5.46 億美元，與前一年同期相比呈現 14%的成長，產量排名高居世界第二位，僅次於中國大陸的 670.5 萬公噸，其中聚酯絲產量為 151.5 萬公噸（居世界第二），聚酯棉產量為 87.5 萬公噸。

　　聚醯胺纖維俗稱尼龍纖維，它是石油化學纖維中最早開發的產品，可應用於衣著及產業用紡織品，但在衣著紡織品上的應用已漸為聚酯纖維所取代。

　　尼龍纖維產品用途方面，除應用於工業用途外，與日常生活用的地毯、窗簾、輪胎簾布、帳篷用布，衣著方面主要以中厚、薄布料為

主。因尼龍纖維具高度彈性、耐力佳等特點，故也適合應用於繩索、漁網、皮帶、輪胎襯布等紡織品。台灣及全球紡織品人纖材料市場，在使用及產量上，仍以聚酯為最大宗產品，但以產品特性而言，尼龍更適合作為衣著用。主要是尼龍纖維因強度高、染色性佳、易洗快乾，且染色印花效果更為鮮亮等特質，而在市場中一直占有不可取代的地位。但因為價格過高，新產品研發太少，故無法成為紡織品市場中的主流商品。

第四節　紡織業的優勢與挑戰

今天台灣經濟所面對的最大課題，即是如何讓在台灣的產業可以擁有最高的國際競爭優勢，面對最少的經營發展障礙，因而得以在最低的經營成本，發揮最大的競爭力。

以下就紡織產業的競爭優勢與劣勢，進行系統性的分析。

一、紡織產業的優勢

㈠化纖、染整技術實力

染整是布料的化妝師，布料的價值須靠它來決定。要開發出高附加價值的高功能性及機能性布料，卓越的染整技術是必備的條件。台灣的印染整理技術遠遠超越東南亞及大陸各地，論棉布的處理技術，

大陸不輸台灣，但是染整則相差十幾年。

(二)體系完備

台灣石化原料 **PTA** 和 **EG** 自給自足，原絲、加工絲業，以至紡紗、織布等產業，形成緊密的產業鏈，同時台灣產業具有將高階產品量產，並以平價銷售的特殊能力，這種能以價廉物美方式來量產及銷售產品，實是台灣產業所獨具的專長。面對龐大的競爭壓力，台灣紡織業最大的利基就在於上、中、下游的完備體系，這是國際中相當少見的。

(三)總體競爭力

台灣擁有多年的紡織經驗與基礎，人才素質好，快速反應能力強，技術能力優良，低成本及製程整合完善的競爭優勢。

1. 技術

我國已建立超細纖維、複合及高速紡絲等自主技術、製程最適化及高功能纖維研製技術。因紡織技術的不斷提升，使我國贏得了「亞太布料供應中心」的稱號。

2. 人纖產業

我國紡織工業中的人纖產業，提供物美價廉的纖維原料，經由紡織工業開發出高附加價值產品，製造成高性能（high performance）及高功能（high functional）的紡織新產品，使紡織產業能繼續保持國際競爭優勢。

3.聚酯加工絲

台灣的聚酯加工絲，不但產能規模世界第一，年產量約 140 萬噸，在國際市場上，產品品質與價格競爭能力，都堪稱全球首屈一指。製造、研發能力都超越日本，也趕上日本。這是上游原料廠與加工絲業者間的長期合作和共同研發的經驗，絕不是其他國家新加入業者一朝一夕即可獲致的成果。

(四)採購成本降低

加入 WTO 會使採購成本大幅降低，對於原料進口比重大的企業，將會助長不少競爭實力。

二、紡織業競爭的劣勢

歷年近 5 千億新台幣的產值來看，紡織業一直是製造業的龍頭，但伴隨著產能過剩、低廉代工、削價競爭等現象，使得既有的優勢，隨著全球「新經濟」的衝擊及市場的遷移，逐漸瓦解。紡織業這些威脅，主要涵蓋下列七項：

(一)淘汰非比較利益產品

2005 年貿易自由化後（配額取消），出口國之間爭奪市場將愈激烈，競爭力弱者如成衣業，將面對更嚴酷的競爭。全球紡織品最先面臨者，將是價格與品質的競爭，唯真正有價值的產品，方有生存的空間。

㈡溝通困難與錯誤

流行工業的產品，首重色彩的搭配、布料的圖案、手感及服裝的線條等等，這些都是買主決定採買與否的關鍵。另外，在產品研發商品化的過程中，由於在產業朝向國際化與專業分工的趨勢之下，往往設計單位、採購單位、打樣單位及大量生產單位，分別位於地球上的不同位置與時間區域內，這些障礙會導致產品從研發、打樣到未來量產的產品規格、品質要求，造成溝通上的許多困難與錯誤。例如，為了要確認一件樣品，在供應商與買主之間來來回回，用郵寄包裹或是國際快遞（DHL, Fedex, UPS），往往花費了很多的金錢與時間。在買主與布料供應商的互動過程中，可發現常常因溝通上的困難，而使時間嚴重延宕，這對買主來說，將使買主的間接成本大幅增加；對供應商來說，將影響最終商品上市的時機，以至於造成更龐大的季末折價損失及庫存積壓，也將因此造成顧客的忠誠度降低，甚至可能因此失去顧客。

㈢無法掌握市場的方向

長期以來，台灣紡織業者大都以代工起家，產品主要以外銷為主，但卻缺乏國際行銷的人才與通路，因此較難掌握市場需求。面對今天全球競爭激烈的經營環境，許多業者認為產品的研發與行銷，是台灣紡織業未來提升競爭力的兩大主軸。但是在此轉型過程當中，業者在設計開發上，遭遇最大的問題是，無法掌握市場的方向，也就是不知道自己的目標客戶是誰？自己的目標客戶，會採購哪些產品？究其原因，主要是因為時間與空間的阻隔、語言的障礙、溝通工具的限

制，及當地消費市場資訊不易獲得，而無法順利接觸到最終買主。因此，造成開發出來的產品，無法即時交給有需求的正確客戶，或產品需要一再地被要求修改後，才能符合客戶的需求。以上種種，徒增開發時程與成本。雖然業者每年平均投下營業額的 1～2%，作為產品研發之用，但是結果在整體表現上，卻差強人意。

(四)研發資料取得／分析／儲存能力不足

紡織業的製程複雜，加工程序較為繁瑣。尤其在設計研發上，涵蓋紗支種類、組織規格、色彩、圖案、手感及整理加工方式等種種資料。設若這些資料未能經過良好的管理與保存，就可能隨設計人員的離職而流失。以開發的布樣為例，每季開發的新布樣平均約在 200 塊上下，須有專人來作整理的工作，及須要很大的空間來儲存布樣；否則一旦接到訂單，往往找不到當初開發的原樣。另外，色卡上的色彩往往會因時間的日久而褪色，或產生色變效果，因此造成研發不能即時地、快速地、正確地應用產品既有的資料庫。

(五)海外回銷的衝擊

台灣擁有高品質的化學纖維產業，若以此為基礎，必能發展出優質的布產品。儘管目前廠商將生產基地移往中國大陸，但生產所需的特殊布料或品質佳的成品布，仍須由台灣廠商供應。尤其在中國大陸市場快速發展的情況下，訂單大量增加，勢必由台灣引進差異化的纖維原料、加工絲與成品布，如此將使台灣廠商的競爭優勢得以延續。惟須特別注意的是，原料與紗布在低生產成本國製造後，其回銷台灣的可能性自然大增，如此將會對台灣織布或成衣服飾品業者造成威脅。

㈥市場占有率漸失

我國紡織成衣業產值自 1997 年金融風暴後，由過去約 6 千億新台幣衰退至 2002 年約 4 千 2 百億新台幣左右。究其逐年下滑的原因：工資上漲、人力不願投入傳統工業、員工逐漸老化、技術斷層、生產成本上升、接單愈形困難。近年來更因台灣勞工成本過高，業者為求生存，紛紛外移至人工低廉的地區生產，如東南亞地區的菲律賓、印尼、泰國、越南及中國大陸，或是中南美洲的墨西哥、薩爾瓦多、尼加拉瓜等地。由此可知，台灣成衣服飾業式微的艱難困境。另外，北美自由貿易協定 NFATA 實施，及歐盟 EU 單一市場之區域經濟所形成的貿易壁壘，也會使我國的成衣出口漸漸失去市場占有率。

㈦設計能力待加強

台灣的紡織產業長期以代工生產為主，所以每年創匯中，有九成以上的利潤是來自低附加價值的服飾業與家飾業。這就是無法掌握到需求鏈的需求，以及對商品企劃與設計能力嚴重不足所導致。長時間以來，主要都是仰賴國外樣品或買主提供，這使得台灣的紡織產業在自主性設計企劃研發的比例偏低。

在全球紡織品自由化的發展趨勢下，將依《WTO 紡織品及成衣協定》，規定美、加及歐盟等主要紡織品設限進口國，必須取消長達三十年的配額管制措施。換言之，自 2005 年開始，國際紡織品貿易的遊戲規則將重新釐定，其未來可能的發展趨勢與動向，紡織業應予重視。為因應 2005 年全球取消紡織品配額後，有必要引導紡織業往高附加價值的產品，如工業用輸送帶、防護衣、防火衣、防彈衣、醫

學用的人造血管。

第五節　紡織業的威脅

　　全球化的時代，每個國家或地區都應在全球產業鏈中找出自己的定位，依不同地區的產業基礎，找出全球資源的優化配置，來生產最具競爭力的產品。因此，每個國家的威脅對手與產品都不同，這種競爭威脅的程度是逐漸增加的。台灣紡織產業最大的隱憂就是市場競爭，獲利薄弱，資金募集困難，勞動力不足，工資太高，標準過於嚴苛，業者集資及融資困難，研發及設計能力不足，人纖業產能過剩等。

一、結構優勢逐漸瓦解

　　隨著下游被淘空逐漸萎縮，從成衣、染整到布廠的逐漸外移，致使上游頓失去化管道，這個下游淘空的現象，從小廠開始，逐漸往上擴及大廠，並從下游往上游蔓延，環環相扣，最後造成產業勢將外移不可的局面。

二、強大競爭對手

　　現階段台灣的紡織業，在亞洲所遭遇最大的競爭對手，就是韓國、

中國及越南。由於這些國家的低價搶單，造成台灣紡織業重大威脅。

㈠韓國威脅

　　韓國紡織業開始於 1960 年代末期，因地屬高緯度，氣候寒冷，以往其所生產的「厚布」就優於我國，而我國則以「薄布」取勝。近幾年韓國政府在「米蘭計畫」中成立設計研發中心，大力輔助紡織業，因此韓國所生產的薄布品質已漸漸逼近台灣。

　　台灣紡織業在全球居於領先地位，不過近幾年來因韓國紡織業崛起，使我國紡織業面臨龐大的競爭威脅。韓國紡織業在該國政府的大力支持下，建構良好的投資環境，競爭力也大幅提升。另外，該國政府在國內成立一個成衣集中區，只要在集中區裡訂貨，幾乎第二天就可拿到貨源，市場反應相當快速。相對於韓國政府的大力培植，我國目前在行銷方面大多由民間自行負責，如紡拓會每年舉辦的聯合展覽會或個案行銷，相對就顯得較為薄弱。

㈡中國威脅

　　中國大陸竭盡全力推動其紡織業，向中、上游發展，逐步減輕對台灣原材料產品的依賴。同時，大陸藉由各種進口替代手段，剝奪台灣產品的競爭優勢，皆使得台灣化纖業、織布業在價格方面處於劣勢。

　　大陸紡織業是其重要的出口產業，其重要性可由大陸紡織產品在全球的排名及大陸紡織品出口占大陸出口總額的比重來看。從大陸紡織產品在全球的排名來看，自從 1990 年代初期，大陸就已成為全球最大的紡織品生產國，其中棉紡、絲綢生產能力居全球首位，毛紡能

力居第二位，化纖能力居第三位。例如，以往我國曾是化學纖維生產王國，不過中國大陸近十餘年全力發展聚酯纖維工業後，我已拱手讓出化纖王國的寶座。大陸化纖工業壯大後，不只奪下全球化纖龍頭的地位，對我國化纖業的生存，也造成極大的威脅。

中國目前的發展階段，仍屬紡織體系裡的中游，也就是最基礎的紡紗、織布部分。中國在上游階段需要技術與資本密集的石化工業、化纖工業，和下游的染整、機器等周邊設備都尚未成形，所以中國紡織業目前只能製造低價產品和他國競爭。

第六節　紡織業發展應有的戰略

台灣紡織業結構完整，人纖與布料都極具競爭力，例如，成衣業可以與上、中游結合，從開發特殊纖維、布種到量產成衣，策略聯盟的一貫生產。不過近年來，亞洲地區的新興國家以低工資的成本優勢，不斷奪取我國紡織業的海外市場。

未來紡織業如何因應變局，永續發展，最重要的關鍵在於策略面，尤其應從行銷、生產和產品發展等三方面同時著手，才能充分發揮既有的競爭優勢。下列將主要的戰略歸納出十四項：

一、商品化研發成果

我國已研發出「中空多孔乾爽纖維」、「電磁防護紡織品」、

「正四角形聚酯纖維」等高科技新纖維製成的研究成果，如何加速應用到服飾與布種等產品上，再創產品新生命的重要機會，這是我國刻不容緩的課題。

二、建構產品發展戰略

台灣紡織產業應積極朝向高技術、高附加價值產品的方向發展，並配合產品生命週期逐漸縮短的趨勢，以不間斷的高附加價值與多樣化產品爭取訂單，以提升產品利潤，並維持獨特的競爭優勢。

面對中共及韓國低價品競爭的威脅，我國紡織業應一改過去以OEM為主，轉為特殊規格的ODM或OBM等高附加價值產品發展。例如：

㈠結合奈米技術發展

以奈米複合材料纖維、奈米尺寸纖維、奈米塗布紡織品，及高效能染、顏料、奈米遠紅外線、尼龍紡織品等最具商業潛力。根據工研院統計，奈米材料未來 2～3 年於纖維紡織領域之相關產值可達 150 億元以上，其重要性不可小覷。

㈡發展特殊規格的產品

發展智慧型紡織品，就是結合紡織、電子及資訊產業的高科技，從保暖、時尚功能的衣服，升級至「機能型」與「智慧型」紡品，讓布料具有聽MP3、測心跳、太陽能外套、測體脂肪……等多項功能。根據德國 KSI 機構預估有超過 500 億美元市場規模。

1. 防菌

在各種病菌及特殊流行病毒威脅人類生存的情況下，若能發展出防菌、抗菌的衣著，商機自然無限，如發展抗SARS等抗菌型材質的衣料，如防蟎多功能紡織品、防蚊多功能紡織品等。

2. 運動領域

運動員大量排汗，所以必須創造出不易黏膚且通風效果極佳的纖維原料；對於滑雪愛好者，就必須設計出料薄卻能恆久保溫的質料。

3. 國防領域

國與國的衝突未能有效終止，而生化戰又是新興的作戰方式，既恐怖，威脅又大。若能採用奈米技術與特別處理的纖維，製成防護服來防禦生化武器，如此不但能透氣又能阻止與生化病毒素接觸，這將是紡織產業對國防的貢獻。

發展多機能性的紡織品是既定的趨勢，尤其是全球紡織品配額取消後，國內紡織業者更須積極因應。多機能性的紡織品，功能多、附加價值高，目前仍有很大的發展空間。它的功能有：

1. 蓄熱保溫：升溫大於攝氏 1 度。

2. 抗菌防臭；抑菌值大於 2.2，殺菌值大於 0，且永久性抗菌。

3. 抗 UV（紫外線）：布重小於 120g/m2、UPF 大於 35。

4. 防（阻）燃（非鹵素系）：限氧指數 LOI 大於 28。

5. 吸濕排汗：雙異斷面纖維，吸水高度 10min 大於 14 公分、乾燥速度 60min 小於等於 7%。

*6.*負離子：水洗前負離子產生量大於 300 個／cc。

7. 抗幅射性：電磁波吸收率大於 99.99%、遮蔽強度大於 55dB/300MHz～1.5GHz、電阻值小於 1 歐姆。

*8.*防蟲防蟎。

*9.*奈米紡織品。

以上這些紡織產品，都是剛起步的國家無法立即製造出來的。

三、強化研發

紡織業曾被喻為「夕陽產業」，如今卻又旭日東升，成為台灣創匯最多的金母雞之一，最主要的原因就是研發。可是一時的領先，絕不代表永遠領先。目前我國的紡織業，一方面要面對中國大陸、韓國、東南亞的競價傾銷；另一方面則要面對美、日等先進國家優越的新合纖技術。因此，若不積極加強研發，生存空間很快便會受到夾殺。所以，台灣一定要保持技術領先及變化能力，才能永續發展。可是生產技術的突破，因研發成本過於龐大，回收效益會令生產廠商多所猶豫。而現階段政府所投入的研發經費約 63 億美金，僅占GDP的 2.05%，相較於其他國家實在太少。紡織業對政府的貿易推廣基金，每年貢獻約達 2 億，但紡織業整體所得到政府的贊助或補助約僅 3 到 4 千萬元，故此這一部分仍有增長的空間。

高科技的紡織品一向是國家及業界研發的重點，也是台灣紡織業擺脫 OEM 代工轉型的關鍵，更是未來創造新競爭優勢的主要利基。紡織研發的範圍應包括纖維、紡紗、織造、染整、成衣與服飾等，產品生產設備之組立、改善和檢測，製程技術及相關化學藥劑的研發，

紡織品外觀、結構之設計，與行銷體系的建立等。研發的方向有：

(一)紡織材料

紡織品如果能異業結合，特別是材料部分，結合塑膠、化工，這將使產品豐富性超乎想像。譬如環保性紡織品在市場上，屬於新開發的產品，目前已經有開發出新式的環保型纖維，利用先進的生物科技與紡織技術結合，並使用天然原料作為聚合體材料，例如，玉米、大豆、牛奶等等。使用這些天然材料，具有再生使用與廢棄後可分解的優點，並且在生產的過程中，不會對環境造成污染，這是新一代環保性纖維的特色。另一種方式是利用遺傳基因技術與基因改良技術，例如，將蜘蛛基因轉移至植物細胞或山羊體內，生產蛛絲蛋白並且製成蜘蛛絲。

(二)衣著用紡織品

研究及產製超細、高強力、耐燃、彈性原纖維、透濕防水布、複合機能性、高附加價值的紡織品，並可透過奈米等高科技的技術，從原料面著手進行研發，藉由產品差異化，提高產品的價值與功能。

(三)產業用紡織品

紡織品有 70%為化纖原料，而台灣化纖的基礎強，所以可發展直接應用於其他領域的成品，如機能性家飾布等。鼓勵引進外國知名的廠商設廠，學習開發新生產技術，或引入半成品，經由奈米技術、特殊染整、表面處理等高科技加工，再出口行銷至全球各地。

四、提升高階設計

　　充分發揮產品設計、市場行銷通路、高階設計與技術研發等，是台灣紡織業者未來前進國際市場，以及能否繼續存活下來的關鍵。紡織業者可以加強紡織品設計及流行趨勢的主導能力，將台灣塑造為亞太紡織品設計及流行時尚中心。舉義大利為例，義大利鄰國馬其頓或阿爾巴尼亞等國家，他們的勞工、成品售價都非常便宜，義大利相對而言便昂貴許多。然而，義大利的服飾業在國際上依舊是一枝獨秀，領導潮流，其原因就在於義大利服飾的設計與品牌具有無可取代的地位。我國成衣業也應追求設計與技術上的突破，使台灣成為「流行時尚設計中心」。為達此目標，就要加強基礎設計和高級設計的人才培育，來培養世界知名的台灣設計師，以協助業界發展品牌，拉大與其他國家間的區隔。

五、開發差異化產品

　　德國英飛凌公司研發出電子衣，內建了 MP3、行動電話功能，並具隨時調節溫度、濕度，甚至下水時，自動充氣成為救生衣的萬能衣，這是差異化策略具體的落實，也是我國紡織產業可參考的地方。

　　提升台灣紡織品競爭力的途徑雖多，但產品的差異化是一條重要的方向。尤其是在未來的全球開放市場中競爭，所有成熟型產業將會因生產效率的完全分配，將產業利潤削減，直到生產成本最具有競爭力者出現為止。產品微利化是趨勢，若業者不及早應變，終將淘汰。

尤其以台灣經濟發展趨勢，低價產品的生產絕對不是我們未來可以走的路，而尼龍纖維是為紡織原料中屬高價位者，但因其特有的吸濕、柔軟特性，以及絕佳的物性，使得應用範圍相當廣泛，也是台灣紡織產業未來朝向高附加價值產品發展時，最佳的考慮開發項目。

六、產業再整合

以往加工絲業和織布業合作，就能開發出新的產品，但如今必須積極與上游原料廠合作，進行上、下游間密切的整合，才能成功開發出符合市場所需的產品。以台灣資訊產業的進步，如何藉由與異業的策略聯盟，善用資訊科技的工具，即成為台灣紡織產業升級轉型的關鍵。特別是利用電子郵件、企業入口網站、電腦輔助設計系統及電腦對色軟體，這些都將有助於紡織業者提升產品研發的成功率。

七、加速產業轉型

台灣紡織業正可以趁產業外移的機會，將已使用幾十年老舊的設備與過時的技術外移。此舉不但可以幫助紓緩國內的產能過剩，也可加快紡織業汰舊換新的速度，促進台灣研究發展和產品升級。現今中國紡織環境仍不成熟，因此所謂的紡織業外移不過是將製造這個部分移到中國，在研發、接單和高階設計上仍根留台灣。

八、掌握局勢變化

　　美國在 2000 年 10 月 1 日開始實施「非洲成長暨機會法」（African Growth and Opportunity Act, AGOA）的法案，鼓勵撒哈拉沙漠以南國家政經穩定發展。在實施期限內（2008 年 9 月 30 日止）適用 AGOA 的國家，除了部分較敏感的產品外，所有產品可免稅銷美，適用項目超過六千四百項，包括鞋類、皮箱等，幾乎涵蓋了各行各業產品。而且，因為 AGOA 優惠條件按國家貧窮程度採分級制，若 1998 年的國民平均生產毛額（GNP）低於 1,500 美元的國家，更可使用第三國家生產之低廉布料作為成衣原料輸銷美國（至 2004 年 9 月 30 日止），免稅加上沒有配額限制等諸多優惠。

　　AGOA 的免稅輸美的優惠條件，使賴索托廠出產的牛仔褲淨利比別的廠來得高，因此，賴索托廠成為年興最會賺錢的海外廠■。假設同樣一筆訂單是 100 元，賴索托因為沒有關稅限制，所以到美國的到岸價還是 100 元，可是中國大陸、越南、柬埔寨的成衣廠卻要加上 17.5% 的關稅。為了要跟年興競爭（意指到岸價也是 100 元），只好把訂單價壓低至 85 元，使成衣市場的利潤變得非常低。

■ 賴索托是非洲南部一個比台灣還小的小國，土地面積是台灣的六分之五，全國人口約 230 萬人。賴索托是高原地形，很多地方都沒有水電設施。由於缺乏工業資金和技術，農牧業人口占全國人口的 83%，但因為農業技術落後，每年仍必須靠鄰國南非洲的糧援，賴索托的人民才夠吃。這樣一個國家，現在卻是全非洲最大的牛仔褲輸出國，靠的就是一紙「非洲成長暨機會法」和年興紡織。

九、掌握全球紡織品市場

全球紡織品市場的發展,將是以價取勝的方式延續。惟台灣紡織產業因為經濟生活型態的發展關係,必須改以高附加價值產品的生產為發展主軸,加強差異化與持續研發,才會是永續之路。在生產線上,必須積極推動製程改善與產品開發,並且善加利用加入世界貿易組織,市場將會愈加開放,加強拓展歐洲及中國大陸地區市場,提供廣闊的發展空間。

十、爭取大陸市場

大陸紡織業自改革開放以來,基於天然資源豐富及勞動力低廉之優勢,加上外資的技術投入,使其生產能力迅速成長。但在 1990 年代初期,大陸紡織業的重心在下游的成衣,在中游紡紗、織布業相對較弱,加上產能尚不足充分供應市場所需,因此人造纖維、紗布料等中、上游產品仍須依賴海外進口,而台灣紡織業此時也大量擴充產能,將產品輸往大陸,成為 1990 年代初期塑化、紡織業成長的重要動力。

十一、多點布局及選擇新的生產基地

當區域經濟興起,縮短交貨期與快速反應,已成為全球紡織市場的新趨勢,跨國運籌、多點布局,就成為廠商保持與擴張市場占有率

的重要策略之一。儘管地域不同，但是一個貫串的原則都是生產成本的考量，成本包括工資及關稅。然而，我國勞工市場人口卻逐年減少，人力成本升高，嚴重衝擊著台灣的紡織業。所以，凡附加價值、價格或進入障礙較低的產品，皆可以考慮轉往中國大陸、東南亞國協，甚至中南美洲等地生產。藉由中國大陸及新基地的生產優勢，擴大紡織台商產品的全球影響力。設若外移業者仍能根留台灣，而僅將不具比較利益之產品移往海外生產，且與本國業者仍保持有良好之連結，那麼對提升我紡織業之整體競爭力是有助益的。

十二、強化網路行銷能力

台灣紡織廠商大舉外移之際，有必要藉助網路通訊科技，使廠商在規劃全球化布局策略的同時，不會因為距離的隔閡而影響產業價值鏈的完整。

另外，許多紡紗廠、織布廠、染整廠、紡織機械廠等，都較無法以線上訂購的方式來行銷產品。紡織業在電子商務中通常只做一般性的宣傳廣告，強調企業形象、凸顯產品的性能及特點，部分廠商雖然已使用電子商務作行銷行為的運用，但尚處於初期發展階段，只有少數成衣業及服飾品業有電子商場的型態存在。例如，布商總希望能親手觸摸過布料，看清楚所需布料的織紋、色澤等再去訂購。

以往傳統的紡織產業結構，由纖維廠型製造商提供原料給紡織廠，然後製成成衣，再交由大盤商、中盤商、小盤商到客戶手上時，已耗費過多的時間。這會造成市場需求的掌握困難，且中間商的存在也造成成本的增加，並容易造成庫存。當庫存過高時，又因保管不易

且耗費管理費用而被迫降價,同時市場價格競爭激烈迅速,必須有快速與經濟地流通策略,才能符合目前市場需求。運用網際網路的便利,做一套快速的反應模式,將是產業發展的有力模式。

十三、強化產業危機處理的能力

㈠針對美西封港事件,我國部分紡織廠於中美洲國家如墨西哥、尼加拉瓜等地設有生產工廠,在美西封港情況下,急迫的訂單可改由中美洲廠經陸路運輸,較不急的訂單則由廠商針對實際情形進行調配因應。

㈡2003 年因美伊戰爭造成運輸成本及兵險增加,第一季衰退幅度將更形擴大。美伊戰爭對我國紡織業所造成的震撼,當屬上游聚酯纖維製造廠影響最大,由於原料漲勢兇猛,上、中、下游均呈現買盤疲弱的情形,尤其是採購商以直接停止下單或降低訂單數量觀望之,而布廠的訂單則因原料走勢渾沌未明而不敢貿然出貨。

㈢非典型肺炎風暴席捲全球,除口罩(活性碳口罩或醫療級口罩)需求均大增外,隨著病源的擴散不斷地發燒,不可避免地將對台灣紡織外貿的國外採購與下單量產生一定影響。

十四、強化環境保護

儘管我們擁有高超的染整技術,染整無可避免地將產生大量污染的廢水。參考先進國家的發展歷程,可選擇性保留幾個製程。例如,

法國的蠶絲業只保留染整、設計和縫製等三個製程，利用品牌和差異性特色來獲取利潤。

第八章 機械產業

　　機械產業是典型的技術密集產業，為國家的樞紐工業，該產業的發展，常被用來衡量國家產業進步的程度。所以，為了國家的經濟發展，世界各國無不殫精竭慮去發展機械產業。

　　以產業發展史的角度觀之，由於許多的機械設備與下游應用產業相關技術，存在著密不可分的關係。因此，下游應用產業對於生產技術的要求，常常成為帶動上游機械產業產品改良的主要動力，且機械產業產品的品質，亦對下游相關應用的產業競爭力影響甚巨。

　　以產業的分級而言，可歸納為初級產業（農、林、漁、牧、礦）、二級產業（工業：鋼鐵、機械、家具、建材……等製造業）、三級產業（服務業：營建業、律師、百貨公司、醫院）。機械產業正位於第二產業，產業關聯範圍非常的廣，是台灣經濟發展上不可或缺的產業。

　　台灣在光復之初，工業設施大部分為戰爭所破壞，政府遷台以後，以農業培養工業，以工業發展農業的戰略，將台灣地區的工業逐漸振興起來。機械產業則在台灣工業發展過程中，由萌芽而逐漸成長

茁壯，目前在台灣製造業中已占有相當重要之地位，這可以由表 8-1（1993 到 2001 年）一般的機械出口額及占全國總出口比率來了解。

產業進入全球化的今天，機械產業勢將需面對多元化的挑戰，尤其在歷經全球不景氣與大陸低價競爭的情況下，國內機械產業的獲利及生存空間，已經嚴重受到影響。展望未來，在製造業整體追求自動化、系統化、精密化的前提下，機械產業仍具有發展的潛力。

第一節　機械產業的釋義與特性

依照國際上統計分類的慣例，機械產業所包含的範圍，通常有廣義及狹義的區分。

一、廣義的機械產業

廣義的機械產業（Engineering Industry），包括一般機械、電氣機械、運輸工具、精密機械和金屬製品等五大類。

(一)一般機械

例如，紡織機械、化工機械、工具機、產業機械、整廠設備、原動機、流動機械、冷凍空調設備、空氣壓縮機、機械元件等。同時，亦包括一般家用或辦公用的非電氣機械，如縫紉機及打字機等。

(二)電氣機械

主要指用於電力生產及輸配電用的設備，如資訊與通訊產品、家電產品、電子產品、發電機、馬達、變壓器及電路開關等。

(三)運輸工具

包括汽車、機車、自行車、火車、船舶、飛機等，以及其他相關附件。

(四)精密機械

包括照相機、望遠鏡、醫療設備、鐘錶、光學儀器、檢驗測試設備等。

(五)金屬製品

同前項。

二、狹義的機械產業

國內通稱的機械產業，就是指狹義的機械產業。它是指各產業直接用於生產的機械設備，範圍包括工具機、產業機械、通用機械、動力機械及機械零組件等（說明如圖 8-1）。

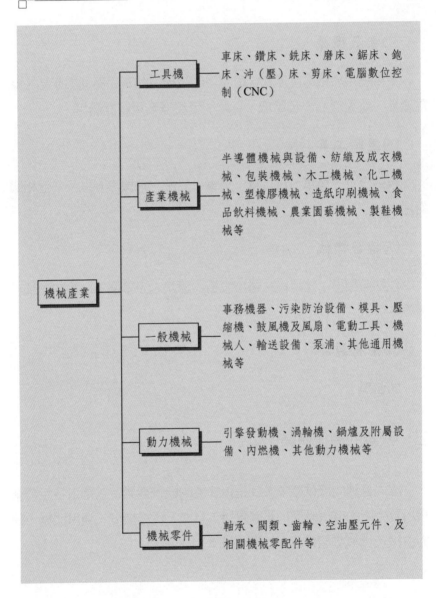

圖 8-1　機械產業結構分析圖

三、機械產業的特性

機械產業不同於其他產業，最顯著的特殊性有七項：

(一)產業關聯度高

鑄造是獲得機械產品毛胚主要的方法之一，所以可說是機械工業之母，及整體工業的基礎。它的應用範圍相當廣泛，舉凡民生工業用品、醫療用品、運輸工具、機械工業，甚至高精密的航太國防工業，也都需要採用鑄造方式來生產相關零件。

(二)加工層次高

一般而言，機械產業從設計到成品，由上游原材料至各種零組件加工組裝、機械設備產製（二級產業），及自動化系統的規劃應用（二級及三級產業），整個產業涵蓋的範圍廣大且深遠，常須經上百項以上的加工程序，所以它是涵蓋二、三級產業的系統性工業。

(三)科技整合度高

機械產業發展迄今，技術的突破與創新、品質水準提升，已不是單單機械領域可克服支援的。因為它已融合了電子、機械、光電、材料、物理等多方面的專業科技，且發展過程中須不斷地投入較多的資金、技術，來從事開發工作，所以這個產業逐漸趨向於技術及資本密集工業。

(四)技術密集度高

機械產業發展所需的專業人力較多，亦須有足夠的資金以資配合，是一種典型的技術及資本密集工業。該產業應用面廣，且各領域間技術獨立，致產品種類規格繁多，在產量小、種類多的情況下，除部分共通零件外，難以量產。同時，由於機械產業講求連續性與經驗傳承，因而是具有歷史性及高度倚賴專業人才的產業。

(五)投資回收緩慢

相較於其他產業來說，機械產業具投資大、製程長、回收慢、生產不易等特質。對於景氣的反應，往往在其他產業景氣回升之後，方有反應。

(六)產品生命週期縮減

過去的機械工業，因下游應用產業變動少，在需求變動不大的情況下，產品生命週期長，且功能大多為漸進式的改善，少有突變式的創新，屬資本財的投資領域。然而，當進入知識經濟的時代，科技變遷快速，工業技術不斷提升，產品的需求多樣化、複雜化，為滿足下游應用產業及消費者需求，導致對上游機械產業設備需求也會隨之變動。以半導體及電子產業而言，產品生命週期極短；相對的，對於機械設備的生命週期也會跟著縮減。未來如何在最短時間內，將產品設計與製造完成，以掌握市場先機，是機械產業生存的重要課題。

(七)國家工業化程度的指標

全球主要工業生產國都相當重視機械產業的發展。這是因為機械產業為整體製造業的基礎，兩者間存在著極密切的互動關係。各產業的發展，可擴大機械市場的需求，帶動機械產業的成長；反過來說，機械產業的茁壯，則可提供其他產業價廉質優的機械設備，增強其他產業的競爭能力，進而加速整體工業的發展。例如，近年來紡織產業外移嚴重，加上全球經濟不景氣的影響，產值嚴重衰退，所以，紡織機械設備市場也會面臨重大調整。

第二節　我國機械產業的發展過程

機械產業是製造業重要的一環，更是整體製造業的磐石，所以素有「工業之母」的美譽。台灣半世紀以來的產業結構，由勞力密集的型態，轉為技術、資本密集型態。扮演產業結構推手的機械產業，在這段產業發展的過程中，也由零組件裝配、機器維修，蛻變為全球機械工業主要供應國之一。諸如工具機、木工機械、塑橡膠機械、針織機械、風扇、縫紉機以及油壓元件等零組件，目前均已在全球市場上占有舉足輕重的地位。

台灣的機械產業對於經濟的發展，有很大的貢獻。目前我國產業已朝向技術密集暨資本密集的方向發展，對於各類精密機械及關鍵零組件之開發極為殷切，如精密工具機、光電零組件與製程機械設備、

資訊電子機械，乃至於半導體生產所需之高精密加工機械暨製程設備等。為了解我國機械產業的發展過程，現將機械產業幾個主要具代表性的發展階段，分別說明如下。

一、萌芽時期（1953 至 1960 年）

1953 至 1960 年，政府實施第一期與第二期經建計畫，推動台灣地區的民生工業，如農業品加工業、紡織工業、塑膠工業及輕型車工業等。在政府積極的輔導與業者勤奮的經營下，均有了長足的進步。這些工業的發展，也帶動機械工業由修護裝配型態，進入製造零件及成品的領域，國家機械產業在此時期逐漸萌芽。根據 1954 年工商普查資料，當時機械已有 1,044 家，多數係屬小型的打鐵廠，以榨油機、碾米機、食品加工機械及木工機械等簡單機械為主要產品。

二、奠基時期（1961 至 1970 年）

1961 年代國際經濟成長快速，政府為配合國內外經濟發展之需要，乃將第三及第四期經建計畫改以出口擴張為目標。在此階段中，政府將機械工業列為發展之重點，由於政府之獎勵措施及廠商在品質管制與技術移轉方面的努力，國內機械工業已具有相當基礎，一般產業機械、單元設備及機械元件等項目，也已在國內逐漸開發生產。當時國產機械由於價格低廉，且品質又符合開發中國家的需要，國內機械業者於是開始拓展東南亞地區市場，因而奠定了國產機械設備外銷之基礎。在此時期，紡織機械在機械工業發展歷程中扮演了重要角

色，也是紡織機械的全盛時期，諸如織布機、縫紉機等，產銷迭創佳績，成為此階段之主力產品。

三、能源危機時期（1971 至 1980 年）

為配合國家的經濟發展，政府於 1971 年 9 月制定「機械工業發展方案」，明定原動機、工具機、產業生產機器設備、運輸工具、農業機械、精密機械及量具等，列為獎勵發展項目，以促進機械工業的快速發展。惟機械工業在此階段，因歷經二次能源危機，其占總體製造業結構比卻出現不升反降的現象。惟在政府獎勵投資及外銷優惠措施，以及廠商朝高品質產品發展的努力下，使得國產機械的產銷有所成長。尤其，工具機械與縫紉機等兩項產品，已成功進軍國際市場，成為此階段的生產主力產品，外銷市場則以美國為主。

四、成長時期（1981 至 1990 年）

1981 年，行政院通過了「中華民國台灣地區經濟建設 4 年計畫」，將電子、資訊與機械業列為「策略性工業」，隨之積極展開輔導工作。首先，由經濟部工業局、交通銀行、金屬工業發展中心組成「機械工業調查研究小組」，協助企業建立管理制度，繼之擬定「機械工業輔導辦法」，作為輔導機械工業的發展，逐步達成機械技術密集化。在此階段，國產機械的品質已達先進國家的中級水準。然而，因各新興工業化國家與開發中國家的激烈競爭，以及各類新科技快速發展的雙重壓力下，我國機械廠商突破以往技術模仿的模式，進入自

行開發的行列，如電腦控制與彈性製造系統的開發，進入科學化的經營管理。

五、自製開發時期（1991 年以後）

　　政府於 1991 年頒訂十大新興工業發展策略與措施，選定精密機械與自動化、資訊、通訊等十大新興工業，以租稅、金融、專案研究等方式輔導協助國內機械業者。此外，有鑑於國際化、自由化及國際分工的潮流，於 1995 年推動「亞太製造中心」的目標。1996 年成立「精密機械工業推動小組」，針對精密工具機、半導體製造設備、高科技污染防治設備、醫療保健儀器設備、及關鍵機械零組件研製等五項重點工作，對台灣地區機械產業發展助益頗大。

　　展望未來，在面對新商機與新挑戰下，如何強化我國機械產業，在新世紀的競爭基礎，使其成為國際市場上的重要角色，更是技術的先趨國，顯然是一項無可迴避的重要課題。

第三節　機械產業的發展趨勢

　　過去幾年製造業面臨勞工人力缺乏，人工成本持續高漲，為避免過度依賴人工，又要提高產能的情況下，國內機械產業掌握此一趨勢，引進新製造技術，朝機器的機電整合，應用各種自控元件，發展出自動化、高速化及電腦化的機器，以因應市場需求，並提升競爭

力。機械產業未來的四大主流產品，分別為：精密工具機、半導體設備、奈米加工及微機電系統。

一、精密工具機的發展趨勢

數位化時代的來臨，資訊科技已走入人類生活，其相關產品所要求之高功能、低價位、輕薄短小的趨勢，更證明精密機械在未來仍將扮演科技推手的關鍵角色。以往國產機械設備較為國人所詬病的是，在使用一段時間後，不是精密度降低、性能不穩定（重現性差），就是設備的可靠度出問題，而須時常停機待修。由於精密機械設備是由許多零組件所組成，只要其中任何一個零組件的品質發生了問題，就會影響整個設備的性能、精度或可靠度。十多年來，由於廠商普遍認為國內製造的產品品質不佳，且穩定度不足而怯於採購，因此也造成市場規模小，發展空間狹隘，所以，國內精密機械設備產業的發展一直停滯不前。然而，發展生產設備能力的欠缺，將大大的影響其生產產品的創新性。

生產高附加價值之精密產品，是我國既定的發展方向，所以，精密機械設備的健全發展體制，將關係著我國高科技產業的發展目標能否達成的關鍵要素。所以，未來精密工具機的發展主軸，一定要朝下列八個方向努力，這八個方向是：

    1. 省空間化；

    2. 精密化；

    3. 系統化；

    4. 無人化；

5.高精度；

6.高能率；

7.低價格；

8.適應環境與人為操作。

　　預期未來我國在精密機械產業的發展，在質與量方面，仍有提升的空間。只要精密機械層級的提升，就可帶動電機、電腦、量測等自動化科技，更可促進高科技產業，如電子、光電及生技等產業的發展。故此，精密工具機有助於提升我國產業在國際市場上的競爭力。

二、半導體設備的發展趨勢

　　半導體產業早期由 4 吋到 6 吋，及近年來主力產品 8 吋晶圓、12 吋晶圓，以及新近興起之銅製程，亦使得其生產所用之設備完全不同於原先 8 吋或 12 吋晶圓的加工設備。此種快速變化產業下之最新製程，與尺寸變大之需求，已使得最新一代之生產線必須完全採用全新之機械設備。目前半導體設備不斷推陳出新，趨勢朝提供 $0.15 \sim 0.25$ 微米的製程前進，傳送 12 吋晶圓的硬體能力，單一晶圓多腔式不同製程的生產機型，具備系統檢測與遙控式檢測與調整的功能，軟體系統加裝專家系統。

　　以國內廠商在 12 吋晶圓設備的投資量，高居全球第一位而言，然而半導體設備卻仰賴進口為主，其中美國供應我逾五成。為降低半導體的生產成本，就應落實半導體設備的本土化，發展自己的半導體設備工業。

三、奈米加工的技術趨勢

　　奈米科技是多領域交集發展的綜合性科技，包括物理、化學、材料科學、光學、電子學、生物學等。依目前所公布預測報告指出，在2010年至2015年間，奈米科技與材料之全球年產值將達到1兆美元。目前世界各先進國家均紛紛投入奈米科技的研發，以保持科技與經濟領先的優勢，及強固國際市場競爭力。

　　有鑑於奈米科技在能源、機械、生醫、化工及環保等領域的廣泛運用，美國於2001年就已投入高達5億美元的研發經費，日本也指定奈米材料為該國四大新興科技的重點產業，其他有加拿大、歐洲、俄羅斯、新加坡、韓國與大陸等國，均先後投入此被視為本世紀最具戰略技術的奈米科技。

　　奈米科技開發材料新性質與元件微小化，有助於提升工業製造技術及微電子控制系統的微機電系統，更重要的是為機械產業帶來創新運用及提升產業競爭力。未來奈米加工技術的趨勢：加工精度－微米（um）⇨奈米（nm）＊；加工機構－脆性模式⇨延性模式＊；材料去除量Chip⇨Atoms⇨Atom。其走向為超精密化，極微細化，高密度化。

四、微機電系統

　　微機電技術是結合光、機、電、材、控制、物理、生醫、化學等多重技術領域的整合型系統平台技術，微機電技術使產品能因整合與

機械產業未來發展趨勢

發展趨勢	技術方向	具體項目
極精密	系統化	高精密工具機、複合式工具機
最高速	精微化	影像顯示器製程設備
高附加價值	智慧化	生物產業機械太陽能光電機械

微小化而提高性能、品質、可靠度及附加價值，同時降低製造成本，是科技界公認為最具發展潛力及前瞻性領域之一。應用範圍包含半導體、資訊、通訊、消費性電子、生醫保健、交通、環保、工業生產、國防工業、衛星航太等產業。所以，未來我國可整合台灣微機電產業資源與研發能量，促進國內微機電產業發展，提升國內微機電技術水準，在全球微機電市場具競爭力。

第四節　我國機械產業的挑戰與機會

機械為工業之母，製造業所需的各種機器設備，皆需要由機械產業來提供。不過，回顧以往我國機械工業整體發展歷程，在研發經費上投入不足，基礎技術與關鍵技術上亦欠缺，且對下游產業關聯研發亦甚少投入，因此無法適時供相關的機器設備以供應需求。對國內機械設備主要的需求市場未能適時切入並掌握關鍵技術，為現階段國內機械工業經營上的一大問題。

其他諸多的問題，如：產業投資金額大、回收速度慢，影響廠商

投資意願；CNC 控制器、伺服馬達等關鍵零組件依賴進口，無法建立自主的產業體系；缺乏具足夠經驗之技術人才，而使國內廠商著重於單機發展，缺乏投入系統性產品的整合工作；國內廠商產銷多以代工（OEM）為主，缺乏自有設計能力。機械產業的內在競爭弱點，會影響整體製造業。

一、台灣機械產業的挑戰與機會

㈠研發經費投入不足

機械產業研發經費投入不足，會導致技術無法有效提升，競爭力逐漸減弱。從主要國家的研發經費占其國內生產毛額的比值來看，我國研發費用雖已提升至 1.8%的水準，不過比起先進國家的 2.2%以上，以及鄰近韓國研發比重達 2.6%以上，便可發現國內的研發經費投入相對不足。若再作進一步分析，國內企業投入比重僅約57%的規模，且每位研究人員每年僅使用 7 萬 4 千美元的經費，顯示機械產業的研發經費投入不足。若再分析機械產業的研發經費占銷售額的比重來看，我國不到1%，比日本、韓國皆在2%以上的水準，差異更大。

㈡技術人力缺乏

目前台灣地區機械工業產品之發展仍以單機為主，在產業自動化需求日益迫切下，用多年的單機自動化生產設備已不敷效益。這必須要藉著電腦、電子等技術的應用，串聯整單機設備，彈性指揮多種工件同時運轉，發展具有較大彈性的自動化泛用型工具機，以改變工廠

中「物料」與「資訊」流動方式，才能有效提升市場競爭力。這種改變必須要有高水準及高品質的技術人力作為後盾，才有成功的可能。

　　儘管國內各級大專院校培養了足夠的機械相關專長的學生，但因學校教育一方面過於偏重科學而較輕工程，另一方面又過於偏重升學而較輕就業，因此造成許多機械廠商無法找到適用的技術人力。此外，在業界的人力培養也因挖角風氣盛行，而不熱衷於自我人力的培育，以致機械科技人力不足，這種現象尤其是在新興科技產業更是嚴重。

(三)經營規模以中小企業為主

　　國外機械工業先進國家產製機械者，大多以中大企業經營規模為主，其連結上、中、下游業者為一體，不斷進行製造應用資訊回饋修正，有效地改進產品，以滿足使用業者之需求。反觀國內產製機械的業者，大多以中小企業經營為主，技術人才缺乏，無雄厚資金及土地取得不易等困難，因此，自動化升級上仍相對緩慢。同時，在上、下游各自獨立的情形下，無法有效掌握市場動態，亦不能落實市場的需求，以致競爭力相對較弱。在市場競爭愈來愈激烈的情況下，中小企業在研發及市場開拓能力有限，對進行全面自動化研發和關鍵性零組件的開發，國外新技術與設備，相關資訊的引進，已成為發展的瓶頸。

(四)關鍵零組件仰賴進口

　　我國機械工業雖然在零組件供應及生產中衛體系上相當地完整，惟所需的主要設備與關鍵零組件皆仰賴進口，而且進口依存度高達六成以上，顯示國內在零組件供應上基礎仍薄弱。為什麼會出現這種現

象呢？除因國內市場規模有限，而開發國外市場存在高度風險外，最主要是因為產品核心要件的穩定性、精確度、使用壽命、生產效率、系統整合能力、振動噪音及安全性設計等方面，國產品品質水準不如進口品[1]。同時，國內整體機械產業在檢測技術水準上，平均皆落後先進國家，如日本、美國與德國等。

(五)電子商務程度低

我國機械產業在電子商務方面的起步較晚，最大障礙是沒有標準化、共通平台、系統及軟體。如果機械業者能迅速建構共通平台與B2B採購標準能互相搭配使用，有了標準化與共通平台，此產業正式在 e 化上成功邁出一大步。

(六)零組件品質不穩定

目前國內的整機廠規模較大，一般均建立了符合國際認定的ISO9000 品質制度。但許多零組件廠因受限於規模，品質管理制度無法全面建立，品質穩定性較差。因此，整機廠在選購零組件時，大都會選購進口產品，如此造成一種惡性循環，零組件廠規模無法擴大，品質就愈是無法提升。

總結上述六點，可知當前國內機械產業在資本、人才及勞力均不足的情況下，有必要採行研究與發展並重的策略，積極突破現今發展上的瓶頸，強化研發能力，方能獲取較高的利潤和持續穩定的成長。

---

[1] 以醫療儀器為例，精密度非常高，且其穩定性和可靠性可能危及人身的安全，不容有絲毫的出錯。再拿磨床業來說，因各式磨床為專業用的金屬加工機械，其公差係數往往影響所製成或加工的產品，所以對品質的要求上較嚴格。

二、台灣機械產業的競爭優勢與機會

　　台灣機械產業的競爭優勢與機會，比較重要的則是人力素質較高、健全的生產中衛體系、降低非關稅障礙等，茲說明如下。

1.人員素質高，薪資成本具競爭力 2.衛星工廠健全，支援配合良好 3.電子資訊技術成熟，可充分支援 4.策略聯盟漸多，發揮「槓桿」效果 5.政府提供各項租稅獎勵與財務支援 6.新產品開發投入比重日益增加	1. R & D 投入仍嫌不足 2.土地取得不易 3.技術人才不足 4.系統整合能力較缺乏 5.國產設備及零組件品質不穩 6.業者規模較小 7.重要設備及關鍵零組件仰賴進口 8.缺乏全球行銷及售後服務網
<div align="center">S</div>	<div align="center">W</div>
<div align="center">O</div>	<div align="center">T</div>
1.國內新興工業對精密機械市場需求快速成長 2.對大陸市場占有文化及地利上之優勢 3.印度、巴西、土耳其市場仍看好 4.政府對傳統產業重視日益增加	1.國際競爭十分激烈（強敵與追兵） 2.出口市場過度集中（中國大陸、美國占近1/2） 3.重要工業所需精密機械皆未能主導市場，進入障礙高 4.缺乏提供國內外融資工具及管道 5.業者低價競爭，不利市場拓銷

 圖8-2　機械產業競爭情勢分析圖

㈠人力資源的優勢

依據教育部所發布的統計資料顯示，台灣地區各級學校學齡人口，在學率歷年來有普遍地提升，高級中學教育之 15～17 歲人口在學率達 95%以上，高等教育 18～21 歲之人口在學率近 60%，顯示教育程度逐年在提升，人力素質亦相對地提升，這對整體製造業，尤其是技術密集度逐年提高的機械工業而言，所僱員工亦較往年素質高，因此在競爭上，人力資源與支援面亦更具優勢。

在人工薪資方面，就主要國家製造業員工薪資比較，台灣地區皆不及先進國家水準；再以國內機械新進工程人員薪資統計，員工薪資每月平均約新台幣 3 萬元，而先進國家如日本，每月則約新台幣 9 萬元，為國內薪資成本之 3 倍左右。也就是說，國內仍較國外先進國家，在生產成本之人工成本上占優勢，但比起東南亞及大陸的薪資又偏高。惟就整體而言，台灣的教育普及，人才素質高，工人薪資成本仍較先進國家為低。

㈡健全的生產中衛體系

在台灣地區的機械工業生產加工體系中，無論在鑄造、鍛造、熱處理及零組件、配件之粗、細加工和供應等周邊產業支援能力，均非常地強，且基本組件如軸承、齒輪、鋼材、電控元件等，國內在一定品質要求下皆可供應。因而創造出強大的生產中衛體系，使國產機械無論在交貨、零配件之供應上、售後服務效率，甚至於產品品質等方面，均有極不錯的競爭力。故此，齊全的零組件供應及健全的生產中衛體系，為機械產品保持競爭優勢的重要因素。

(三)降低非關稅障礙

我國機械產業年產值逾4千億台幣,其中出口比例達七、八成以上,而中國大陸則為主要出口地區,隨著中國大陸經濟高度成長,向台灣機械產品出口大陸的成長空間頗大。而加入 WTO 後,中國大陸無法再運用「保留配額」、「批文」等非關稅障礙,阻撓我機械產品進入大陸市場;另第三世界無邦交國家也不可對我產品輸出進行貿易歧視,因此,我機械產業外銷商機將可進一步擴大。所以,加入WTO後,過去的非關稅壁壘、貿易歧視與障礙,均得以消除解決,有助於我機械廠商在外銷市場開拓更寬廣的空間。

第五節　機械產業的因應策略

為持續我機械產品,在歐美及中國大陸市場的占有率,我業者應建立全球運籌的策略中心,並運用資訊科技,掌握全球產品、技術及產業的脈動,以及針對企業後勤支援、全球運籌與採購管理,建立整合機制,以強化我機械產業在全球市場的競爭力。下列將舉出機械產業因應挑戰的八項策略。

一、技術文件管理系統

精密機械的特徵之一,就是其零組件及設備的製造過程,不僅精

密，而且極為複雜。過去國內業者主要依靠經驗豐富的老師傅掌握產品的生產過程，經驗的傳承大都依賴口述，技術文件缺乏有系統的建立。另因目前精密機械的性能、功能及精度不斷提升，其所需掌握的技術更為複雜。從原材料的熱處理、零組件的加工，到控制器的軟體程式，皆需要有充分的技術資料，才能使產品的品質及性能達到最佳化。隨著電腦中文化的普及，宜強化精密機械相關廠商及研發機構，將以往的技術資料文字化，並建立良好的運用及管理體系，將有益於傳承累積經驗，以及創造及保護公司所擁有之智慧財產。

二、策略聯盟

　　面對競爭愈來愈激烈的經營環境，科技全球化與技術合作的趨勢是一股擋不住的潮流。為創造更佳的成長空間與利潤，研發高速、精密化與自動化等高附加價值的機械產品，都是國內業者未來發展的主流。為達此目標，策略聯盟雙方可透過資金、市場及技術等專業分工來共同開發超值或高效率機種，以提升技術，甚至進一步嘗試與自動化工程服務業者結合，加強行銷與售後服務，以爭取國際市場的商機，進而開拓新的銷售市場，如此也可同時減低被代理商層層控制的困擾。

　　策略聯盟的方式很多，如業者可以合組貿易公司、共同組團參加國外展覽、籌組廠商聯誼會、共同開發工業區、合組售後服務系統、共同接單後分別生產，以及針對上游原物料相互供應考量結合為生產聯盟，或為縮短技術開發時程的技術聯盟，都是可行的方式。尤其是國內機械業者多專精於一、兩項產品，深耕全產品線者不多。因此，

中小企業可以聯合起來成為整廠力量，以 turn key 方式承接國外整廠工程，此種整廠輸出的模式，可以再擴大為我國機械產業外銷主力的新模式。

　　未來新一代高科技產業之機械設備，已不再是任何單一之機械可自行負責研發完成後，再提供予產業使用。其在研發過程中，必須不斷與產業溝通，及經由產業之確認後，再進行設計變更與研發，以期在第一代機械設備產出後，立刻能獲得企業界使用。此種由機械業與產業共同合作之新研發模式，在高科技產業已成為主流。美、日、韓等主力機械廠商，更大力爭取主力客戶之認同與共同合作研發，以期在上市後立即使用在生產線，及減少企業之適用期，創建雙贏之局面。

三、擬定正確發展戰略

㈠向前看──掌握產品未來趨勢

　　掌握 2010 年國內最具潛力的機械：線性機械、高速切削工具機、微機械；2005 年最具潛力產品：六軸連桿工具機、高速三次元成型機、半固態金屬成型機。

㈡向上看──提高附加價值

　　從以往只做組裝技術的中、低級產品，邁向標準化結合低成本的中、高級產品，提升至具差異化、高附加價值的高品級。掌握「利基」及「積利」原則，提高附加價值。

(三)向後看

機械產業的中小企業應由「一般協力廠」提升至「專業協力廠」，更進一步發揮「分工網路」功能，各企業透過合縱連橫的網路，隨機應變，快速結合成作戰體，連結各中小企業之長處，以彌補大企業遲緩、小企業資源不足的缺點。

(四)向市場接近

除目前大家所進入的大陸、美國、東南亞市場外，進入歐洲提升產品品質，進入新興市場擴大業績，都是可著力之處。另進入最挑剔產品的日本，更可驗證市場考驗。

(五)管理技術

掌握為顧客創造價值之羅盤，強化後勤支援的分工網路，並管理適當客戶組合。

四、強化研究

面對全球競爭，必須加強產業的基礎與應用研究。尤其是隨著時空環境的改變，過去以量取勝的型態已不可行。取而代之的是，開發高附加價值的產品，提升「產品設計、製造者」的層次，協助客戶解決產品設計、開發、製造等問題，達到降低成本和提高性能等目的。這些目標的達成，都非依賴研究來提升原有技術不可。例如，自動化機械的部分，是朝高性能、高精度、高速化、複合化發展；機械鑄造

是往自動化及電腦化、精密化、輕量化、更高品質、更環保等方向努力。如果沒有強化研究，或研究速度及商品化速度過慢，都可能被其他國家所超越。

五、善用資訊科技

電腦軟硬體的持續發展，使得 3D 電腦輔助設計及製造快速進步，並在工業界普遍被使用，尤其在模具業的使用上，更有驚人改變。3D CAD/CAM 大量簡化模具開發時間，因此，在產品開發及自動化生產上，已有舉足輕重的地位。將 CAD/CAM 技術運用在產品開發，最主要的效益是「設計資料一元化」，設計師可在電腦內建構幾何模型格式的設計資料，然後利用電腦運算能力，進行各種模擬分析或製作模型，以利設計決策的評估，減少各種不確定因素與風險，並依據同一設計資料進行製造加工，避免所製造的產品與設計原意產生偏差。

六、結合政府的力量

在高科技的時代裡，科技產業所用的生產機械設備，由於不同於傳統產業所用的設備，所以必須依產業發展之需，提供更新式的機械設備。不過，我國因產業環境不同，研發經費不足，無法對上述所有領域進行研發。當務之急是國內廠商必須結合政府的力量，針對重點項目，透過有計畫的輔導，如自動化機器人、醫療儀器、半導體設備等，才能再創機械產業的新局。

七、主宰大陸主戰場

我國機械產業的發展，仰賴對外貿易的拓展。就出口而言，近一、二年間，美國市場需求成長顯著減緩，使得向來仰賴美國市場的機械業者不得不另謀新的發展空間。我國機械產業目前面對國際競爭力衰退的壓迫，廣大的大陸市場，已經成為台灣經濟命脈的新腹地，和生存發展的必然選擇。近年來對大陸市場的出口，占我國整體機械產品出口，幾乎都在四成以上，預估未來將會突破50%。我國機械產業應該運用向上整合的優勢，豐沛的產業鏈關係，充分運用大陸地區龐大的資源，如廉價勞工、豐富原料與國際性的技術，然後再搭配完整的售後服務，如此必能發揮國產品的成本優勢，達到立足台灣、主宰大陸、進軍國際的目標。

八、全球格局

機械業者要有全球格局的胸懷，分散既有固定的市場，以避免出口市場過度集中大陸及美國（我國出口到美國之機械設備，是以手工具機、綜合加工機、塑膠射出成型機等產品為主），而產生不必要的風險。歐洲與印度也都是值得投入的市場，另外，南美洲人口約3億多，與東南亞相若，土地及資源不亞於東南亞，甚或有過之無不餘，但僅占我國機械出口的1～2%，似嫌不足，仍有發展空間。

第三篇

高科技產業

Industrial Analysis

12456 65 9875 456 2155   125   4 688   654 22 5 2

第一節　高科技產業的重要性與發展歷程

　　1999 年，經濟合作暨發展組織（Organization for Economic Cooperation and Development, OECD）以知識產業的國內生產毛額（GDP）占產業 GDP 比重，來觀察全球主要國家是否已邁向知識經濟體系的進程。OECD 將知識產業概分為兩大類：一為「知識型製造業」，包括 1997 年 OECD 依研發密集度分類，重新修訂的高科技產業（包括 OA 設備與電腦、電子與通訊、航太、製藥）等產業與中高科技產業（機械業、科學儀器、汽車、產業化工、其他運輸工具業）。二為「知識型服務業」，包括金融、保險、通訊服務、資產鑑價與商業服務、社會服務業。事實上，知識產業的內涵根本就離不開科技，所以，本篇在談高科技產業時，主要指涉的面向是知識產業。

　　科技型產業是二十一世紀強化國家競爭力的重要因素，更是驅動整體產業發展的原動力。經濟發展史可以證實，科技的進步是帶動經濟發展的最大動力，衡諸工業革命、汽車產業、電信事業、網際網路、無線通訊等高科技產業的發展歷程，都可能帶來可觀利益，以及不容忽視的外部性利益。因為任何一種伴隨產業而生的科技，均可引申到其他領域而產生額外的效益。例如，一個國家若有優異的半導體技術，就可以應用到飛彈的導航、戰鬥機的電子作戰上，因而促成國防產業的發展，或者增強一國的作戰能力。由於這種外部性的利益，

所以不論是先進國家或開發中國家，均期望能發展高科技產業。

　　台灣產業在國際分工體制下已是重要的一員，發展高科技的產業也已成為必然的趨勢。回顧過去產業的發展歷程，台灣產業結構變遷，從農業、製造業到以服務業為主，而製造業的重心也由傳統的石品加工業、石化、汽車等產業，轉移到高科技產業掛帥。其整個過程是：

(一) 1950 年代，實行第一次進口替代政策，以發展勞力密集、進口替代的輕工業為主。

(二) 1960 年代，台灣正面臨由農業經濟轉型為工業經濟的關鍵點，此時透過出口擴張，使輕工業得以低廉工資的國際比較利益，迅速打開海外市場。

(三) 1970 年代，以發展重化工業為主的第二次進口替代政策和出口擴張政策，使工業產品出口結構得以在石油危機、保護主義壓力及勞力成本優勢削弱的情況下，逐漸由勞力密集的消費財，逐步轉向技術密集的生產財，產業結構亦隨之調整。

(四) 1980 年代，在世界市場技術發展與市場需求的考量下，採行策略性工業政策，依據市場潛力大、產業關聯性大、技術層次高、附加價值高、污染度低、能源依存度低等二高、二大、二低的新興工業選定原則，給予財務的支持，以及技術、管理與市場的輔導，最後終能發揮促進產業升級及產業結構調整的功能。也因此使得我國經濟快速成長，每人國民所得大幅提高。這樣的結果，在 1989 年被 OECD 譽為「新興工業化國家」。

(五) 自 1990 年代以來，政府除繼續推動傳統產業升級外，更積極加強以發展新興工業為主的高科技產業，選定通訊、資訊、消

費性電子、半導體、精密機械、航太、高級材料、特用化學、製藥、醫療保健及防治污染等十一項高科技產業作為發展的重點。1998年更配合科技新形勢的變遷,並整合政府科技資源,擬定建設科技化國家的主軸。

目前政府依全球知識經濟發展趨勢,將半導體、消費電子、通訊、資訊硬體、電子材料、資訊軟體、精密機械,與自動化、航太、特殊合金材料、高性能塑膠材料、高級纖維材料、精密結構陶瓷材料、高級複合材料、特用化學品、生物技術、製藥、環境保護、醫療保健等十九項工業列為台灣新興高科技產業。

第二節　保護高科技產業

有鑑於產業和產品的生命週期有限,新產品很快成為標準化的大宗物資,工業化國家不能自滿於過去的成就。同樣地,新興工業國也無法依賴低工資作為永遠的競爭優勢,因為生活水準一旦上升,勞動成本提高,外國投資者立刻會選擇更低廉的工資環境,利用技術來創新及競爭,以作為發展的途徑。換言之,科技必須不斷創新,才是企業與國家永續經營之道。

一、強化科技教育

基於科技研發的組織結構有如金字塔一般，基礎愈寬廣則尖端愈高；易言之，如果頂尖的研究人員可視為位於科學研究與知識開發金字塔的頂端，那麼一般的社會大眾就可視為支撐金字塔的重要基礎。所以，政府應普遍性的強化科技教育，培植大量科技人才，以供產業使用。

二、智慧財產權

以往智慧財產權的推動，常是美國挾「301」貿易條款的威迫下，台灣讓步的結果。不過時過境遷，我國的科技產業也到了需要保護的時候，否則後進者如中國大陸等開發中國家，也會以仿冒、盜版等方式來侵犯我國的智慧財產權。同時，我國產業亦可轉守為攻，透過研發與申請累積專利的方式，創造企業保護與防禦的武器與能量。透過專利法所賦予的排他權，占有市場一席之地，甚至也可與其他廠商（如外商）協商談判，交互授權，從而解決企業之間的專利糾紛，並晉升於國際舞台。

三、正確的產業政策

高科技產業的發展與政府的產業政策息息相關。台灣在高科技產業的發展上，很明智的避開關稅保護的手段，著重於技術能力的養

成。1980 年，政府在新竹設立「科學工業園區」，以租稅優惠的手段，鼓勵國內外的廠商投入高科技產業的發展。無論是技術引進、人才養成或租稅減免等措施，均屬於「生產補貼」的手段。台灣在 1980 年以後，電腦業和半導體業的發展，都是採取相同的模式，不用關稅保護的手段，只用生產補貼的方式，尤其注重技術的引進。在政府補貼下，廠商以外銷市場為目標尋求發展，和傳統的關稅保護所造成的進口替代現象不同。例如，在半導體的發展方面，台灣廠商的邏輯元件（具有計算儲存資料功能的元件）則仰賴進口供給，並不加以取代。如此「開放國內市場，強攻外銷市場」的作法，造成國與國之間高度的產業內貿易，也獲致相當的成功。

為什麼生產補貼的保護程度，遠較關稅為佳呢？因為以關稅保護高科技產品有兩項缺點：第一，國內價格變貴了，使高科技產品的應用受到限制，不利於技術的普及。例如，國內半導體產品的價格若高，則各種使用半導體的電腦及其他自動化設備價格也將攀高，自然會影響產業自動化的誘因，不利生產力的提升。第二，國內市場若有關稅保護，競爭壓力自然變小，少數在國內生產的外國廠商沒有競爭壓力，這可能導致生產效率低落，引發不當經濟租的資源浪費，而且只引進二流的生產技術卻能坐擁暴利，所以沒有太多「外部性」的利益。

第九章 半導體產業

　　半導體工業為我國高科技產業發展的成功典範，更是帶動我國經濟持續成長的重要動力。二十餘年來，從技術的引進、生根，到今天全面的蓬勃發展，形成上、中、下游完整的生產體系，並以創造高額的產值（2000 年產值已超過 7 千億台幣）與精良的品質，成為全球第四大產國，在全世界半導體產業中，占有相當重要的地位。

　　半導體產業有別於一般傳統工業，它是屬於高技術密集、高資本密集的產業，同時也是屬於低勞動力使用，與低資源損耗程度的產業。由於該產業大量運用先進科技，不但使產品的生命週期愈來愈短，而且所可能產生的製程副產品或副作用（環境污染衝擊），也異於一般傳統產業。再加上進入及退出市場障礙均高，因此產業面臨高度的競爭。

　　一國半導體產業的盛衰，直接關係著電子產業興盛與否，也展現一國科技的實力。發展該產業的主要關鍵在於：

　　1.培育與延攬人才；

　　2.前瞻技術研發能力；

3.新產品開發能力；

4.善用智慧財產權。

現在，我國的半導體不僅具有這四方面的要求，而且幾乎占全球市場20%的規模。製造的優勢，使我國能在激烈競爭的國際環境中生存下來。

就產業、產品、市場、技術、製造、財務等外顯層面的因素來評估我國 IC 產業競爭力時，可明顯發現，我國半導體產業從上游的設計、製造，到下游的封裝測試，已累積相當豐富的智慧財產、管理及整合的能力。根據經濟部一項新興高科技產業現階段競爭力研究發現，若將製造及技術占有率與其他國家相較，我國只有半導體產業最突出。所以，該產業是維繫台灣經濟命脈，重要的產業之一。

第一節　半導體產業產品

半導體是介於導體（conductor）與絕緣體（insulator）之間的材料矽（Si），其產品主要分為分離式元件與積體電路（IC）等兩大部分。由於 IC 是半導體的主要產品，幾乎也成為半導體的代名詞。它是將電晶體、二極體、電阻器、電容器等電路元件聚集在一片矽晶片裡，形成一個完整的邏輯電路，以達成控制、計算或記憶等功能，這個矽晶片就是積體電路（Integrated Circuit, IC）。

半導體種類繁多，依產品的功能特性可分為微元件（Micro）、邏輯元件（Logic）、類比元件（Analog）、記憶體（Memory）等四

大積體電路（IC）產品，以及分離式（Discrete）元件與光學（Opto-electronics）元件等六大類別。在六大類別的半導體產品中，除記憶體產品因規模經濟效益須集中量產，以及類比元件、分離式元件及光學元件製程特殊，須特別生產外，其他微控制器及邏輯元件，因產品應用需求少量多樣化特性，遂成為晶圓專工廠主流的代工產品項目。

現將四大積體電路（IC）產品分為記憶體 IC、微元件 IC、邏輯元件 IC 和類比元件等四大類，分別說明如下。

一、記憶體 IC 產品

記憶體 IC 分為揮發性記憶體，與非揮發性記憶體等兩大類。當電源關掉後，資料會自動消失的記憶體，就稱為揮發性記憶體，如 SRAM（靜態隨機存取記憶體）、DRAM（動態隨機存取記憶體）等；若電流關掉後，資料仍可持續保存者，便是非揮發性記憶體，如 ROM（唯讀記憶體）、FLASH（快閃記憶體）等。

㈠揮發性記憶體

個人電腦中的記憶體主要是指 DRAM；SRAM 為快取記憶體。

1. DRAM

比較電路結構，DRAM 較簡單，存取速度較慢，但成本較低，因此成為記憶體市場的主流。不過，中央處理器（CPU）處理速度愈來愈快，DRAM 處理速度相差太遠，來不及接收 CPU 送出來的資料而影響到電腦的作業績效。於是在設計電腦架構時，在 CPU 及 DRAM

之間，添加處理速度較快的 SRAM，以提高整體績效。但因 SRAM 成本較高，只能在瓶頸地帶重點使用。

各類電腦的系統廠商，包括筆記型電腦、桌上型電腦、工作站及伺服器等，目前可說是 DRAM 的最大用戶，估計約占有八成。DRAM 的需求，主要在於個人電腦的需求量，不過，電視遊樂器、繪圖卡、光碟機、區域網路產品、掃描器、影像壓縮／解壓縮卡、有線電視選視器等多種電子產品，也都需要使用 DRAM。未來 IC 產業成長的主動力，則落在通訊與平面視訊等產品之上。

由於 DRAM 的用量愈來愈多，為避免占用電腦主機板空間，將 DRAM 插（或黏貼）在一片印刷電路板上，再將此板插在主機板上，而這塊板子稱為記憶體模組。它可分為 SIMM（Single In-Line Memory Module）或 DIMM（Double In-Line Memory Module）等兩種包裝的方式。同時在成本與效能的考量下，晶片功能的整合趨勢，也是必然的。

2. SRAM

SRAM 用量原本就比 DRAM 小，隨著 DRAM 的速度愈來愈快，再加上原來裝在主機板上的第二層快取記憶體（第一層快取記憶體原本就裝在 CPU 內），近來也被整合進入 CPU 內，使 SRAM 在個人電腦市場的用量更少，未來主要的發展潛力，應該是在通訊市場。

㈡非揮發性記憶體

在非揮發性記憶體中，若依功能分類，MASKROM 只能寫入資料，不能更改；EPROM 需用紫外線才能更改資料；EEPROM 則可利

用電壓改資料；只有FLASH可直接用電流改資料，兼具DRAM（可隨時更改資料）及ROM（電流關掉後，資料仍能保存）的優點，不過成本稍高。

在非揮發性記憶體中，FLASH具有使用的方便性，已逐漸取代EPROM及EEPROM，成為最有成長潛力的非揮發性記憶體。將FLASH加上控制器，就組成矽碟機（SSD），其功能類似磁碟機，體積如名片般大小，具省電、讀寫快速及耐震等優點，適合筆記型電腦的使用。尤其是要求用電量小的手提式或掌上型電子產品，因無法持續通電，最適宜用FLASH作為記憶裝置。因此在這輕薄短小的發展趨勢下，數位相機及通訊產品（大哥大）用量大幅成長，都使得快閃記憶體深具成長潛力。

二、微元件 IC

微元件的積體電路中，以微處理器（MPU）最為重要，用途也相當廣泛。電腦裡的心臟CPU，就是MPU的一種。目前是主宰個人電腦發展中最重要的元件。隨著3D時代的來臨，微元件IC中的數位訊號處理器（DSP），未來發展空間就顯得相當大。DSP擅長於處理數位及線性混和訊號，對於聲音和影像資料的處理尤具效果；CPU是以複雜的邏輯計算能力見長，在處理數字或文字資料的速度方面，特別迅速。

早期的個人電腦作業，以數字及文字為重點，但CPU進入Pentium時代後，3D影像的圖形處理能力，以及聲音、影像等多媒體資料的處理速度更為快速，因此也就成為發展的焦點。

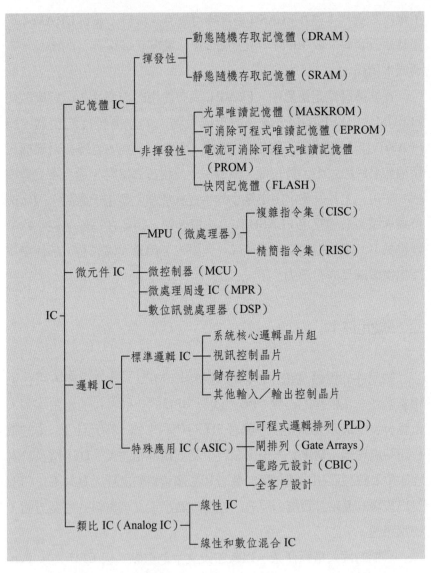

圖 9-1　IC 產品分類

資料來源：工研院電子所。

三、邏輯（Logic）元件 IC

在邏輯 IC 中，系統核心的邏輯晶片組，就是一般所說的晶片組。邏輯元件是國內前三大積體電路設計公司（矽統、威盛、揚智）主力的營運產品。其他輸入／輸出控制晶片，是用於控制電腦周邊設備的積體電路，聯電、華邦及美商 SMC 是，全球最主要的供應者。特殊應用 IC（ASIC）是指，針對客戶需要的用途，而特殊設計的 IC，是我國早年的主力產品，至今仍有其重要性。

四、類比 IC

類比 IC 主要用於通訊產品或視訊產品上，隨著網路普及與資訊家電的風潮，尤其是通訊市場的潛力，使得微元件 IC 與邏輯 IC 產品的比重由 36.4%大幅增加至 53.6%；類比 IC 也由 1.6%增加為 4.0%。國產 IC 的主要市場以國內市場為主，約占 54.1%。產品應用領域分布上，以資訊應用占 67.8%為最大宗，其次是消費性的 19.3%及通訊的 10.3%。

第二節　半導體的特性

半導體產業的上、下游，依序可分為 IC 設計業、IC 晶圓製造、

IC 測試及封裝業，與三 C 電子產品組裝業。目前半導體產業國際化程度相當深，從上游設計到下游的封裝、測試，每個階段皆能獨立作業，也都可以根據比較利益來尋求全球最適當的生產基地與資源，以提高國際市場的競爭力。下列將半導體的六點特性，分述如下。

一、資本密集

就建廠設備的投資而言，建構一座晶圓廠的費用，從 1980 年代的 1 千萬美金，到 1990 年代中的 10 億美元以上。1970 年至 1995 年興建晶圓廠的費用，每年約以 15%的速度增加，及至 2000 年，一座月產能 25,000 片的 8 吋晶圓廠，須投資 16 億美元以上；月產能 25,000 片的 12 吋廠，則須投資 25 億美元以上打造 1 座 18 吋晶圓廠則要投入 120 億到 150 億美元。在技術研發方面，8 吋廠 0.35um 的製程，研發成本 1 億美元；12 吋廠 0.1um 的製程，研發成本約 3 億美元。這樣龐大的金額所形成的進入障礙，絕非一般企業所能及，故其固定資產投資的比率遠比一般的產業高。

二、高風險

歸納半導體景氣循環原則，在過去五十年，全球半導體產業共經過七次不景氣，分別發生於 1970 年、1975 年、1980 年、1985 年、1990 年、1995 年，以及 2000 年。其中至少有四到五次是因「供給過剩」及「需求下滑」所共同造成的結果。有鑑於 IC 製造業者投資金額大，且有景氣大好大壞的高風險，只有政府政策的全力支援，才有

可能快速發展起來。從台灣半導體業的發展史來看，政府運用租稅優惠（土地免租金、免稅優惠），並投入大量資金和優秀人才，致力於研發工作，成功地造就台灣成為全世界第三大資訊國、第四大半導體生產國，以及晶圓代工王國的美譽。

三、產品生命週期很短

市場競爭激烈，使得 IC 產品的生命週期縮短，以晶片組為例，平均只有 6 至 9 個月的壽命。若一家公司未能即時推出新產品，那麼公司產品將很快被市場所淘汰。因此，產品愈早推出，就愈能搶占市場，回收投資。所以，在整個產業的發展考量中，除了成本還是成本。

四、技術密集

IC 產業技術的革新，遠高於其他產業。主宰半導體製造三十多年的摩爾定律，表示半導體在製程技術及設備方面，將不斷地進步更新。在 IC 產業方面，衡量技術水準高低，往往使用「線徑」，也就是計算電子元件間的線路間距（其實也就是電子元件的大小）。若線徑愈細，同樣面積能集積的電子元件就愈多，即 IC 顆數產量愈大，代表技術水準愈高。至於衡量線徑的單位，一般採用微米（um），即一萬分之一公分。我們常見報導如「製程 0.2 微米」，就是指生產的 IC 線徑為 0.2 微米。隨著線徑的日益縮小，該產業的計算單位已從微米、次微米，到毫微米精密度，由最早的 0.35micron 提升到

0.16micron，進而跨入 0.13micron 的精密水準。

IC 構裝方面是朝向薄型化、高密度、多角化、微細化發展，且構裝設備須不斷配合新製程更新。在此趨勢下，未來半導體設備必然要配合 IC 毫微米製程，及 12 吋以上晶圓的需求，其發展方向為：

㈠提供 0.15～0.25 微米的製程環境；

㈡傳送 12 吋晶圓的硬體能力；

㈢發展單一晶圓，多腔式不同製程的生產機型；

㈣具備系統檢測、遙控式檢測與調整功能；

㈤發展軟體的系統，加裝專家系統。

五、競爭激烈

IC 產業是高度全球化競爭的產業，並沒有太大的國界、疆界區分。目前半導體製程技術快速推進，高設備汰換率，若投入初期即遇不景氣，購買的設備 12 至 18 個月後就不具競爭力。設若新廠運轉初期就遇到不景氣，且無後續資金投入更新設備及技術，如此便可能會被淘汰。以一座月產 2.5 萬片的 8 吋晶圓廠，從動土到裝機、試產、滿載，至少需要耗時 3 至 4 年，投入 300 億元。若產能滿載，水準產值約為 150 億，營業純利約 30 億。不過，當產能利用率下滑至 65%便會虧錢，若只有 50%的產業利用率，結果每年將虧損 25 億元。

六、產品應用廣泛

半導體是電子產品的重要零組件，具多功能及低成本的特色。目

前主要廣泛應用的領域包括資訊、通訊、消費性等電子產品。在 1999 年之前，半導體明顯的是以 PC 下游為主要應用的主軸。不過在進入新世紀後，隨著網際網路的開放愈趨成熟，電腦結合通訊網路所開創的「典範移轉」，正在數位新經濟的時代中，成為半導體業者經營的新主流。

除了上面六種半導體特性之外，摩爾定律（Moore's Law）更說明了半導體技術與成本等兩項變數的關係。1965 年，英特爾公司名譽董事長摩爾（Gordon Moore）就提出了摩爾定律。這個定律指出每隔一年半，IC 內部元件的集積度，可提高一倍（同樣面積的晶圓下，生產同樣規格的 IC），成本卻降低五成，也因此 IC 的行情長期以來呈現大幅下跌的趨勢。該定律說明了晶片和電腦的功能愈來愈強大，但價格卻日益低廉。

第三節　我國半導體產業的特質與發展

台灣雖然是 IC 產業的後進國家，但技術追趕相當快速。現在的製程及量產技術幾乎與國外同步，其中又以晶圓代工最具競爭力。自 1997 年，我國晶圓代工業務便已突破全球過半的占有率，至 2000 年時，產值已超過 7 千億台幣，成為全球 IC 第四大生產國，就是有力的證明。

我國半導體產業多採垂直分工，主因是國內電子產品組裝業的需

求，進而帶動 IC 設計業的需求，以及推動 IC 晶圓製造業的發展。發展的結果，形成密集完整的產業供應鏈，復又集中資源於單一產業領域的特殊分工現象。目前這種產業群聚效益除美、日之外，是其他國家所沒有的。這也是台灣半導體業迥異於國外大廠上、下游一元化的 IDM（Integrated Device Manufacturer）經營管理方式。所以，台灣半導體產業的特色是，高效率的專業分工、完整的產業群聚、豐富的管理經驗、優越的數位設計技術，及 CMOS 製程能力。

我國半導體產業歷經三十多年的發展，在全世界半導體產業中，占有舉足輕重的重要地位。該產業歷經 1970 年代的萌芽、1980 年代的成長、1990 年代的茁壯，進入 2000 年代的興盛階段。

台灣 IC 產業的發展歷程大致可概分為四個時期：

一、萌芽時期（1966 年至 1974 年）

台灣半導體產業最初的發展可追溯至交通大學成立半導體實驗室，培養出產業基礎人才，緊接著 1966 年 GI（General Instrument Inc.）在高雄設廠，裝配生產半導體。爾後，美商通用、德州儀器、飛利浦建元電子等在台設廠，因而奠定封裝業的根基。

二、技術引進期（1974 年至 1979 年）

這個階段，我國逐漸朝技術密集方向轉型，分別有電子工業研究中心、美國 RCA、IMR 公司將國外技術引進來。更重要的是，李國鼎獲孫運璿行政院長等支持，大力推動科技發展方案，建構產業群聚

的新竹科學園區，成為推動我國產業突飛猛晉的關鍵。

三、技術自立和擴散期（1979 年至 2001 年）

　　1980 年，工業技術研究院電子所衍生成立第一家 IC 製造公司（聯華電子），七年後，電子所誕生第二個 IC 衍生公司（台灣積體電路公司），逐漸帶動台灣 IC 產業發展。這個階段，我國半導體產業的特色在於垂直分工產業結構逐漸形成，並顛覆以往一家公司從設計、製程、封裝、測試一手包辦的傳統經營型態。

四、整合期（2001 年至今）

　　此時期台灣半導體產業已建構完整、專業分工體系，成功的代工模式，更成為亞太新興國家仿效的對象。2005 年產值已達 1 兆 1179 億元，晶圓代工業全球市占率更達 69.2%，IC 封裝率 44.8%，IC 測試業 6%，三者皆為全球第一名。

　　為了整合政府與民間資源，尋求最高效益，經濟部特地成立專責機構：半導體產業推動辦公室（Semiconductor Industry Promotion Office, SIPO），以協調各部門的資源，提供單一窗口服務，厚植該產業實力，以確保我國經濟的永續成長。經濟部更促成台積電、聯電、日月光與矽品四家公司，共同訂定電子商務的標準，整合半導體製造業的 B2B 作業，推動國內半導體與國際市場接軌的共通標準。

表 9-1 半導體產業供應鏈

上游 IC 設計	智慧財產權、IC 設計工具
中游晶圓製造	設備廠商、晶圓材料、化學品、光罩製作
下游封測	導線架、基板、IC 封測設備、IC 封裝、IC 測試
終端市場	IC 通路、系統廠商

第四節　IC 的製造流程

IC 的製造流程，首先是完成 IC 設計，然後再按照預定的晶片製造步驟，將 IC 的電路布局圖，轉製於平坦的玻璃表面上，這塊玻璃就是光罩。以照相為例，光罩與 IC 的關係正如底片與相片，故光罩就如同製造 IC 的模具。IC 光罩完成後，再運用微影成像的技術，以光阻劑等化學品為材料，將光罩上極細的線路圖一層層複製在矽晶圓上，然後再運用硝酸等化學品清洗、蝕刻，如此就完成晶圓的製造。

完成晶圓製造後，接下來是測試晶圓。它的主要步驟是將合格的晶片自晶圓上切割下來，接著再進行封裝（通常是以金線連接晶片與導線架的線路，再以絕緣的塑膠或陶瓷外殼封裝）、測試，如此就完成了 IC 的製造（如表 9-2）。

儘管半導體產業大致可分為設計、代工及封裝測試等三大領域，但半導體產業已朝「整合」的方向發展。由於製程技術的精進，電路元件愈做愈小，使 IC 成本愈來愈低，摩爾定律就是最佳的寫照。

表 9-2　IC 的製造流程表

順序	0	1	2	3	4	5	6	7	8
半導體主要流程	晶圓廠建廠	晶圓製造	IC 製造				IC 封裝及測試		
半導體流程說明	規劃建造試運轉正式運作	單結晶成長切斷研磨	氧化	CVD	微影	離子植入	打線封裝	測試	出貨

一、設計

　　IC 設計業是高附加價值、低污染的產業，也是知識密集型的產業。我國廠商在消費性產品、資訊產品及通訊產品的 IC 設計，已具備基礎與競爭力。2005 年產值占全球 21.5%，高居世界第二位。此外，晶圓代工（Foundry）產業的崛起，也帶動了整個半導體產業生態的轉變，也促進了 IC 設計產業的興起。

　　半導體產業的製造流程，始自 IC 設計；而負責 IC 設計的單位，有 IC 設計公司（無晶圓廠，Fabless）及整合元件製造廠（Integrated Device Manufacturer, IDM 廠，從設計、製造、封裝測試、到銷售都一手包辦）的 IC 設計部門。隨著 IC 設計面的應用愈來愈廣，當前 IC 的應用範圍已從傳統的消費性電子產品、PC 逐漸擴大到無線通訊、網際網路、IA（資訊家電）等新興領域。IC 設計業在國內已逐漸生根壯大，從消費性 IC、微控制 IC、記憶體 IC、電腦周邊 IC、通訊

IC、視訊 IC、監視器 IC、網路 IC 到晶片組等，範圍相當廣泛。

我國 IC 設計產業，為配合產品逐步走向輕薄短小的趨勢，設計業者也開始從單一功能的需求設計，開始朝向整合各類 IC，在同一晶片的設計，系統單晶片（System on a Chip, SoC）也因此應運而生。

整合設計興起的主要原因，來自於人們對電子產品的需求不斷快速的增加，各種手機、數位相機、筆記型電腦等裝置，需要強大的運算、通訊能力，已非簡單的電子零件可負荷。為縮短產品出貨的上市時間（Time to Market）、節省晶片作業時的電源消耗，並提高晶片製造的成本效益，同時配合晶片製程上的進步，提升整體 IC 設計工作的生產力，也促成輕薄短小的應用產品問世，來滿足終端消費者的需求。系統單晶片設計與典型的 IC 設計方式，最大的不同，就在於典型的 IC 設計，只須考量到單一 IC，所應具備的功能與規格。一個完整的系統單晶片設計，除了確定晶片規格之外，還必須考慮到該晶片上，軟硬體設計的需求，以及在該晶片上，為執行不同的功能，所進行的電路布局、整體晶片的電源消耗、散熱等問題[1]。

二、製造

半導體產業的製造方面，主要分為動態隨機儲存記憶體（Dy-

[1] 系統單晶片組成的條件，包括：(1) Portable/reusable IP；(2)嵌入式處理器（Embedded CPU）；(3)嵌入式記憶體（Embedded Memory）；(4)介面（如 USB、PCI、Ethernet）；(5)軟體（包括 off/on-chip）；(6)混合訊號區塊（Mixed-signal Blocks）；(7)可編程元件（如 FPGAs）；(8)> 500K gates；(9)製程技術在 0.25μm 以下。

namic RAM, DRAM）的製造及晶圓代工。

(一) DRAM

　　DRAM因為便宜，是目前最廣泛使用的記憶體，在PC的主記憶體中，幾乎都是採用這個基本架構。DRAM 產業的價格，主要取決於供需，呈現明顯的景氣循環（循環週期長達4、5年）。決定景氣的因素，涵蓋三方面的變數：製程技術的變遷速度、產品的生命週期、資金的累積等因素。

　　就企業的長期經營觀點而言，我國的 DRAM 產業，由於本身缺乏產品創新及自主性，加上高額投資所冒風險大，未來的不確定性相當高，比較之下，晶圓代工利潤較穩固，顯然更適於我國業者的發展。

(二) 晶圓代工

　　在半導體產業中，晶圓代工是量大且獲利較為穩定的產業，同時也是我國IC產業中，最具特色的一環。就長期趨勢而言，未來十年，晶圓代工業仍將是半導體的主流產業。最主要是因為，我國資訊下游產業發達，代工業在品質、成本、服務、彈性生產技術上擁有絕對競爭優勢，所以才能使我國的晶圓代工，在世界半導體工業中，獨樹一幟。

　　全球從事晶圓代工業務的工廠很多，可區分為專業代工廠與整合元件製造廠（Integrated Device Manufacturer, IDM）兼營代工兩類。IDM 公司係以自有產品生產為主，但大部分的 IDM 廠，為了提高產能利用率，會使用剩餘產能從事晶圓代工服務。IDM 廠吸引客戶的

主要因素是，憑藉其優越的設計能力、智慧產權（Intellectual Property, IP）或特殊製程技術的條件，因而獲得晶圓代工訂單。不過，IDM 廠因為自己生產 IC，對代工客戶的吸引力因之減小。反之，專業晶圓代工廠本身不從事自有品牌 IC 的生產與銷售，不會與客戶形成競爭，也讓前來下單的客戶，沒有設計外洩或遭抄襲的顧慮，而且可提供所有製程供選擇。由於專業代工之故，在成本、交貨期、服務上，一般說來，可較 IDM 兼營代工廠為優。

 表 9-3　不同 DRAM 型態的功能

產品型態	功　　　　能
標準型 DRAM	支援電腦中微處理器運算之短期大量存取記憶體
特殊型 DRAM	繪圖或視訊相關之高速高寬頻應用
嵌入式 DRAM	與邏輯線路整合，形成小體積、高速、低耗電量之積體電路，為系統整合之前導

1. 晶圓代工服務的客戶

客戶大致可分為三類：第一類是本身不具有晶圓廠（Fab）的積體電路（IC）設計公司（Fabless）；第二類是整合元件製造公司；第三類是系統業者（System Company）。茲分述如下：

(1) IC 設計

IC 設計的公司，以設計開發 IC 產品為主要業務，本身沒有晶圓廠，但多數業者也以自有品牌進行銷售，於是便必須將其所設計的

IC，交由晶圓代工廠代為生產。

⑵整合元件製造公司

公司本身擁有晶圓廠，並以設計、生產、銷售自有品牌 IC 為主要業務，如華邦、旺宏等國內公司，及 Intel、NEC、IBM 等國外大廠，他們因為擁有自己的晶圓廠，而且大多又具備有相當不錯的產品設計、生產製造能力，不過因近年來的巨額虧損，導致許多家大廠紛紛關閉舊廠，改採產能外包的策略，釋出大量訂單，致台灣兩大代工廠均能維持高產能。

⑶系統業者

主要包括個人電腦、周邊系統、各種附加卡等產品的資訊電子業者，或是有線及無線通訊產品的生產業者，以及一般消費性電子如電視、音響、電動玩具等的生產廠家。這些業者生產電子產品內，所使用的 IC，可能是自行設計，或委託 IC 設計公司代為設計、開發，再交由晶圓代工業者來生產。

2. 晶圓代工的經營策略

每一種產業或產品，若要成功地市場化，與其經營策略有密不可分的關係。晶圓代工產業若要成功，基本上關鍵因素（key success factor）有五方面的要求：

⑴品質

品質為長期驗證的結果，具有高度進入障礙。晶圓代工的品質，

直接影響客戶產品的價值，其指標為良率、可靠度。

(2)服務

秉持「客戶即夥伴」的理念，並做到低訂貨週期、準確交貨、零缺點後勤。

(3)產能

晶圓代工公司必須持續建廠，以提供最新的製程技術，來滿足客戶成長所需的產能。

(4)建立品牌

台灣半導體製造業應建立具有我國特色的品牌地位，樹立消費者心中形象（品牌即品質保證），以提升台灣半導體產業地位。

(5)技術

晶圓製造的製程技術不斷翻新與突破，分工愈趨細密，技術愈趨複雜，製程技術的開發，成本也因而快速上升。業者必須領先推出高元件、高集積度、低成本製程技術，才有大幅獲利的可能。所以，我國晶圓代工的業者必須從製造技術接收者的角色，轉為製程技術的提供者。未來技術發展有四大趨勢，分析如下：

① 12 吋晶圓

晶圓製造資金成本相當高，興建 12 吋晶圓廠的最主要效益，在於能夠提高晶圓上晶粒的產出數量，以降低晶片製造成本。拿 12 吋

晶圓面積為例,它是 8 吋晶圓的 2.25 倍,單位成本可以大幅降低。

②線距縮小

目前的製程技術已經走向 0.13 微米,甚至實際應用奈米技術。如果良率能夠提升,代工廠因為線距縮減的效益,將更高於晶圓尺寸的變化。

③由鋁製程轉換到銅製程

用銅取代鋁的主要好處,在於電阻值的減小,並提高電路中的信號傳遞速度。其次,銅可降低金屬導線斷裂的可能性,較鋁來得更為有效。

④系統單晶片

「輕、薄、短、小」是產品發展的趨勢,這個趨勢在半導體產業也是如此。尤其為了進一步降低成本、縮小體積,目前系統單晶片的設計已逐漸成為趨勢。

3.封裝、測試

封裝測試業在整個半導體產業的價值鏈中,具有人力與資金需求高、技術門檻較低的特性。不過,隨著元件設計與功能日趨複雜,因此測試及封裝需要更先進的技術。現階段國內封測產業雖針對市場上不同的應用產品,發展出各式各樣的封裝型態,但實際作為晶粒與外界電路連接的方法,僅有銲線(wire bonding)、捲帶式自動接合(TAB),以及覆晶(flip chip)三種封裝技術。

前段測試的主要內容包含：

(1)測試：透過 T1（常溫測試）、T2（低溫測試）、T3（高溫測試），以篩選品質不符合的產品。

(2)預燒（burn-in）：加速產品老化至平穩期，提早發現品質不穩定的晶片。

(3)以抽樣統計的技術來確認測試後的產品品質。

至於後段測試的主要內容則包含蓋印（topside）、外觀檢驗（lnspection）、包裝（packing），依其測試的晶片等級加以分類蓋印與檢驗、包裝。

測試廠是幫客戶做品質把關的工作，在測試過程中若發生產品良率低於客戶要求標準時，會被工程單位停滯（hold），以便由工程單位進一步做產品問題分析，而且會持續到確認問題後，才會繼續進行下一個測試製程。若因品質被判定不可接受時，會將該批產品留置在製程中，而另外去進行特殊測試流程（SWR），來分析品質上的問題；有時甚至會被工程單位判定須重新測試（rework）該批產品。但無論前段晶圓製造廠、封裝廠製程是多麼的不穩定，任何產生壓縮訂單前置時間、測試批停滯（hold）、迴流性製程及訂單到貨日等不確定等問題，半導體測試業都必須完成對客戶交期的承諾，這也就增加了 IC 測試廠生產排程的複雜度。所以，如何提高機器產能、機器的使用率、高度的服務品質，便是該產業成功的關鍵要素。

第五節 我國半導體產業的優勢與威脅

從半導體產業的架構來看，我國的半導體產業，的確有別於其他先進國家。從初期以台積電（TSMC）為首的專業代工開始，一直發展到目前 IC 產業，從上游至下游的專業分工，整體的產業結構，可說是相當的完整。該產業總產值在 2004 年，已突破兆元大關，達 1 兆 99 億元之多。而且目前有 10 座 12 吋晶圓廠，進入量產階段，另有 8 座建置中，8 座規劃中，遠遠超過美、日、韓的規模，成為全球 12 吋廠最密集的地區，所以台灣已成為全球晶圓製造的重鎮。全球第 1（台積電）及第 2 大（聯電）IC 製造公司，第 7 大 IC 設計公司（聯發科），全球第 1（日月光）及第 3（矽品）的封裝測試廠，均在中華民國。

一、產業優勢

台灣垂直分工的發展，形成全球第一的晶圓代工產業、封裝測試產業及全球第二的 IC 設計產業。除全球最完整的半導體產業聚落結構的優勢外，我國半導體產業尚有五點重要的優勢。

㈠成本

台灣的半導體產業最大的競爭優勢，在於經營階層的靈活彈性與

成本控制力。成本的控制，主要在製造過程中不斷提高產品的良率度。良率愈高就代表利潤愈佳，若與其他歐美國家競爭對手比較，在相同的製程裡，我國產品的良率明顯高於全球其他競爭者。

(二)人才

半導體產業持續成長，有兩個主要的動力，一為製程的微縮，二為晶圓尺寸的擴大所帶來規模經濟效益。這兩方面都依賴相關人才，方能達成。

國內高等理工教育普及，為半導體產業奠定了基礎。復又因國內 IC 工業已具備國際競爭力及獲利頗豐、地位受重視的情形下，因此吸引更多優秀人才投入，形成良性循環。

(三)資金

雖然新廠投資金額日益龐大，不過在前景看好的狀況下，仍有大廠前仆後繼，例如，台積電、聯電、力晶都積極擴建 12 吋晶圓廠，並研發 45 奈米製程技術。

(四)支援產業

我國半導體產業具高度分工的專業體系，地理群聚效果顯著，可在最短時間內集中上、下游資源，投注於本身所熟悉的領域。

(五)政府政策

政府持續的政策支持與賦稅優惠，營造很好的產業環境。再加上目前政府大力支持的薄膜液晶電視產業，也有可能使半導體產業更上

一層樓。例如，面板愈做愈大，半導體愈做愈小的特性。現在友達的驅動 IC 用量，幾乎用掉一整座 8 吋晶圓廠產能，在面板愈做愈大的趨勢下，IC 用量只會多，不會少，未來晶圓廠的產能需求，也一定會愈來愈高，而成為另一股帶動晶圓代工的商機。

近年來 IC 產品功能日趨複雜，製程愈微縮精密，機台設備投資過於龐大，許多國際整合元件大廠，勢將陸續委外製造，而封製測試方面，亦將有一半委外生產。這對半導體產業結構完整的我國而言，將是一項利多。

二、產業威脅

我國半導體產業的相關設備與零組件，其自製率甚低，在半導體產業競爭激烈，及昂貴的投資設備等因素下，我國半導體產業面臨極大的成本競爭壓力。

此外，尚有以下 8 點威脅：

(一)低價搶單

台灣的電子產業主要以承接國際大廠的委外訂單為主，一旦遇到競爭對手，以更低價搶單或市場需求萎縮，獲利立刻就被壓縮。尤其 DRAM 目前景氣下滑，許多大廠的營運都出現虧損，如茂德、力晶。

(二)需求減緩

美國市場研究公司對 2008 年半導體的營收預測，將有大幅調降的可能。

儘管我國業者在資訊應用產品的表現優異，但因 PC 成長率逐年趨緩，市場規模成長幅度有限。

(三)關鍵技術薄弱

除製程及封裝能力外，我國半導體產業無法掌握關鍵技術及產品發展趨勢，尤其是尖端產品設計、研發技術十分薄弱，又欠缺專利談判籌碼，智財權問題已日漸顯現中。所以我國廠商應掌握關鍵技術，提升研發能力，如此才能避開技術母廠束縛的威脅。

(四)材料依賴度高

晶圓代工主要原料為矽晶圓，國內晶圓廠所需矽晶圓材料絕大部分仰賴進口，也就是在結構上已經受制於人。其中日本占 73.8%，其次為北美占 17.8%，西歐占 8.1%。

(五)公司實力不足

我國大多數公司規模小，缺少經濟規模，風險承擔力弱。縱使是大公司，在行銷、通路方面，以及國際化等經營實力方面，仍嫌不足。例如，台灣 IC 設計業資本規模小於 5 億元的公司占八成，年營收規模小於 10 億元的公司近九成。

(六)人力資源

半導體產業前端的設計，屬知識密集，然而我國卻出現前端高階研發人才不足。後端的封裝、測試業，是屬於勞力密集的產業，又出現能夠從事相關技術勞工及人力資源短缺，因此運用外勞比例過高。

㈦半導體產業污染

半導體產業所造成的環境衝擊，包括了水污染、空氣污染、廢棄物處置問題、有毒化學物質排放，及水資源消耗問題等等。相較於傳統的產業，其特殊部分的污染事實上更為複雜且難以處理，往往單一製程卻有多項的環境衝擊效果；更甚者，因其產業性質具關聯性，往往由於產業垂直性的分工，廠商多設廠於同一區域，如工業園區，在環境污染的處置上更形複雜，使得環保工作的推動困難度更高。

㈧中共的挑戰

在 2006 年之前，台灣的晶圓代工與設計業產值仍領先中國大陸業者有五倍之多，但是在中國積極複製台灣的產業群聚與產業鏈，並透過政府在規格制定上搶占優勢，終將直接衝擊台灣 IC 產業在全球的地位。

第六節　因應戰略

半導體產業為我國「兩兆」產業之一，晶圓製造與封裝測試皆位居全球首位，IC 設計也居全球第 2 位，在世界具有舉足輕重的地位。若有適當的發展戰略，定能強化產業機會，結合我國產業優勢，壓解外在環境的威脅，與內在的困境。

一、以設計為中心

建構以 IC 設計為核心發展的產業結構，發揮在數位設計技術和 CMOS 製程能力的優勢，加強高頻、無線通訊、類比設計能力以及系統人才，進而結合產學方面的能力，共同建立 IC 設計平台，提供完整 IC 設計資源，供 IC 設計業使用。如此必能提高 IC 設計業之生產能力與效率，並可吸引全球設計公司，使用台灣IC方面的智慧財產。如此不但可使台灣成為全球 IC 的設計中心，更可發揮產業關聯的效果，以提供晶圓專工廠產能及供應系統廠商 IC，促進產業升級。

二、加速研發與技術合作

以半導體的前端而言，我國設計業者向以數位相關的資訊 IC 設計見長，但對類比、RF 和系統等技術設計人才至今仍相當缺乏。這可藉聯盟、技術移轉、併購等方式，投入系統單晶片的發展。不過，國內在系統單晶片環境的發展和技術先進國相比，仍屬落後階段。未來台灣 IC 設計業者勢必投入更多研發資源，或外求先進技術，轉進更高利潤的新市場或新產品開發。這樣的道理同樣適用在半導體中端的 DRAM，因為每個記憶單位價格每年就下降 30～35%，不研發幾乎就沒有永續經營的空間。

三、強化創新

近年我國的設計業者，加緊研發系統單晶片產品，舉凡目前的 CPU、網路晶片、PC 晶片組或嵌入式記憶體晶片等，均已看到晶片整合的趨勢。整體而言，以台灣的 IC 設計環境而言，過去向以資訊 IC 技術發展最為成熟，業者研發的產品，差異化程度多半不高。因此，無論就產品、技術、人才培育或應用市場方面而言，加強創新能力均是台灣業者持續努力的方向。

四、重視客戶需求

半導體測試產業技術逐漸成熟，競爭壓力升高，各半導體測試廠除了要提升自身的競爭優勢外，能否準時交貨、即時上市（Time-to-Market），亦是重要且不容忽視的主題。

五、策略聯盟

策略聯盟的基本目的，主要在增強企業本身的競爭優勢，或尋求競爭性平衡。這項優勢可再細分為：效率導向（如分擔成本、風險）、競爭導向（強化現有策略地位），與策略導向（擴大既存策略地位）等三大類。由於半導體產業投入資本龐大，產品生命週期短，市場變化快，因此，為降低經營風險，可以用技術合作的方式進行國際策略聯盟。在聯盟中，雙方各自貢獻在研發、製造或行銷上的專

長，聯合出擊，爭取整體的競爭利益。所以，策略聯盟的整合能力，其優點有：

1. 充分掌握零組件供應體系。

2. 共同分擔新技術開發的龐大經費。

3. 將半導體設備之產品與服務，納入整體的系統。

在全球半導體事業中，微處理器（CPU）與動態隨機存取記憶體（DRAM）兩項產品，是電腦廠商最迫切需要的關鍵性零組件。DRAM 事業的技術來源也相當重要，這也是國內各財團陸續加入 DRAM 事業時，都必須尋求國際大廠合作的主因。

六、與國外大廠分工

積極引進國外設備業者來台投資，投資重心應放在研發關鍵零組件，關鍵技術。若能如此，則可爭取國外先進技術，增加國際消費市場的占有率。此外，國內 IC 產業可採與國外大廠分工的策略，以提升國內 IC 產業的國際競爭力。

七、善用各地區資源

就半導體產業發展眼光來看，台灣在資訊 IC 方面的技術，已奠定相當不錯的基礎。若能以此為根基，發揮「虛擬整合」管理能力，在全球化區域分工的潮流及趨勢中，採取台灣接單全球化生產的經營模式，善用全球各地區具比較利益的資源，以提升競爭力，擴大利基。例如，大陸目前仍停留在技術層次，較低階的消費性電子產品相

關設計，因此台灣可憑藉較佳的數位設計技術和系統整合優勢，與大陸發展出上、下游互補關係的專業分工方式，將低階產品設計交由大陸進行；至於台灣，就轉往更高附加價值產品及系統技術開發，形成兩岸分工。

八、吸取他國發展經驗

「他山之石，可以攻錯」，日本半導體本土設備工業曾以逆向工程（Reverse Engineering）的方式，快速發展其半導體產業。它是透過向美國購買美製最先進的設備，即尚未經過β-Site 測試的雛型機，再拆裝分解研究。以此為基礎，研究人員再努力改善此雛型機，使成為更先進的製程設備。這個戰略的主要目的，就是要免除從頭摸索的時間，以達快速提升國家半導體的競爭力。

九、選擇具比較利益的生產基地

後進晶圓代工業者對台灣業者的威脅還是在於價格競爭，因此，台灣除持續往 12 吋廠和高階製程技術投資，藉以拉大與後進者的差距外，也應積極拓展勞動力低廉且教育普及的市場。就長遠看來，我國專業晶圓代工廠赴這些地區投資卡位，已是必然的趨勢。

十、擴展市場

中國已是全球最大的半導體區域市場，在市場年增率超過 20%，

而中共 IC 自給率不及 20%以下，中國已成為全球晶片業者亟欲切入的重點市場。

　　台灣設計業者可藉優勢的設計技術，爭取和大陸地區的系統業者合作訂立規格，並進行開發數位消費性電子產品。另一方面，台灣則可陸續將低階設計釋出，利用高低階分工，善用全球各地軟體和複雜度低的後段設計服務人才資源，台灣則可將有限資源集中在高階方面的設計。

十一、垂直分工

　　垂直分工策略可有效率整合上、下游供應鏈，增加製造生產上的靈活性，以因應市場多元化需求。此時我國已擁有完整且獨特的上、下游廠商供應鏈，故能在國際間立足。

十二、有效運用資金調度

　　此外，企業運用國內外健全、活躍的籌集資金市場，有效運用資金調度，如此可使 IC 廠商易於取得高額資金，增加整體 IC 產業的規模與國際競爭優勢。

十三、強化危機管理

　　產業必須具備危機管理的能力，才能提高需求減少之際的存活率。

第十章　光電產業

　　光電產業產品應用範圍，已涵蓋通訊、資訊、生化、醫療、能源、消費等領域，其市場商機極具潛力。各國廠商莫不摩拳擦掌相繼投入，因此光電產業已成為二十一世紀，最具有代表性的主導產業。當前台灣擁有極佳的元件、模組及產品的生產機制，且已逐漸成為世界重要的生產重鎮。對台灣來說，光電將是繼半導體之後，有可能建構台灣成為光電王國的新產業。

第一節　光電產業範圍介紹

　　2007 年台灣光電產業的產值，首度突破 2 兆元新台幣，達 2 兆 665.52 億元，全球市占率達 17%，所以光電產業已成為我國的明星產業，但到底什麼是光電產業呢？光電產業係指製造、應用光電技術之元件，以及採用光電元件為關鍵性零組件之設備、器具及系統的所有

商業行為。

　　光電技術是資訊時代的技術基礎，它主要依賴於電子和光子科學的發展，並結合機械、電子、電機、光學、量子學及材料科學等基礎科學，應用於資訊的顯示、儲存、輸出入以及傳輸，衍生出光電顯示（Optical Display）、光學儲存（Optical Storage）、光輸出入（Optical Input & Output Devices），及光纖通訊（Optical Fiber Communication, OFC）等領域，並依據市場之需求，於各領域中發展出形形色色的產品。各項產品或以單一產品之型態，或結合於資訊及消費性電子產品當中，普遍出現於人類生活周遭。如今，光電科技已成為帶動產業發展不可或缺的基礎科學技術之一。

　　光電產業早期多偏重於航太與國防領域的開發，自 1990 年代以來，光電技術突飛猛晉，光電產品應用領域的層面亦擴及其他產業。根據美國光電子工業發展協會（OIDA）將光電產業組成，分類如下：

(一)光通信設備

　　包括光纖與光纜及預制棒、光纖通信設備，與系統、光有源器件、光無源器件、光儀表、有線電視光分配網、光交換系統、全光通信網絡系統。

(二)資訊光學設備

　　光學處理裝置、記憶存儲器件、條碼機、打印機、圖像處理、網路、傳真、顯示器等。

㈢非軍用交通設備

自動顯示內部文件、交通控制系統、光導航設備、駕駛艙顯示系統、雷射雷達測干擾系統、光學陀螺儀等。

㈣工業／醫療設備

機器人視覺、光學檢測和測量、雷射加工、非雷射醫療設備、雷射光器等。

㈤軍用設備

光纖地面和衛星通信系統、航空／航天偵察系統、雷射雷達系統、光學陀螺儀、前視紅外元件、夜視儀、軍用導航系統、雷射武器等。

㈥家用設備

電視、視頻攝像機、數碼相機、CD/VCD/DVD 機、家用傳真、可視電話、顯示屏、報警系統等。

本節將光電產業的範圍，大致可劃分為六大類，分別為：光電元件、光電顯示器、光輸出入、光儲存、光通訊、雷射及其他光電應用等。下列將其簡單的作一敘述。

一、光電元件

發光元件有發光二極體（Light Emitting Diode, LED）與雷射二極

體等。

(一)發光二極體

發光二極體的種類繁多,依應用而言,大致可分為照明(可見光)及檢測控制(紅外線)兩類。隨著高亮度及白光發光二極體的技術日趨成熟,使得發光二極體產品壽命長、驅動電壓低、反應速率快、耐震性佳,並配合各種產品輕、薄及小型化之需求,使用發光二極體的前景看好,並且極具取代目前照明裝置的潛力。

發光二極體的產業是台灣光電產業中最具競爭力的產品之一,它僅次於日本、美國,排名世界第三,也是我國光電產業建構最完整的項目,現在已成為全球可見光 LED 下游封裝產品的最大供應中心。由於該產業發展迅速,未來台灣不但會超過美國、趕上日本,進而成為 LED 全球產值產量第一的國家。

表 10-1 我國 LED 產業結構表

	主要材料	材料來源	產　品
上游	單晶片	100%國外進口	磊晶片
中游	磊晶片	90%以上國外進口	晶粒
下游	晶粒	98%國內供應	燈泡型 LED、數字顯示 LED、點矩陣顯示器
	樹脂、導線架、模具	100%國內供應	
	金線、銀膠	100%國外進口	
應用	燈泡型、數字顯示、表面黏著及點矩陣等 LED	主要由國內供應	顯示幕、煞車燈、交通號誌、紅外線應用產品

　　發光二極體發展至今已有二十多年的歷史。早期由下游封裝產業開始，然後往中游晶粒、上游磊晶片發展，周邊支援產業也逐漸建立。不過，上游仍是產業結構中最脆弱的部分，主要關鍵是製程技術沒有突破。不過，最近已陸續有多家廠商投入上游的產業，因此使得整個產業結構日趨完整。

(二)光被動元件

　　是與光、電無關的零組件，其種類相當多，其中光連接器（connector）、光耦合器（coupler）、光隔絕器（isolator）所占產值較大，約占光被動元件80%的市場。依目前產量來看，日本、美國仍是主要生產地區，日系廠商掌握原材料供應；至於製造方面，由於光被動元件在所有光通訊產業中技術層次最低，進入障礙不高，雖然毛利相對較低，但頗適合以量取勝的我國業者投入。

1. 光連接器

　　是一種裝在光纖終端的機械裝置，可重複用來作光路徑連接，一般可分為單模及多模連接器。而光纖跳接線則是一條兩端都有連接器的光纖，可作為光路徑跳接用。

2. 光耦合器

　　又稱分歧器（Splitter），是將光訊號從一條光纖中分至多條光纖中的元件，其中以熔接式產品占九成最大，在電信網路、有線電視網路、用戶迴路系統、區域網路中都會應用到。

3.光隔絕器

光纖傳輸系統中有時只允許一個方向光波通過，此時便需光隔絕器來阻止不需要的光訊號。光隔絕器基本上是國際大廠的天下，近幾年國內廠商在工研院技術支援下，漸有自己的研發產品，但關鍵零組件仍仰賴進口。未來在國際大廠釋出OEM訂單，較有實力的業者應能由組裝逐步走向產品開發。

(三)光主動元件（Initiative Component）

光主動元件是將光能轉化為電能，或將電能轉換為光能，以及將光放大的元件。它包括光發送器（transmiter）、光接收器（receiver）及光放大器（smooth amplifier）。根據 ElectroniCast 預測，光主動元件市場成長性相當看好，但光主動元件需要較大的投資金額，技術門檻又較光被動元件來得高，需要投注很長的時間與資金，這些都是台灣廠商的致命弱點，故現階段投資績效遠不如光被動元件。光收發模組包括兩個次系統，分別是光源與檢光器，前者用作訊號發射，後者用作訊號接收。而光源更是光收發模組的關鍵元件。

(四)雷射二極體（Laser Diode, LD）

雷射二極體（laser diode）又稱半導體雷射（semiconductor laser），它是光電產業中極重要的關鍵性元件。其原理與發光二極體（LED）相似，但其利用激發放射（stimulated emission）的方式，所發出來的發光，強度遠較 LED 為光亮。具有體積小、耗電少、反應快、耐衝撞、壽命長、效率高及價格低等優點。於光電系統產品中，廣泛被應

用在民生消費、資訊、通訊各領域，其中尤以光儲存的用量最大（90.93%），而市值最大則屬通訊領域（63.38%）。由於製作精細，技術層次高，生產設備昂貴，元件價格卻低廉，這是我國未來極重要的明星產業。

1. 分類

雷射二極體可依波長及發射光方向等兩種方式說明。

⑴波長

可分為短波長雷射、長波長雷射、垂直面射型雷射（VCSEL）及高功率雷射二極體。但主流仍以短波長與長波長雷射等兩大類作為區分，短波長雷射（發光波長由 390nm 至 950nm 之雷射）主要使用於光碟機、雷射印表機、條碼機、掃描器及指示器等光資訊及顯示應用，至於目前所使用的 CD-R 或 CD-ROM 光碟機等光資訊所使用的，都是屬於短波長雷射二極體；長波長雷射（發光波長由 980nm 至 1550nm 之雷射），主要用於光纖通訊。

⑵發射光方向

雷射二極體依其發射光方向，可分為傳統邊射型（EELD）與面射型（VCSEL）雷射。其中 VCSEL 是較新的技術，直到 1997 年才由 Honeywell 開發出第一個商品化產品，其因光腔短，故臨界電流較低，所需操作電壓較傳統 LD 低，且元件壽命長，具有不少優點，故未來甚具發展潛力。而傳統邊射型依製程，大致可分成磊晶（epiwa-fer）、晶片（chip process）、TO can 及雷射次模組（OSA，包括

TOSA、ROSA）等。

2.市場說明

雷射二極體市場應用概況，不管是上游的產業或下游的製造運用，幾乎所有台灣廠商投入雷射二極體的時間，大多不超過 5 年。根據 Strategies Unlinited 資料，從 1999 年至 2004 年間，全球 LD 的市場規模可由 29.2 億美元成長到 76.3 億美元，年複合成長率可達到 20% 以上。主要應用市場在光通訊與光儲存，其中光通訊方面產值最大，其他應用領域也不容忽視，諸如材料處理、醫學治療（如軟組織切割）、儀器應用、娛樂、影像紀錄、條碼閱讀等，都涵蓋在其範圍內。台灣在整個雷射二極體產業供應鏈環節上所擁有的產業優勢，便是快速導入量產及低成本的製造優勢。LD 循此模式發展趨勢已成，只是那些廠商能在朝大量、降低成本生產方面具有競爭優勢，而單一製程階段發展的廠商則應朝高附加價值產品來發展。

二、光電顯示器

自 2004 年開始，平面顯示器（Flat Panel Display; FPD）產業逐漸走向一個重大的分水嶺，那就是整體產業；從以個人電腦為中心的時代，轉換成以電視為生產重心的時代。隨著平面顯示技術的逐漸成熟，光電顯示器的產業，已然成為眾所矚目的焦點，而在持續不斷的研發投入之下，許多新興的光電顯示技術也日趨成熟。2005 年，光電顯示器的產值突破兆元，比 2003 年的 2,689 億台幣大幅超過 3 倍。

光顯示領域包括大型 TFT LCD 面板，中小型 TFT LCD 面板、

TN/STN LCD 面板（蛋成熟產品），與有機 LED 面板。光電顯示器中的明星產品，首推 LCD（Liquid Crystal Display）液晶顯示器。產品涵蓋範圍有：手機、數位相機、數位攝影機、遊戲機、汽車導航系統等，使用的中小尺寸液晶產品需求強勁帶動。由於液晶顯示器具省電、無輻射、體積小、低耗電量、不占空間、平面直角、高解析度、畫質穩定等優勢，所以勢必對監視器產業，居獨占地位的映像管，帶來莫大的衝擊。LCD 產品所要求的品質愈來愈高，例如 TV 對比，由 600 變為 1000 以上，且尺寸有趨於大型化的趨勢。

　　TFT LCD 的產業競爭力，取決於上游材料的高自製率、中游面板的技術能力，以及下游應用市場的多樣性。就產業關聯的角度而言，面板廠用的鋼鐵量非常大，奇美電子及同業規劃中的第六、七代廠一旦開工，對鋼鐵業有很大的助益。例如，友達在台中科學園區一座六代廠的鋼筋用量，正好等於建造台北 101 大樓的鋼筋用量。未來每一年都將有三至四座六代或七代面板廠投入興建，這就等於面板產業每一年都會創造出三至四座台北 101 大樓的鋼筋用量。此外，面板產業結合了化學、半導體及組裝等三種特性，所以面板產業必須引入的化學材料、光學元件……等配套產業的投資額，如現在友達的驅動 IC 用量，幾乎用掉一整座 8 吋晶圓廠產能。薄膜電晶體液晶顯示器產業，將可形成台灣另一個帶動產業起飛的火車頭。

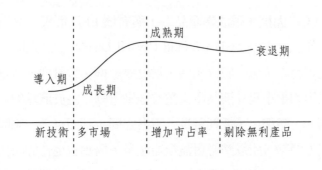

圖 10-1　產品生命週期與發展策略圖

三、光輸出入

光輸出入的主要產品有影像掃描器、條碼掃描器、雷射印表機、傳真機、影印機、數位相機等。在光輸出入領域裡，數位相機與投影機市場特別蓬勃發展，所以將其作一說明。

(一)數位相機

在各類資訊電子產品中，數位相機堪稱目前由成長邁向收成的產業，其未來性與發展也被各界一致看好。我國數位相機產業在 2003 年的第一季仍維持以往的高度成長，產量高達 265.8 萬台。

數位相機產品結構可以說是朝兩極化的發展趨勢進行，而不論高階與低階的市場區隔，都正在快速成長階段。在低像素市場中，以 35 萬像素相機為市場主力。國內廠商目前已有足夠能力生產此級相機，而此區隔在短期內亦有相當大的成長空間。另一方面，利潤較大的百萬像素以上市場，亦是整體市場成長的重點，其在全球市場的銷售，

比重不下於35萬像素的低階相機。由於此級市場產品技術層次較高，2000 年國內許多廠商已有能力投入此區隔。隨著全球市場的脈動，百萬像素以上的機型，其實應可再細分為 100 萬像素、200 萬像素及 300 萬像素以上等區隔。

(二)投影機產品（光輸出）

投影機主要構造部分可分為光源系統、分合光系統、顯示元件（包含光閥與相關零組件）、電子電路及電源系統。投影機由於價格昂貴且體積龐大，過去主要的用途都是使用在企業、政府機構中的簡報，以及學校市場中的教學上，但是隨著投影機技術的不斷精進，體積小且價格實惠的投影機陸續問市，改變了原本以商業和教育用途為主的市場，愈來愈多的家庭選擇以投影機來當作家庭娛樂的顯示工具。2003 年第一季，投影機產業就在家用市場的逐漸興起帶動下，呈現了蓬勃的發展。

四、光儲存

光儲存產業為我國光電產業中第二大的產業（僅次於平面顯示器產業）。光儲存產業分為二大部分，一為光儲存媒體（所謂的光碟片），另一為儲存裝置，以資訊產品與消費性產品作區分，資訊產品即所謂的光碟機，可分為五類，分別是CD-ROM、DVD-ROM、CD-RW、Combo 機種及 DVD-Rewritable。消費性產品則包括了 CD、VCD、DVD 撥放機，與 DVD Recorder、DVD 遊戲機等。在光學儲存領域裡，新舊世代產品更迭主宰市場，而數位多功能光碟（Digital

Versatile Disc, DVD）播放機則絲毫未受全球經濟不景氣的影響，成為消費性電子市場中成長最為快速的產品，這主要是因為它在 3C 領域（電腦、通訊、消費性）有極大的應用潛力。

光碟機主要由二大部分組成，一為讀取機構，包括光碟機讀取資料及碟片承載裝置；另一為控制電路，包括伺服控制、資料讀取及電腦傳輸介面。光碟機（Compact Disk Driver）係利用直徑小於 1 微米的雷射光點用以記錄與讀取資料之設備。由於雷射光在記錄與讀取光碟片資料時，不會對光碟片造成磨損傷害，資料保存時間較軟、硬式磁碟片長，且具有容量大（高記錄密度）、壽命長、體積小、攜帶方便、成本低、可任意抽換，且讀取時不受表面灰塵影響等優點，使用範圍相當廣泛，可記錄和讀取文字、圖形、影像、聲音視訊及動畫等資料。光碟機可依其應用技術原理分為唯讀型（Read Only）光碟機、可寫一次型（Write Only）光碟機及可重複讀寫型（Rewritable）光碟機三種類別。

光碟機在市場的最新型態產品是 Combo（DVD ROM＋CD-RW 之混合機種），其功能不僅可符合使用者對讀取 CD、VCD 及 DVD 的需求，亦可達到燒錄、儲存資料的目的。

五、光通訊

光通訊領域包括光纖光纜、光主被動元件（發光元件、檢光元件）與光設備等三部分。

光纖通訊是以光纖、光纜為主軸而發展出與光纖產品相關的市場，並衍生出元件市場與設備市場。光纖自 1970 年代問市以來，其

表 10-2 光電產品界定範圍

大分類	中分類	項目
光電元件	發光元件	雷射二極體、發光二極體
	受光元件	光二極體與光電晶體、電荷耦合元件、接觸式影像感測器、太陽電池
	複合元件	光耦合器、光斷續器
光電顯示器		液晶顯示器（LCD）、發光二極體顯示幕（LED Display）、真空螢光顯示器（VFD）、電漿顯示器（PDP）、有機電激發光顯示器（OELD 或 OLED）、場發射顯示器（FED）
光輸出入		影像掃描器、條碼掃描器、雷射印表機、傳真機、影印機、數位相機
光儲存	裝置	消費用途、資訊用唯讀型、資訊用可讀寫型
	媒體	唯讀型、可寫一次型、可讀寫型
光通訊	光通訊零組件	光纖、光纜、光主動元件、光被動元件
	光通訊設備	光纖區域網路設備、電信光傳輸設備、有線電視光傳輸設備、光通訊量測設備
雷射及其他光學應用		雷射本體
		工業雷射
		醫療雷射
		光感測器

資料來源：光電科技協進會，2000 年。

技術與市場發展已逾 30 年，近幾年來網際網路風潮使得全球通訊量
激增，全球電信市場自由化使新電信建設龐大，通訊方式多元化如傳
真、行動電話、電腦等成為通訊媒介，間接使通訊量增加。在上述的
因素下導致人類對頻寬的需求迫切，而光纖通訊以其超高頻率、高容
量、低傳輸損失、不受電磁干擾等優勢，取代傳統雙絞線傳輸成為二
十世紀末及二十一世紀通訊傳輸的主流。

六、雷射及其他光學應用

雷射及其他光學應用可涵蓋四個領域：雷射本體、工業雷射、醫
療雷射、光感測器。至於雷射器方面包括：非半導體雷射器（應用於
加工、醫療、儀器、裝飾顯示、圖像、條形碼掃描、敏感技術、測
控）；半導體雷射器（應用於加工、醫療、光學資訊存儲、通信、裝
飾顯示）。

第二節　光電產業的發展特質

光電產業是跨領域的科技產物，應用範圍極廣，產品生命週期
短，資金密集，技術層次高，製程複雜，風險高，發展過程非常複
雜，但由於前景看好，產業關聯度也高，目前已成為我國產業發展的
重心所在。下列將其特質分述如下。

一、跨領域的科技產物

　　光電產業是結合光學、化學、物理、材料科學、電子、電機等技術所成功整合而成的高科技產業。

二、應用範圍廣

　　光電產業的產品內容很多，譬如影像掃描器、監視器與 LCD 監視器、鍵盤、滑鼠、CD-ROM 光碟機、CD-R 光碟片……。隨著光電在通訊、網路、多媒體等領域應用日趨普及，使得光電科技滲透到通訊、資訊、生化、醫療、能源、民生工業等領域，進而可能改變現行的傳統作業型態，可以預見新世紀將是光電產業的世紀。

三、產品生命週期短

　　光電產業中 LED、數位相機、CD-ROM 光碟機、CD-R 光碟片、LCD 顯示器等，皆屬快速蓬勃發展的階段。不過，這些產品的生命週期都非常的短，以 DVD-ROM 產品的生命週期短為例，大約只有 3 到 6 個月就有更高倍速產品推出。

四、資金密集

　　光電產業是高度資本密集的產業，資金不足是很難跨入這個領域

的。以建造一座 TFT LCD 廠為例，所需的資金約為 150～200 億左右，此金額略低於建造一座 8 吋晶圓廠所需的資金相當（約 8 億美金），其中購買設備就花費將近 130～150 億元左右，再加上 30～40億左右的技術移轉金，因此聯貸與現金增資，就成為國內面板製造廠重要的資金來源。

五、技術層次高、製程複雜

光電產業製程十分繁複，每一階段皆有可能因操作不熟練而降低產品的良率。事實上，除了光電本身的技術，還需要物理、材料、半導體製程等領域的專業知識，這是環環相扣的，技術層次極高。

六、風險高

產品世代交替速度快，業者負擔價格下滑的風險也大。例如，每提升倍速，價格就更快速下滑，因此各廠商必須不斷淘汰利潤低的低倍速光碟機，推出更高倍速的光碟機，以獲取較高的利潤。這種現象也同樣出現在數位相機。當低階機型數位相機價格持續大幅下滑，使得企業獲利空間明顯減縮，為了生存，該產業必須快速轉往附加價值較高的畫素。否則，這種不斷發展的結果，稍有不慎，就有被市場淘汰的可能。

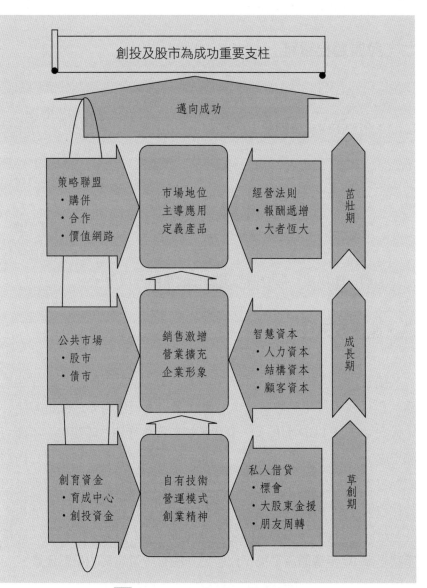

圖 10-2　光電產業發展過程

七、發展過程複雜

光電產業要能成功，大致要經過三個階段：

- 第一階段是草創期，資金及技術扮演絕對關鍵的角色，兩者缺一不可。
- 第二階段屬於銷售激增的成長期，企業的形象、智慧的資本、資金取得的速度，是經營的必要條件。
- 第三階段是茁壯期，企業必須注意經營法則，以達規模經濟。方式上可以透過策略聯盟的方式，迅速擴大市場，取得最新技術。所以這一個時期的重點在於策略的運用。

八、產業政策核心

儘管我國目前已是全球筆記型電腦，以及監視器最大的代工生產國，但是我國每年仍需自日本、韓國進口上百億台幣的關鍵零組件（大尺寸 TFT LCD 面板）。若我國能自行生產這些零組件，不僅可滿足龐大的國內需求市場，另一方面亦可消弭因關鍵零組件進口所造成對日本龐大的貿易逆差。所以，政府對於光電業的零組件實踐進口替代政策，不啻積極鼓勵廠商設廠，生產大尺寸的 TFT LCD 面板，甚至政府本身也投入龐大資源在這個產業。所以，我們可以說，光電產業是繼 IC 半導體產業後，政府另一個有計畫建構的重點產業。

第三節　光電產業的挑戰與威脅

雖然光電產業前景看好，但並不代表發展的過程沒有挑戰與威脅。也正因為這些挑戰與威脅，就更加突出我國企業家所具有的特殊奮鬥精神。

一、需求劇減

2008 年的下半年，由於全球經濟不景氣，特別是美國的金融風暴使得全球光電產業整體的需求劇減，相關產值也呈現衰退的現象，因此不但削弱了我國該產業對這些地區的出口，同時也使得該產業的發展，受到一定程度的阻礙。

二、生產依賴度過高

目前許多台灣的光電廠商均在大陸設有生產據點，包括光碟機、數位相機、掃描器、光通訊、顯示器等廠商，均已陸續投入西進行列。其中部分台商在大陸的產品生產比重已超過50%，如台灣光碟機廠商在大陸生產的比例超過 90%，數位相機已超過 80%，而掃描器亦超過 80%。

由於人民幣的升值、「勞動合同法」及出口退稅降低，繳交保證

金等措施，部分工廠勢將面臨停工的可能，全球經濟也將會雪上加霜，台灣的經濟自然會受到影響，光電產業自難逃脫。儘管短期方面，家庭娛樂產業中相關的光電產業有獲利的可能，如 DVD 影音播放機、遊戲機或電腦網路等產業，但長期而言，在生存的前提下，銷減支出的第一個項目就是娛樂產業。

三、智慧財產權障礙

台灣發光二極體產業，材料結構專利已為世界大廠所有。事實上，智慧財產權的專利問題，在光電產業非常明顯。在面臨智財競爭壓力下，我國光電產業亟須專利作為布局籌碼。目前不論 CD-ROM、DVD-ROM、CD-RW 等光碟機產品，業者出貨時均須繳交一定比例或金額的權利金予規格制定的聯盟廠商。在受限於專利、高額權利金、支援軟體不足、關鍵零組件無法自主的情況下，我國光電產業在發展速度上顯然受到重大阻礙。

四、未能掌握關鍵零組件的技術

我國光電產業近年來蓬勃發展，但產業在發展過程中，國內光電製程及周邊設備均以國外進口為主。以 DVD 光碟機的關鍵零組件為例，其中包括主軸馬達、控制晶片、光學讀取頭及 DVD 光碟片等，大都均受制於人。最主要是因為台灣由於早期通訊工業受到嚴格的管制，不管在基礎建設與人才培訓方面皆遠落後於國際大廠。光纖通訊產業更因為起步晚，再加上產業上有電信法規、資本密集、專利技術

等障礙，使得我國業者競爭力薄弱。

五、人才嚴重不足

　　以發光二極體產業為例，有機金屬氣相磊晶生長爐，生產製程和磷化鋁鎵銦及氮化銦鎵等產品結構，我國相關的設計研發人才嚴重不足。據經建會委託光電協進會（PIDA）進行 TFT-LCD 產業人力評估報告發現，台灣各大 TFT-LCD 廠商紛紛投資擴建第五代面板廠，估計新廠所需的高階工程師即達 3,500 人，若加上相關工程師及行政人員，台灣第五代 TFT-LCD 新廠即有高達 5 千～6 千人不足缺口，顯示出台灣光電產業人才嚴重不足的局面。

六、市場競爭激烈

　　有鑑於光電產業未來的發展潛力，歐、美、日、韓等國均投入龐大的資源，進行相關光電技術與產品的研發，並積極爭取全球版圖上的國家競爭優勢。因此，未來全球市場的競爭必然非常激烈。以面板產業為例，過去是掌握在台灣、日本與韓國三強手中，隨著大陸上廣電與京東方分別引進日韓技術團隊，加上大陸業者資金，開始在今年陸續投產，並加入戰局，未來將形成台日韓中四方爭霸的局面。大陸最近又有二家面板廠計畫成立，分別為龍騰光電及新日華，並大舉招募台灣面板廠人才，引進日本技術團隊與機器設備，再加上國際資金，將為全球面板產業的競合關係，投下新的變數。

第四節　光電產業的機會與優勢

1990 年代以來，我國光電技術發展極快，再加上網際網路的興起，寬頻通信基礎建設日趨完備，致使語音、資料相關應用需求增加，並擴及光輸出入、光儲存、光通訊與光顯示器等各領域產品發展。下列將光電產業的優勢與機會分述如下。

一、光電產業的優勢

㈠光電顯示器

我國已成為全球筆記型電腦、監視器、手機的製造重鎮，LCD面板內需市場龐大。政府政策提供資金援助、租稅減免、低利貸款等優惠條件，以提升 LCD 面板廠商的全球競爭力。

㈡光儲存領域

我國廠商的製造成本相較於日、韓等國為低，同時國內廠商積極地擴充產能，加上廠商市場反應能力強，近年來已成為全球光碟片最具量產規模的國家。

(三)光通訊（光纖）

光纖是由玻璃材料SiO_2中，抽成細絲，然後利用玻璃中的反射，來傳輸光線。目前全球寬頻用戶穩定的成長，國內業者已開發出高強度、耐彎曲的光纖，其產品壽命超過傳統光纖500倍以上，因此能有效降低布纖後的維護成本。再加上，我國廠商市場反應快，可即時回應需求，市場價格具競爭力。這些都是我國光電產業的優勢。

(四)光輸出入（數位相機、影像掃描器）

全球市場占有率已達90%，在此基礎上，未來可繼續加強研發，提出新的商品。

(五)光電元件（LED）

我國憑藉上、中、下游健全的產業結構，彈性製程、優異人力素質與成本控制，再加上產品開發，大量生產能力強；價格競爭力強；關鍵零組件衛星工廠健全，所以成為全球第二大LED生產地區。

(六)雷射及其他光學應用（雷射加工機）

零件成本低，發包快；系統組裝經驗豐富。

二、光電產業的機會

(一)太陽能是光電產業中，具有極大的成長潛力，其中像太陽電池模組，矽晶圓型太陽能電池、薄膜與染料型的太陽能電池，未來對國

表10-3 我國光電產業競爭力分析表

六大分類（代表性產品）　SWOT分析	光電顯示器（LCD）	光儲存（光碟片）	光通訊（光纖）	光輸出入（影像掃描器）	光電元件（LED）	雷射及其他光學應用（雷射機）加工業
優點（Strength）	・已成為全球筆記型電腦、監視器、手機的製造重鎮，LCD面板內需市場龐大。 ・政府政策極力做多，提供政策金援助、租稅減免、低利貸款等優惠條件，以提升LCD面板廠商的全球競爭力。	・我國廠商的製造成本相較於日、韓等國為低。 ・國內廠商積極地擴充產能，加上廠商市場反應能力快速，近年來已成為全球光碟片最具量產規模的國家。	・我國廠商市場反應快，可即時回應需求。 ・價格具競爭力。	・全球市場占有率已達90%，未來可望繼續提高。	・上、中、下游產業結構尚健全、穩定成長。 ・產品開發、大量生產能力強。 ・價格競爭力強。 ・關鍵零組件衛星工廠健全。	・零件成本低、發包快。 ・系統組裝經驗豐富。
缺點（Weakness）	・本土技術人才仍不足。 ・設備以及關鍵原材料掌握在日、歐、韓等國，廠商每年需支付龐大的權利金。 ・整體產業結構有待進一步地強化與突出。	・原材料以及設備掌握在日、歐、美等國，廠商每年需支付龐大的權利金。	・我國廠商起步較晚，整體發展尚未成熟。	・關鍵零組件掌控在日本廠商手中。	・政府政策未能全面配合整體發展。 ・藍光磊晶技術仍待提升，關鍵原材料仍仰賴進口。 ・我國廠商申請的專利件數少，技術人才亦不足。	・我國廠商規模小、研發支出比例低。 ・關鍵零組件自製能力弱。

機會 （Opportunity）	・筆記型電腦、監視器、手機、PDA等產品，市場需求量持續成長，我國LCD廠商可積極尋求國際大廠代工生產的機會。	・苗出上游原材料、設備的產業結構，以進一步提升整體產業的競爭力。	・Datacom市場的興起，有利於我國廠商的進入。	・全球代工市場擴增。	・2000年藍光磊晶、白光磊晶技術成熟後，產業自主性即可望提高。 ・搭配低價競爭。 ・大量生產能力，以擴大高亮度的藍白、紅外光產品市場。	・電子產業持續發展，將促使國內市場的成長。 ・雷射本體來源漸多，有助於降低整體生產成本。
威脅 （Threat）	・日、韓廠商一方面積極擴充產能，另一方面亦持續開發高附加價值的新產品、新技術。 ・日商駐台技術人員逐步撤回日本，本土技術人才有待考驗。	・在價格競爭下，利潤空間縮水。而小廠由於缺乏接大單與開發新產品的能力，營運艱困。	・中國大陸廠商興起、逐漸形成我國廠商市場競爭的壓力。 ・我國廠商彼此容易進行削價競爭。	・我國廠商彼此進行削價競爭，造成價格低、利潤縮水。	・1998年我國國廠進入投產熱潮，造成低價競爭，利潤縮水。減低我國廠商的國際競爭力。 ・我國廠商的專利數少，易遭受國外廠商的專利侵權訴訟。	・中國大陸廠商興起逐漸形成我國廠商市場競爭的壓力。

資料來源：參考光電科技協進會，2000年4月。

內業者來說是一大商機。其間所需要的關鍵零組件,都落在光電領域。

㈡低耗能、壽命長的高亮度白光 LED,在應用面將持續擴大,未來極有可能取代傳統光源,應用在一般照明,如車頭燈、LED 背光筆記型電腦、大型顯示看板、交通號誌燈、景觀照明等。

㈢平面顯示器已具有薄型化、省電、省能源、輕量化、畫質提升、視覺效果佳,更符合人機溝通等媒介等優點,所以該產業是二十一世紀令人矚目的產業。因此電視的換機潮,相關視覺產品等,都會用到平面顯示器。

第五節　光電產業的因應策略

我國光電產業應該應用外部機會,改進產業的弱點;強化產業的優勢,化解外來威脅。下列提出光電產業較為關鍵的因應策略。

一、跨部門整合

光電產業的未來在強調輕量化、攜帶便利性、低耗電量、高效益等的產品特性要求下,國內產官學界可以整合資源與力量,集中要突破的障礙所在。譬如,在光通訊產業方面,可專業分工為數個領域,負責高密度分波多工器(DWDM)元件及模組的開發技術;研發高速晶片及電子高頻元件技術;投入寬頻網路系統技術;光電材料;微

型光通訊模組的封裝技術。

二、跨科技整合

　　光電產業未來的趨勢必然是跨科技整合，就如光電輸入產品結合影音的功能，勢將成為趨勢。以用戶迴路端龐大的市場需求趨勢而言，唯有整合光纖主動元件與被動元件的技術，才能強化效率與市場競爭力。所以，科技快速整合是發展光電產業的當務之急。

三、加速研發

　　我國的光電廠商在全球供應價值鏈上，大都以製造能力見長，廠商也多以承接國外客戶的 OEM 或 ODM 訂單為主。故此，廠商生產產品所需的技術，不是來自於國外的技術移轉，就是即將進入成熟階段的技術。以 CD-ROM 光碟機為例，該產品有逐漸被 DVD 光碟機取代的趨勢，國內就應該藉這個世代交替的機會，透過研發，全力切入。再以光電輸入產業為例，全力發展影像感測器、變焦鏡頭與噴墨頭等關鍵零組件，才是真正的紮根。因為唯有藉著關鍵技術的掌握，國內相關產業的自主性及獲利能力方有大幅提升的可能。

四、創造附加價值

　　研發創新終究有一定的限度，在此情況下，若透過製程的改善，或透過不同製程、功能的延伸來發展新的領域，都是可能的手段。例

如，數位相機市場競爭激烈，若能採取差異化設計，結合不同功能及外型，創造不同的市場定位，都是可以提高光電產品的附加價值。

第十一章　生物技術產業

　　生物技術產業是二十一世紀革新的、劃時代的技術產業，也是一種最具潛力的產業。這種新興產業非常複雜，是屬於高資本、高風險、高技術密集、高附加價值的知識型產業，同時也是一項高度國際化的產業。尤其自「威爾鋼」的魅力席捲全球之後，生物技術產業已成為全球家喻戶曉的明星產業。

　　事實上，生物科學的技術產品，自古以來就有，如傳統的醬油、酒類、麵包、酸酪乳，二十世紀以後興起的發酵工業都包括在內。近代的生物技術源自於 1960 年代的分子生物學，不過生物技術這個名詞是，1970 年代美國華爾街股票市場，所新創出來的名詞。它的原始意義是指，利用生物（動物、植物及微生物）的機能，來生產人類有用產品的科學技術；以及由生物技術衍生出來的產業，就可以稱為生物產業或生技產業。

　　二十世紀中葉，生物技術的發展可謂一日千里。該產業是繼電子產業之後，對人類生活福祉的影響，正逐漸加劇的重要產業。它應用的範圍很廣，如醫藥品、化學品、食品、能源、農業等，都涵蓋在內。

2001 年 3 月，人類基因解碼完成，這項成就使全球生物科技產業的發展，進入所謂的「後基因體時代」。全球醫藥品的開發，也在人類基因體密碼公開的基礎上，使得新藥品上市速度及數目，急劇成長，因而引爆全球生物科技發展的熱潮。所以，人類在歷經農業文明、工業文明、資訊文明之後，現在已逐步邁入了以生命、健康、環境、生存為主題的「生物經濟」時代。

整體而言，生技產業已不再為生命科學所專斷，而是與各種高科技產業技術如電子、資訊、材料、電腦、通訊、機械等整合，所創造出革命性的生技產業，如生物資訊、組合化學、高速篩選、醫療器材、人工器官、生物晶片等。目前我國政府已將生技產業，列為兩兆雙星的重點發展計畫。

第一節　生物技術產業的特性

生物技術一詞是譯自於英文的「Biotechnology」，其緣於 Bio-（生命、生物）及 technology（技術）。凡是利用生物系統、生物體或其代謝物質來製造產品，並改進人類生活品質的方法，均可稱為生物技術。它是涵蓋微生物學、動物學、植物學、細胞學、化學、物理學，以及工程學的科學組合體。

生物技術產業有著與光電和半導體產業，完全不同的產業特性，它的產品開發時程長、研發金額大、不確定性高，以及產品生命週期長。除此之外，生物技術產業具有其特殊性如下：

- 原料以再生性資源為主；
- 所需能量較少；
- 污染程度低；
- 需要高級人力資源；
- 產品附加價值高；
- 應用範圍廣；
- 產業具高度管制；
- 高風險；
- 商品化認證耗時；
- 行銷國際化；
- 進入障礙高；
- 投資龐大；
- 投資回收期長；
- 品質及法規管制嚴格；
- 產品開發須符合國際標準（專利、法規）；
- 產業結構複雜；
- 價值鏈長；
- 分工專業深；
- 以研發為導向，無形資產價值高。

　　總合這些產業的特性來看，生物技術產業的確相當複雜，而有必要作進一步的陳述。

　　下列將生物技術產業的主要特性，分別敘述如下。

一、跨領域整合

生物技術（或稱傳統生物技術）需要各領域的專家學者合作，才有成功的可能。舉一個簡單的例子，如一個基因預測與「過敏」有關，改變這基因（突變、修飾或去除）的老鼠，不見得會有症候或疾病的表現，也許需要有「過敏原」的刺激，其引發的生化現象或疾病及其預防、治療，則須免疫、血清、生物化學、分子生物學、胸腔、病理、藥理與藥學專家的參與，而不是單一學科知識所能獨力負擔。

二、高技術密集

生技產業是一種知識密集、技術含量高、多學科高度綜合，且互相滲透的新興產業。「生物技術」從歷史的演進上，可概分為以下三類：

㈠傳統生物技術

以農耕、畜牧或食品加工技術為主，如製造醬油、釀酒……等，這也是千百年來既有的生物技術。

㈡近代生物技術

利用微生物高產能的發酵技術，工業化量產抗生素、有機酸、胺基酸（如味精）、酵素等。

㈢創新生物技術

如利用基因轉殖、蛋白質工程、組織培養……等技術研發新藥、改善農作物品種等，也就是常聽到的以「基因」為出發點，所衍生出的生物技術。

目前所指的創新生物技術，其關鍵的核心技術應有：

- 遺傳工程或稱為基因重組技術；
- 細胞融合技術；
- 生物工程；
- 蛋白質工程；
- 生物反應利用技術（Bioreaction Technology）；
- 發酵工程；
- 細胞培養技術；
- 菌種分離鑑定保存與育種技術；
- 酵素工程；
- 免疫應用技術；
- 生化感測分析技術；
- 程序及系統工程（Process and Systems Engineering）。

上述每一項技術的複雜度門檻，非一般產業所能比較。

三、攸關民生福祉

增進人類或動物福祉，是生化科技產品的目標。人類基因體與肝炎治療的藥物基因體學研究，可以用來預防疾病，又可減少藥物的使

用。新生物技術應用於醫藥品首見於胰島素，自 1982 年迄今已有 75
種產品上市。有鑑於生物技術能製造更為安全、便宜、功效更好的疫
苗，它能解決全球人口以及工業化國家高齡化人口所帶來的老年疾病
對於醫療的需求。同時由於分子基因科學和神經科學的進步，也創造
出防治及治療個人化疾病的新機會。在這樣的趨勢下，會更加速帶動
新生物技術的應用。

四、產業進入障礙高

生化科技業的研發經費高，時間長，研發成功機率較低，這些都
是生化科技產業顯著的障礙。除此之外，生技藥品還需要衛生主管單
位的核准才能上市，而此核准程序既費時且昂貴。依美國科技評價辦
公室（The U. S. Office of Technology Assessment）的研究，它的花費
可能要 2 億至 3.5 億美金，而一個產品從研發起，至得到FDA核准，
平均要耗時 7 至 12 年，其中還不乏臨床失敗，或不被核准者。

五、風險高

相較於其他產業，生物科技產業更需要人才、技術、資金的密集
投入，由實驗室到市場產品開發過程，每一環節都有不容失敗的高風
險。一般來說，IC工業每兩、三年就有新的產品開發出來，而生化科
技產品研發期長，商品化的時程也很長。從基礎實驗研究開始，要經
過動物和人體試驗的複雜程序，並非一蹴可幾，起碼要 8 到 12 年方
有商品上市。從研發到能做為商品上市的，不過 5%。由於研發時間

長，需要的資金就要充裕，相對來說，風險也比較高。就個別生技公司而論，至少要有 2 種產品以上在人體試驗的階段，以免風險過於集中。

　　除上述風險外，生化科技產業還要面對更多的法規審查及產品責任，以確保產品上市後，在功效及安全性上，沒有任何的不確定性。

六、附加價值高

　　生化科技不但能有效降低製造成本，延伸到相關技術產業，帶來豐厚的利潤外，專利權的保護制度，更是高利潤的保障。通常一種新的生物藥品在上市後的 2 至 3 年，即可收回所有投資，尤其是擁有新產品、專利產品的企業，一旦開發成功，便會形成技術壟斷優勢，利潤回報能高達 10 倍以上。

　　只要生物技術研發有成果，價值就相當可觀，不但有獨占性的利潤，且產品生命週期長達 10 年以上，遠遠超過IC工業的產品生命週期。而且一個專利保護就是 20 年（新藥專利權約 15 至 20 年）。另外，它不易受景氣循環波動，以及需求大於供給的產業特性，都是吸引廠商投入的誘因。

七、技術密集

　　生化科技為技術密集的產業，需要多方面的知識及技術配合，如何統整各類相關科技，才是成功的關鍵。以基因重組技術製造蛋白質而言，從質體篩選、菌種選擇、表現系統的放大、產品製程的最適

化，乃至於產品純化的過程，相關的技術環環相扣，缺一不可。

我國現有技術的主要來源是，企業自行開發之非專利技術、企業自有專利、與國內外合作研發共同使用成果，以及購買國外專利授權。

八、安全性

生物科技產業應用的技術、生產的產品，以及使用的對象，都是以生物為訴求，與人體健康息息相關，影響至為深遠，所以，安全性是其第一考量。在其他跨領域整合的應用工具，亦須特別注意科技的有限性及負面性。例如，應用奈米技術協助中草藥新藥之高速篩選，更具有效率。但是，療效更好的同時，意味著副作用（產品毒性）也隨之增加。東西從原先尺度進到奈米尺度（10 的負 9 次方米）後，顆粒變小，總表面積變大，物理與化學特性會連帶起變化，原有效用是否遭破壞，或因而產生其他衍生物，目前尚難掌握。

九、須智慧財產權保護

生物技術研發完成後，還有一段很長的回收期，若非完善的智慧財產權保護措施，極容易被模仿，則投入十餘年、數億美元的研發成本，形同虛擲。

十、道德倫理約束

1997 年複製羊桃莉（Dolly）的成功，是「基因轉殖動物」領域的新局。2000 年 6 月，由 18 國科學家，組成的研究團隊，和美國瑟雷拉生物技術公司，共同宣布完成生物基因圖譜（Genome Sequence）定序草圖。隨著基因改造動植物技術的發展，有可能衝擊「人與人的社會關係」以及「人與自然的生態關係」，因此在國際間極具爭議，未來這方面的發展尚在未定之天。

除上述特性之外，其他如污染性較少、能源需求較少，以再生性資源的材料為主，應用範圍廣。

第二節　生物技術產業的應用範圍

生物技術產業技術領域及產品，所涵蓋的範圍極廣。在技術領域方面，生物技術可應用到遺傳工程、細胞融合、細胞培養、組織培養、胚胎及細胞核移植等技術；在產品方面，目前主要應用以藥品、醫療保健、農業、食品、環境、能源等工業經濟領域。所以，舉凡農林漁牧生產、生態保育、公共衛生、社會倫理、人類生理資訊的識別判斷等等，都與生化科技息息相關。

該產業未來的發展方向是，將生物資訊所取得的訊息，轉化成有生物意義，且可研發成具體的產品，以便能在生物學及生技開發上的

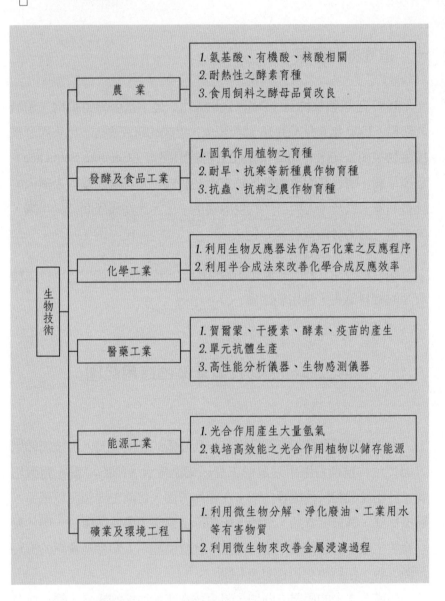

圖 11-1　生物技術對民生領域的關聯性

使用。以開發新藥為例，它本是一條漫長且昂貴的過程，若能有效應用生物科技，縮短製程，如此將能造福人類。例如，2003 年國人面對嚴重急性呼吸道症候群（SARS）的威脅，直接攸關社會大眾的安全，就是最好的說明。

　　與生物技術有關聯的產業，劃分如下：

一、生技農業產業

　　包括動物疫苗及添加物等動物保健產品、植物種苗與花卉組織培養、及生物性農藥與肥料等，都是生技農業產業的重心。未來在農業方面，應加速水稻基因團的研究，並將成果應用於其他農作物，以克服環境極限，達到提升作物之機能。此外，經由酵素工學、發酵技術與基因技術之整合，進行高附加價值新產品的開發，應該也是生技農業產業的發展方向。當然，海洋生物的相關研究，也是應該整合的範疇。

二、發酵及食品工業

　　運用生物技術在發酵及食品工業領域，來開發適合個人體質之機能性食品，可發展的產業包括胺基酸、食品添加物、調味料、機能性保健食品和釀造酒及發酵乳類等。

三、生技特用化學品產業

包括醫用酵素、食品酵素、其他工業酵素、功能性特用微生物代謝物（如有機酸）、生體高分子等。

四、生技醫藥產業

生技醫藥產業包括人用疫苗及免疫血清、發酵原料藥、生技藥品和診斷檢驗試劑。目前熱門的研究方向是，重組 DNA 多價疫苗、基因修正疫苗、純化特定抗原的 DNA 序列所製成的次單位疫苗。後者若植入植物細胞，可進一步發展成口服疫苗。

針對高齡化社會的來臨，生技醫藥產業可就患者個人的基因資料，開發適當的基因治療法，甚至於對個人之基因團資料加以分析，以進行「預防醫療」防範疾病之發生。因此，儘速建立由此研發體系所獲得之獨創性醫藥品、基因治療法，再生技術之相關安全性評估，及臨床實驗體系，並開發以動植物作為有用物質之生產系統的相關技術，是至為重要的。

五、生技能源產業

這一部分由於不具立即的急迫性，所以是最薄弱的環節。它主要的發展方向在於兩方面，一是光合作用產生大量氧氣；二是栽培高效能的光合作用植物，以儲存能源作為不時之需。

六、生技環保產業

包括微生物製劑、監測器、廢棄物處理、生物復育、廢水處理。環保生物技術產業雖不是近幾年的重點投資項目，但是國內近幾年來對於生物可分解性塑膠材料之技術研發及市場動向，甚為重視。在解決環境問題方面則應包括以下的重點：

- 開發環境監測及污染物質除去技術；
- 具 CO_2 固定能力之微生物及植物；
- 都市有機廢棄物處理技術。

七、生技服務類

包括：

- 藥品生體可用率（Bioavail Ability）／生體相等性（Bioequailent）試驗；
- 生技產品之安全性及生理活性試驗；
- 菌種篩選、改良與保存；
- 儀器、設備之設計、製造、銷售；
- 研發或生產代工。

在上述這些領域中，最有可能成功的，就是生技農業產業。因為我國原本就是農業生技大國，過去五十年來，農耕隊遠赴非洲大陸，尤其在 1960、70 年代，非洲國家因為地形、氣候惡劣等因素，導致

小麥和稻米的收成嚴重不足，再加上疾病肆虐，政局不安定，許多國家都爆發嚴重的饑荒，和糧食短缺的危機。由於農耕隊的農業技術努力，因而使得原本幾乎沒有農業基礎，或被認為不適合農作物栽種的地區，竟然能夠出現金黃色的稻米田，多明尼加就是一個最好的例子。當時使得多明尼加的水稻，由原來 1 公頃生產 1.5 公噸的規模，成長為 5 公噸，足足增加了 3 倍的產量。

從上述這個事實就可以了解我國農業生技的堅固基礎。過去我國曾有「香蕉王國」、「草蝦王國」、「鰻魚王國」、「蘭花王國」等多項美譽，不但為國家賺取豐厚的外匯，也象徵著台灣產業技術的發達。目前生物技術可以協助我國這些產業，使他們重新站立起來。所以，未來應該在這個基礎上作更進一步的努力，成功機率較高。

第三節　生物技術產業結構

民國 92 年全球生物技術公司為 4,362 家，其中上市公司為 613家，銷售總額為 413 億美元。從整個產業的分布情況來看，生物技術公司主要集中在歐美國家，占全球總數的 76%，銷售額占全球生物技術公司銷售額的 97%。若更細分的話，北美洲擁有全球 47%的市場，歐洲為 29%，亞太地區為 24%。以國家而論，全球生技產業主要分布在 12 個國家，依生技公司數排名次序為：美、加、德、英、法、澳洲、瑞典、以色列、瑞士、中共及香港、印度及丹麥。

根據經濟部所出版之《生物技術產業年鑑》（*2000*），將生物技

術產業區分為七個範疇：

　　㈠生技醫藥品；

　　㈡檢驗試劑；

　　㈢動物用生技產品；

　　㈣植物用生技產品；

　　㈤特用化學及食品用生技產品；

　　㈥環保生技產品；

　　㈦生物技術服務業等領域。

　　由這七個範疇得知，生物科技並非是單純代表一種產業或商品，其實它有三大聚落，從上游的 DNA、RNA、SNP、蛋白質分析，到中游的網路資料儲存、搜尋、資料庫建立、基因體研究中心，再到下游的基因比對、基因晶片。上、中、下游三大範圍都相當廣泛。

　　我國的傳統生物技術產業，無論在研發上、技術上、產業結構上，均有相當的基礎。不過，在新的生物技術領域則尚處於萌芽的階段，總體新生技產業的產值尚不及新台幣 200 億元。相較於傳統生物產業的產值新台幣 1 萬億元，顯示還有一段成長的空間。若再比較台灣與美國的生物科技產業（請參閱表 11-1），無論在員工人數、每家公司的研發經費，就更加凸顯這一部分的弱點。

　　在技術方面就落後更遠。根據工研院化工所調查資料顯示，檢驗試劑、畜用疫苗、生物性作物保護劑、特用疫苗、酵素、胺基酸、抗生素、味精、傳統發酵及食品等十大生技產業中，國內只有在味精及四環素的發酵技術已經成熟之外，至於基因工程、細胞工程、生化工程、菌種改良、蛋白質工程、生物反應器、微生物發酵工程、量產製程等技術，皆處於亟待開發的領域。

　　為什麼會產生這種情形呢？最主要的因素是，我國生技產業屬於中小企業的體質。而且更嚴重的是，產業結構不完整，這才是發展生技產業當前最大的危機。因為專業分工的生技產品產業價值鏈，必須環環相扣，尤其生物科技產業中，產業價值鏈的完整性是更為重要。然而，台灣長久以來皆以製造為主，缺乏研發、動物試驗、臨床試驗，甚而政府藥品審查機構也僅有價值鏈中的製造，產業結構相當不完整。

表 11-1　台灣與美國生物科技產業的比較

	美　國	台　灣
公司總數	1,300	70
營業額（億美元）	174	5.25
研發支出（億美元）	90	0.1575
每家公司研發經費（美元）	約 700 萬	22 萬 5 千
員工人數	140,000	1,500

資料來源：《天下雜誌》，1999 年 7 月號，頁 121。

　　事實上，一個產業的興盛絕對不是其單獨發展就能夠發展起來的。例如，國際資訊業就分為上游的半導體、中央微處理器及記憶體，中游的封裝與監視器等產業，最後再由系統廠商予以組裝。可見相關及支援產業（Related and Supporting Industries）所形成的網路能否相輔相成，更是一產業是否能夠成功發展的關鍵。

　　職是之故，我國應在最短時間內建立一個完整的上、中、下游體系，以提升資源的整合度，然後再進行產業內的水平分工，並依據各

廠商的專長，建立企業競爭力，來強化產業內的技術網路連結度，進而提升產業競爭力。

第四節　生物技術產業的發展過程

　　全球產業發展趨勢已由勞力密集的農業時代、資本密集的工業時代，發展到以知識密集的「知識經濟」時代，而以研究發展及智慧財產為主體的生物科技產業，正符合當前「知識經濟」時代的潮流。

　　生物技術的潮流發展迅速，相對於 1982 年以前尚無所謂的生技產品，但是現在市面上已超過 30 種生技產品，且尚有數百種產品在人體試驗（Clinical Trial）階段，可謂是一種蓬勃發展的新興產業。目前全球較為先進的國家，莫不將產業政策瞄準此一新興產業。即使連全國人口數少於 900 萬人的瑞典，目前也都擁有超過 380 家的生技公司（若就每人平均生技公司家數，及 GDP 比重的評比，瑞典則均位居全球之冠），更遑論美、歐、日地區生物科技產業的快速成長。

　　面對這個產業的大趨勢，我國要如何融入生物科技產業的國際社群，成為國際社群中研究發展，與商業化的重要關鍵（即確認台灣在全球供應鏈或價值鏈的位置），以避免台灣生物科技產業的邊緣化。為此，我國乃積極推動生物技術產業，期間二十多年的歷史，有值得稱道之處，也有需要再加強者。

　　從 1982 年行政院將生物技術列為「科學技術發展方案」的重點項目，到今日政府將生物技術與醫藥工業，視為「兩兆雙星」的指標

性發展產業，在此產業發展的過程中，有幾項較具指標性意義的階段，經歸納後，總和為下列六大階段。

一、確定發展階段

生物技術產業正式被列為我國的產業政策核心，是從 1982 年的行政院「科學技術發展方案」才確定「生物技術」為八大重點科技之一。當時同為重點科技的還有能源科技、材料科技、資訊科技、自動化科技、雷射科技、食品科技及肝炎疫苗等。到現在已經過了二十一個年頭，這些當初被列為重點發展的科技，大多已開花結果，尤其資訊產業的耀眼成果更讓國人引以為傲。

二、計畫推動階段

政府從 1995 年就開始進行「加強生物技術產業推動方案」，以強化人才培育、研究發展、基礎建設（健全法規體系及推動投資為主要項目），來強化我國生技製藥的國際競爭力。政府並積極帶頭推動公、民營企業的參與意願。這個階段由於有歸國學人，及國內研究機構共同投入該產業的發展，因此充分展現國內生技產業的活力。

三、實踐階段

1996 年，台南科學園區動土，其內設有 30 公頃的生技產業專區，竹南亦設有 40 公頃的生技產業基地（2000 年底開始進駐）。

四、跨領域推動階段

為建立我國生化科技產業發展之完整體系，行政院在 1997 年宣布：開發基金將分五年投入總數新台幣 200 億元資金在生物技術的相關產業上。另一方面，為了集中力量，行政院則以仿效資訊電子產業成功的模式，成立包括經濟部、國科會、農委會、衛生署、教育部與中研院的跨部會指導小組來推動生技產業。

1997 年 4 月，行政院召開第一次生技產業策略（SRB）會議，正式將生技產業列為繼電子、資訊、電信產業後另一個明星產業。1997 年 8 月 7 日，第 2539 次院會修正通過：「加強生物科技產業推動方案」，提出生技產業政策的最高指導原則：

1. 健全相關法規及驗證體系，並推動實施各項優良規範標準；

2. 加強輔導獎勵，推動投資並積極引進技術；

3. 加強研究發展與其成果之移轉、擴散及應用；

4. 擴大專業人才培育與延聘；

5. 建立智慧財產權之保護措施；

6. 推動國際相互認證與建立生化科技產業資訊。

1997 年 12 月的第十八屆科技顧問會議，以花卉種苗、水產養殖、動物用疫苗、生物性農藥、保鮮技術為主的農業生技，及以基因基礎研究為本的基因治療、基因毒理、疫苗開發等的基因醫藥衛生，均列入國家型計畫。

1998 年，以蛋白質藥物、中草藥、診斷檢驗試劑為發展重點的製藥與生物技術研究也列入國家型計畫。由於中草藥是中國人特有的

優勢產業,在全球一片回歸自然與綠色革命下,中草藥產業將是我國最易掌握的,因此,生技產業便加列中草藥的藥材、藥理、藥性、毒性等研發工作。

五、徘徊階段

自 1972 年到 1998 年,有超過十五年的時間,雖有計畫,不過並沒有具體顯著的績效。所以,政府期望透過產、官、學、研的共同努力,將生技產業的產值由 1997 年的 5 億美元,提升至 2005 年的 23 億美元,且期望產值結構有所改變。故此,經濟部產業技審會化工民生技審小組於 1999 年 11 月,將生技產業由特化、製藥與生技產業中獨立出來,將其納入「十大新興工業」中,並修改「促進產業升級條例」,使我國過去以生產導向的投資,轉為研發/服務功能的領域投資。

儘管產業政策處於徘徊階段,不過台灣的生技產業自 1996 年起即開始進入蓬勃發展的階段,超過半數的公司成立於這七年中。

六、重新出發階段

2001 年 11 月,行政院科技顧問會議中,海內外各界的生技專家,共同為我國提出未來發展生技產業的策略規劃藍圖,希望我國未來能朝向「創新研發導向之生技產業」,及「利基導向之精密製造生技產業」雙軌並進的策略,規劃我國成為「全球生技醫藥產業研發及商業化不可或缺之重要環節」,與「具特色之亞太生技醫藥產業發展

樞紐」的兩大方向進行，讓台灣成為「亞洲多發性疾病研發及臨床中心」、「生技及藥物重要量產基地」、「醫療工程應用及產製中心」、「亞洲蔬果花卉水產科技中心」，以及「亞洲生技醫藥創業投資重鎮」等五大中心。

我國經濟部在過去二十多年來，對生物科技的推展，每年皆編列相當預算，行政院也有推行生物醫學科技發展之相關辦法，顯現政府發展生技產業的殷切期待。不過，在成效方面顯然不如預期中的理想。究其主因在於：

- 產業界對於長期研發的投入缺乏；
- 學術研究的知識創新與擴散速度緩慢；
- 產學與產研間合作關係薄弱；
- 許多基礎研究重複。

另外，在政策面上，隨著政黨輪替，政策也隨之而改，欠缺整體完整性的長程戰略規劃，因而衍生產、官、學互動不夠，分工定義不清，相互脫節，而非相輔相成。

所以，未來在產業政策的制定方面，應更深入產業的特質，才能真正協助產業的發展。尤其生技產業的範圍廣泛，發展資金需求大，研發時間長，部分廠商或個別研究單位的研究成果，若無法成為政策上鼓勵扶植的對象，就容易放棄持續的研發。同時，以往政府對於廠商獎助的方向，多著重於產品的減稅，此項措施對於「研發型」公司，實質誘因並不大。故此，政府在政策上的獎勵，及智慧財產權保護等相關機制，須更明確的建立，以建構更完善的國家創新體系，提供更完備的產業發展環境，讓進度稍有落後的生技產業發展，能急起直追，迎頭趕上。

第五節　我國生物技術產業的內在缺陷與外在機會

　　我國生物科技產業的特色，與其他國家不太一樣，一方面它有內在缺陷，但另一方面也有特殊的外在發展機會。如何主動利用機會，化解內在機制的不足，實為我國生物技術產業的當務之急。

一、我國生物技術產業的外在機會

　　我國生物技術產業的機會，主要存在於大的環境架構，尤其是人類對於安全的需求與日劇增。這一部分的安全威脅是來自於人類疾病與戰爭的威脅，這兩部分並沒有因科技的進步而減緩，反而需求有增加的趨勢。

㈠疾病威脅

　　人類的疾病，充滿著無窮尚未滿足的需求，而且華人為全球最大的人類族群，可發揮的空間潛力無窮。例如，嚴重急性呼吸道症候群（SARS）幾乎就是衝著華人而來。

　　另外，全球人口結構趨向老化，以我國為例，1997 年，65 歲以上老年人口占全人口之 8.06%，20 年後將占全人口之 11%，高齡化的老人健康及醫療問題將會愈來愈嚴重。如何延壽、減少疾病，這些都是生物科技可以扮演的重大角色。

㈡戰爭恐懼

2003 年，美國揮軍入侵伊拉克時，國際間都認為如果生化戰一旦開打，必然會掀起另一波更深的恐懼，傳染一旦發生，會造成更大的紛亂。可能被用作生化戰劑的病原包括天花、炭疽菌、肉毒桿菌及鼠疫等。雖然伊拉克並沒有以此反擊，但美伊戰爭所衍生對生化戰的恐懼，而產生直接對生技／製藥產業的需求，是可以想見的。為避免遠征的戰士受到疾病的困擾，美軍出發前的預防措施中，疫苗是必備的項目。美國總統布希在記者面前，也宣示性地打了一針天花疫苗，就可以推估該產業未來的成長空間。

㈢安全的需求

身分辨識的重要性，無論是在政府機構或企業領域，在金融市場或是研發單位，幾乎都有安全上的需求。靠著所謂的生物辨識技術，利用生物特徵作為辨識或認證，的確是可行的方式。而生物辨識科技近來也有所突破，各種安全機制的實施已變得更加方便。

二、內在缺陷

㈠知識傳播速度過緩

基礎研究為生物技術產業的重要基礎，但是我國的生物技術科技教育，一直存在許多共同問題，例如，缺乏生物技術通識課程、缺乏整體性規劃、基礎課程與核心課程無法整合、相關學院科系間無法合

作、缺乏校際間的教學聯盟、教學研究和產學無法配合等。儘管情形略有改善，許多大學也都相繼成立「生物技術學程」，但仍不足以提供學生完整的生物技術教學內容。

(二)專業人才不足及經驗欠缺

目前生技藥品幾乎完全依賴進口供應，產品商業化及經營人才略顯不足，宜由海外聘請有經驗的專才，協助研發階段。就台灣現況而言，在生物基礎研究方面，由於政府投入相當的人力與物力，研究人力水平相對較佳，基礎研究已有一定水準。不過，中、小型企業為主的生物技術產業界，研發人力普遍不足。此一現象可以從新竹科學園區的產業研究人員數目之比較中看出，積體電路相關產業之研發人力，是生物科技產業的 68 倍，人力缺乏情形可見一斑。除了員額不足外，還有一個問題就是跨領域人才的不足，這些都是我國發展生物技術產業的一大隱憂。

(三)研發經費不足

生技產業是一個非常強調研發創新的產業，其主要競爭優勢在於「研發能力具優勢或具獨特技術」。由於我國生物科技產業，仍屬萌芽期的產業，其成敗關鍵主要在於技術的有無，故關鍵技術的研發，便攸關生物技術公司的成敗。對我國發展生物技術產業而言，研發經費的投入更是一項重要的決定因子。目前台灣整體的生技產值，仍不及美國單一大藥廠營收的十分之一。這項數字說明：無論政府或產業界，對於研發資金的投入均嚴重不足，生技資源實際投入規模，與其政策口號並不一致，這些必然會制約產業的研發水準，以及影響到產

業的前景。

(四)技術障礙高

目前業者在抗生素、疫苗與其他生技產品在傳統突變、基因工程、細胞工程、生化轉換、發酵工程及分離回收上，皆遭遇技術瓶頸，其中又以分離回收之技術瓶頸較大，其次為基因工程及傳統突變。

(五)資金排擠效應

政府及民間投資均偏向大型投資案，如半導體、LCD，或通訊固網業等，國內生技產業尚處於萌芽期，公司規模不大，獲利又不易，所需資金易受排擠。

(六)專利數不足

以全球基因專利近年呈現快速成長的現象（目前累計專利已達三千餘件）來看，台灣業者專利數的比例與歐、美、日等國專利數相比過微。台灣如未能及時趕上，未來在使用基因資訊時，將須付出相對高額的成本。如何尋找出產業發展的自足點，並於研發加緊直追，將是現階段首要思考的重點。

(七)缺乏技術交易市場

生物科技產業研發時間長，研發風險大，因此除了大規模的廠商，一般都是以技術交易方式來獲得技術，小公司可專注於開發創新技術與專利，因此技術交易市場健全與否，將影響小型生技研發公司

的生存空間。然而，我國的生技產業界並不存在這類市場，同時也缺乏技術交易法律與技術評價方面的經驗，這些並不利於企圖轉型的中小型企業。

(八)市場開發管道的問題

台灣市場內需過小，市場需求容易達到飽和，因此在發展生技藥品時，亦須加強海外市場開拓。目前台灣生醫產業的研發能量，集中在學研等機構，其中又以中研院、中科院、國衛院、工研院等機構為最主要。不過，產業中游應用研發的能力薄弱，且與下游產業脫節，而上游學術研究機構人員，創業意願不高，技術研發有閉門造車的危險，技術移轉和商品化成效皆不彰。除此之外，在我國加入世界貿易組織（WTO）之前，幾乎重大民生工業多為公營和專賣，因此也壟斷了新事業的開發管道，如釀酒、味精、製糖等。儘管這些機構在研發和技術創新上有其貢獻，不過相對的，也限制了某些領域的進步和擴展。

(九)獲利不穩定

儘管生物技術產業深具發展潛力，為我國重點推動發展之高附加價值、知識導向型產業。不過，生物技術產業因長期缺乏穩定的獲利模式，以及技術的不純熟，因此，讓許多生物技術公司，有呈現泡沫化的危機。

除了上述這九項內在弱點外，國內市場規模小，加上了解生物技術產業領域的行銷人才嚴重不足，均導致國外市場拓展不易。再加上

上游（研發）、中游（發展）及下游（生產）間之溝通不夠，協調鬆散，同時我國下游產業多屬中小型企業，研發及技術承接能力薄弱，因此更導致我國生物技術產業發展遲緩。

第六節　我國生物技術產業的因應戰略

若真希望成功發展生物技術產業，就必須了解產業成功的關鍵因素，然後根據這些因素，建立正確的產業戰略、戰術，並循序漸進地推動，這樣才有成功的可能。

一、生物技術產業成功的關鍵因素

㈠具備足以構成國際競爭能力的技術

應有創新研究來使產品品質合乎歐、美、日等先進國家的 GMP 標準，製造成本具備國際競爭力，使產品能進入國際市場。

㈡達到足以支援產業發展的研發能力（包括質與量）

使國內研發在質與量方面，都能充分提供國內產業生產所需的技術，且有能力開發具備國際競爭力之原創性製程技術及新藥新劑型。

(三)豐富的資源

掌握生物技術充足供應的原料來源,包括原料藥中間體、原物料、研發材料等。

(四)國際行銷能力

建立生物技術產品的國際行銷網,並掌握靈通的資訊與外銷市場的需求。

(五)建立品牌形象

使生物技術的產品品質達到國際水準,且為國際市場所接受。

(六)周全的支援體系

建構適合產業發展的周邊環境,包括:

- ‧完整的基礎設施;
- ‧持續而穩定的輔導政策;
- ‧法令、金融及財稅等完備的支援體系。

(七)完整的生產架構

從原料至製劑產品,應建構完整且具備競爭力的產業結構。

二、產業發展戰略

日本是利用發酵工業優點,各自由點發展生物技術,延伸到面及

立體。日本生技產業還有一個特色，就是各地方依其資源，發展具地方特色的生技產業及研發產品。例如，以畜產品聞名的北海道便發展畜產生物技術。英國則突出研究基礎，加上具競爭力的製藥工業，使得英國在生物技術領域，成為歐洲領先國家。美國主要是以基因工程、細胞免疫等為基礎，切入生技產業的領域。那麼我國究竟應該採取何種發展戰略才能後發先至？

　　台灣生技產業客觀的強點，在於具備精密製造、農業科技技術、推廣基礎良好、機動靈活創新的中小企業文化、與成長快速的亞太市場密切關聯，加上廣大華人生醫科技人才庫等優勢。只要產業戰略與戰術正確，應該會有機會成為全球生技的重鎮。下列將這些發展戰略分述如下。

(一)建構具有本土特色的生技產業

　　我國的生技研發，應當選定生物技術重點發展產業，以循序漸進的方式，積極推動，給予集資、貸款等優惠獎勵，並集中力量於帶動具有本土特色的生技產業。較可行的是，在短期內專攻「農業生物科技」和「中草藥保健食品」，例如，中草藥新藥的開發，肝病、肝癌研究，以及農業研究等。就長期而言，則以「生技製藥」與「生物微機電」產業最符合我國的潛在優勢。

(二)找出我國的優勢切入

　　以國內現有資金與人力的投入，實在有必要選擇具有競爭優勢的項目，才能在全球化競爭的過程中，與國外生技產業一拚高下。就我國來說，有資訊電子業的堅強基礎，就應該要先從這個點著手，由點

而面來帶動整個生技產業的發展，這樣才能發展具有中華民國特色的生技產業。例如，發展生物晶片產業，雖然此新興產業目前之市場規模仍屬有限，但其未來應用的潛力驚人。它涵蓋的範圍極廣，包括晶片產品本身、晶片製造設備、分析儀器、分析軟體、反應試劑與其他耗材。以晶片來說，它是將基因放在晶片上，這個過程需要有「半導體製程」技術的配合，而半導體製程相當複雜，不是其他國家可以立即跟進，這是我國生技產業發展的利基。

(三)資源整合

生技產業為二十一世紀的明星產業，不過，台灣的生技產業正屬於萌芽期，產業資源也不足。故此，應該整合產、官、學、研之研發體系，以及台灣學術研發與醫療機構的資源，配合國家整體計畫，暢通研究、發展、生產三者間之管道，以加強生物技術產業之推動，如此才有可能迅速迎頭趕上歐、美等先進國家。

除了技術提升之外，也要強調應用面。化妝品產業屬於相對低風險但高毛利的產業，過去十年，該產業市場呈現快速成長的趨勢。未來應將生物技術與基因工程技術運用到該領域，以開創該產業的先機。

(四)提升產業技術及商業應用

國內生技公司涉入的產品，大都是「低進入障礙、低投資成本」領域的商品，在面臨國際化與自由化的衝擊，市場競爭激烈之白熱化，工資不再是唯一取得主導優勢的因素，所以，各國產業競爭策略莫不致力於對未來可預見的科技加強投入。在手段上，我國提升產業

技術的可能方法涵蓋：

- ‧結合國內已具成效之上游學術界研發成果；
- ‧直接引進國外已成熟的技術及技術授權；
- ‧加強研發；
- ‧推動成果轉移；
- ‧人才培訓；
- ‧國際合作技術引進。

以上都是可以考慮的作為。

㈤異業結合

生物科技的進步，已經愈來愈仰賴來自不同領域的專業人才的貢獻與合作，未來生物科技若能結合資訊電子技術，就有可能開創另一次的產業革命。

㈥策略聯盟

生技產業屬於資本技術密集的產業，為分散風險，提高獲利，產業可以走向國內併購整合以及國際策略分工。以 2002 年國內生技產業發展狀況而論，由於總體經濟欠佳，生技業的投資風險大增，因此萌生怯意或投資標的轉向者，大幅增加，生技業者多感籌資不易。所以，企業可用策略聯盟，以補自身產品線過於集中，或研發不足的危機；或和不同製藥或行銷公司共同研究開發，避免只和一家公司或學術單位合作。

(七)積極培育生技基礎研究人才及科技管理人才

基礎研究的能力，是生技產業發展的基礎，而生技產業管理人才則是產業發展的枝幹。基礎研究的發明需要管理人才，對於研發成果加以商品化，進而推動國際行銷，才能使生技產業的發展從研發往外擴散。生物技術產業是創意且具成長性的產業，在公司設立之初，就必須有資深經驗之管銷人員將產品通過認證，並行銷到市場。在生物技術產業的洪流中，勢必需要更多優秀人才的投入，才能滿足產業不斷成長的需求。所以，生物技術產業必須積極與學界配合，以培育生物技術產業的人才。當然，政府也應該加強人才培育，及延聘海外專業人才，同時設置創育中心（如菌種保存中心、篩選產業菌種、藥效評估與藥理毒理試驗中心、實驗動物中心）與生物技術專業區，以利生物技術產業之發展。

(八)注重智慧財產權

加強保護智慧財產權，有利我國生技產業的起飛。因為專利權是海外大廠威脅國內廠商及限制我國海外市場的重要利器，即便是名聞遐邇的基因解碼公司 Celera，及全球最大之基因晶片大廠 Affymetrix，也曾發生專利訴訟。未來產業發展時，我國應格外注意生物技術的專利問題，政府也應積極發展專利評估及申請的制度。具體的作法是：

・增修生物技術產品開發相關的法令規範；
・建立生物技術產品之委託製造制度；
・保護生物技術財產權。

㈨建立產、官、學、研的連結

目前國內的產、官、學、研內的各自運作，均有其規模與制度，但實際上彼此間的連結度還可以再繼續加強，以提升效率，並減少資源的浪費。尤其是透過技術網路，建立產、官、學、研間的連結，以加速知識的推動。

㈩善用政府資源

我國生技產業在萌芽階段，基礎教育及研發能力仍然薄弱，如何從中突破國外生技產業的專利包圍？如何取得國際重要市場的許可，如美國藥物暨食品衛生管理局（FDA）的認可？如何與國際大廠建立合作模式或策略聯盟，進而取得訂單？這些都是政府可以協助業者之處。

㈩一正確的產業政策

政府應該建立正確的產業政策，以加強生物技術產業的國際競爭力。

1. 強化現有的生技園區

我國應強化利用現有的生技園區，以促進生技產業的聚落效應，並藉此聚落來與全球其他生物科技產業聚落互動，形成人才、技術、資金及資訊等交流。希望能更進一步吸引對生物科技產業有興趣的大型跨國集團，或國際知名生物科技公司來台技術授權、策略聯盟、國際購併，或投資設廠、科技交流，創造就業機會，以及融入生物科技

產業的國際社群。

2.增加生物技術研發經費

以加強關鍵性生物技術及生化工程等之基礎與研究，並將研發成果有效移轉民間。

3.金融協助

- 提供融資與財稅優惠；
- 政府參與投資；
- 協助建廠取得土地；
- 協助籌募資金。

4.拓展國際市場

- 協助具國際市場潛力產品外銷；
- 推動策略聯盟；
- 推動國際相互認證。

5.政策配套措施

台灣生物科技產業亦尚在萌芽階段，產業發展相關法令規章配套不足（例如，臨床試驗的業務過失刑責），自然會影響產業發展的進度。建議政府部門未來在推動生物技科產業發展，建立一個與生物科技「相容」的租稅優惠、研發補助、資金取得、人才供給等方面的獎勵措施，以支持我國生物科技產業的發展。

6.建立資訊網

- 協助建立產業資訊網；
- 協助產品發展、行銷資訊之取得及建立；
- 建立海外行銷資訊流通。

7.強化社會正確的認知

行政院生物技術指導小組正以類似「資訊月」的做法，推出「生技月」大型活動。其內容包括五大項目：

- 國際生物科技大展；
- 產業政策論壇、生技產業推動政策論壇；
- 生技投資論壇、生技創投之夜；
- 生技教育研習營；
- 國際細胞論壇、兩岸生技研討會。

以期拉近民眾與生技產業的距離。

第十二章　醫藥產業

　　醫藥產業是近百年興起的工業，用於治療人類疾病，與國民的生命健康息息相關，所以普遍格外受到各國政府的重視。這主要是因為人類的生老病死，其中任何一部分都涉及醫藥與醫療，屬於人類的最基本需求。事實上，醫藥產業不僅影響人民個人的健康，其實更攸關一個國家或民族的生存與發展。

　　醫學進步的確可以讓人類延長壽命，目前開發中國家平均壽命為64歲，已開發國家更高達80歲；過去25年來，65歲以上的人口成長了82%。不過，隨著各國年齡層老化、環境污染加劇，以及生活壓力加重之後，疾病患者增加，因此也讓醫藥產業更形重要。

　　已過半世紀以來，我國經濟成長、國民所得增加，以及人口高齡化的發展，使得民眾對於養生觀念的日漸重視，藥品的需求有逐年增加的趨勢，藥品製造業的產值因此逐年增長。現在台灣地區醫療服務的提供，主要有中醫、西醫、中西醫結合等三種不同的方式。這三種不同的醫療服務，各有其所長。

　　政府近年來致力於推動製藥產業的發展，將製藥產業列為十大新

興產業，提供租稅相關的優惠，並積極參與製藥相關的研發，使得我國製藥業蓬勃發展。再加上嚴重急性呼吸道症候群（Severe Acute Respiratory Syndrom, SARS）的肆虐，以及國際間生化戰的威脅（如炭疽桿菌），在生命勝於一切的前提下，醫藥產業必然成為攸關人類幸福最重要的產業。

第一節　醫藥產業的特性

一、跨領域

醫藥從研發到製造銷售，集合了生物、醫藥、化學、材料、機械、儀器、資訊、統計、貿易、財務等跨領域的人才與技術。醫藥產業應用層面非常的廣，如食品、化妝品、農業、醫療保健、化工材料、機械儀器、資訊體系等產業，都涵蓋在它的範圍內。所以，這也是製藥公司常能發展成為垂直或水平整合大型企業的原因。

二、技術密集

醫藥開發有六個階段：
1. 藥物發現（Drug Discovery）；
2. 前臨床試驗（Preclinical Trials）；
3. 臨床試驗第一階段（Phase I）；
4. 臨床試驗第二階段（Phase II）；

5.臨床試驗第三階段（Phase III）；

6.藥政管理機關（在美國為 FDA）審核。

製藥屬於技術密集的產業，開發過程極為冗長，亟須前述跨領域的各種技術支援。

三、資本密集

製藥工業是資本密集的產業，不論是購買專業的生產設備，或是研發新藥的過程，均須投資高額的資金。平均一家公司的研發預算，幾乎都有 25%以上用於藥物的發現。一般參與較為保守的新技術投資，一年須花費 1 億美元以上；而較為積極的投資，則一年所需的金額更高達 3 億美元。這主要是為了藥品的安全及有效，必須經過一連串的體外藥理、毒理實驗及體內藥效試驗，故須經長時間及相當大之投資。近年來以重組 DNA 技術，進行基因轉殖法以動、植物之活生物工廠來生產藥物之研發，其研發費用更是驚人。

四、研發週期長

從開始研製到商品化的市場階段，遠比藥物開發的階段複雜。它要經過很多的環節，如試驗室研究階段、臨床試驗階段（I、II、III期）、規模化生產階段、市場商品化階段、藥政審批階段，以及市場接受的階段。所以，開發一種新藥的週期較長，據估計一般需要 8 到 10 年，甚至 10 到 12 年的時間。

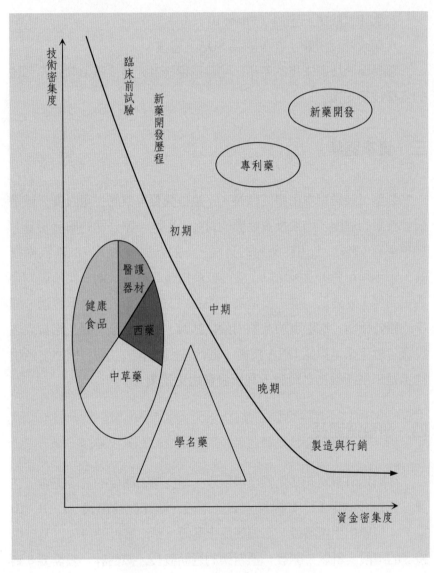

圖 12−1　新藥開發歷程關係圖

五、安全性要求高

藥品直接關係國民的健康，故為確保藥品的安全性、有效性及防止濫用等，因此藥品的進口、研發、製造、銷售等過程，衛生主管機關都會嚴密監控，以確保使用者的安全。

製藥生產過程包括純水使用、調劑、製粒、打片、裹糖衣、分裝及包裝等，任一過程均攸關半成品之安全性，故對於生產品質應嚴格要求。為確保藥品的安全性，人體的臨床試驗是最關鍵的時刻。為此，美國食品藥物管制局（FDA）訂下三個階段要求藥廠，且每個階段都須符合特殊的安全訴求。

- 第一階段主要是強調使用於人體的安全性（safety），一般會要求約 20 至 100 位健康人體做測試，但是癌症及 AIDS 例外。
- 第二階段則要求有效劑量及療效的確定，此階段需要 100 到數百個患者做試驗。假設有 100 種新藥申請臨床試驗，第一階段平均刷掉 30 種，第二階段刷掉 37 種左右，可見安全性及療性的必要。一般小型的生化科技公司常常於此階段完成後，將技術及專利移轉給大型藥廠或策略聯盟，以快速商品化及建立銷售通路。
- 第三階段是確認最有效劑量及療效，並觀察其副作用，約須數百位到數千位患者做試驗。所以，美國新藥從合成到 FDA 的核准約須 100 個月的時間。

六、高利潤

醫藥產業的營運，產品的行銷、開發，皆與其他產業不同，最為特殊的是，不受外在經濟景氣的變化，而且在戰亂、天災、瘟疫時，需求反而大幅增加。2003 年的美伊戰爭，再加上 SARS 疫情，就使得全球對醫藥產業的需求大增，全球相關的醫療器材產值已超過 1 千億美元。

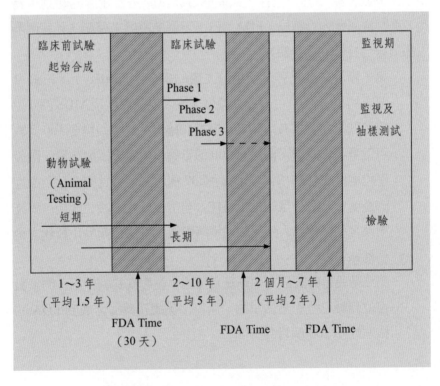

 圖 12-2　美國 FDA 新藥審查時程圖

表 12−1　臨床人體試驗三階段

Phase	病人數	時　間	目　的	過關率
I	20〜100 位	幾個月	主要是安全性測試	70%
II	100〜數百位	幾個月〜2 年	・短期安全性測試 ・主要在有效性測試	33%
III	數百位〜 數千位	1〜4 年	安全性、有效性及劑量控制	25〜30%

醫藥產業每成功開發一種新藥，過程雖然艱辛，不過一旦通過美國食品藥物管制局（FDA）的認證上市後，有高達 15 至 20 年專利保護期，等於是獲利的保證書。除專利保護外，產品本身的獨占性也是高利潤的來源。以威爾鋼（Viagra）上市而紅極一時的 Pfizer 藥廠為例（全球第二大藥廠），1999 年淨利為 31.79 億美元，其中就有 8 億美元是威爾鋼的貢獻。

七、高風險

研製開發的任何一個環節，若稍有疏失或不慎，都可能前功盡棄，並且某些藥物具有「兩重性」的風險。第一重風險在於研發領域，第二重風險在於市場是否有不良的反應。總體而言，一個生物工程藥品的成功率僅有 5〜10%。

目前開發新藥的週期，有愈來愈長的趨勢，主要的原因是：

1. 疾病的種類不斷增加，醫治當今疾病比 20 年前困難得多，使新藥的研發更複雜，所需時間愈長。

2. 人們對於藥品的有效性及安全性，要求愈來愈高，反應在藥品
的管理也愈來愈嚴格，所以，臨床前及臨床試驗的項目與研究
範圍有向外擴大的趨勢，相對的，開發時間自然會延長，以使
藥品的有效性及安全性更明確。

另外，除了開發產品的風險外，市場競爭的風險也是必須要注意
的。特別是搶注新藥證書，及搶占市場占有率，這兩項是開發技術轉
化為產品時的關鍵，也是不同開發商激烈競爭的目標。若藥證或搶占
市場被他廠優先拿到，則所有心血、資金與努力都將全盤落空。

八、市場競爭激烈

治療疾病的醫藥，可能有許多不同的替代品，如何持續不斷的有
最具療效的產品加入，對於能否永續經營則扮演相當重要的角色。

九、依賴制度

製藥業與各國的醫療健保制度，有非常密切的關係，諸如藥價政
策的制定、健保補助的額度、藥品開放進口等。

十、特殊消費型態

除了安全性較高的成藥外，為顧及使用的安全性及有效性，藥品
的使用必須經由專業的醫師開立處方，即使零售藥品也必須經由專業
的藥師執業。以我國為例，在全民健保實施之後，保險單位付帳，醫

師開立處方，藥師調劑，病人使用，開藥者及使用者之間除非刻意詢問，否則往往是在不知藥價下用藥，形成特殊的消費結構。

十一、與生物科技產業關聯度高

在基因資訊解碼後，未來的醫療行為，將由被動式改為主動防禦，先找出遺傳、致病的基因，然後再做基因矯治。換句話說，民眾可藉由生物晶片來檢驗，以找出基因差異的資訊，如此即可針對單一疾病的不同種族或個人量身訂做。

近年來生物技術基因工程的快速發展，已將製藥業帶入更深層的研究領域。這種生技製藥是利用生物的因子，如荷爾蒙、細胞素、抗體、核酸、多醣類等，來促進或抑制它們所控制的生理反應，及對製藥微生物基因的全盤操控，以製造出更有效的藥。

十二、高品牌依賴度

新藥的上市，通常有完整的專利保護。全球性大藥廠可透過全球性的銷售網，形成市場區隔而獨占世界市場，並獲取高報酬率。由於一般醫生及消費者，對原開發廠藥品的品牌信賴度較高，一旦使用後便不易變更品牌。縱使專利過後，學名藥陸續出現，但原開發廠仍擁有大部分的市場。

十三、專業服務

藥品的調劑及配方,是一項專業和技術性的工作,能直接影響到用藥的安全與療效,依法須經由醫療體系的規範。每個國家制度不同,這種專業服務也可能有些許的不同,但趨勢幾乎都是朝向嚴謹的方向。我國中藥製劑上市前,須經衛生署的審核及檢驗,上市後須接受本署監督管制。依藥事法 39 條規定:「製造、輸入藥品,應將其成分、規格、性能、製造之要旨,檢驗規格與方法及有關資料或證件,連同標籤、仿單及樣品,並繳納證書費、查驗費,申請中央衛生主管機關查驗登記,經核准發給藥物許可證後,始得製造或輸入。」

在實施全民健保之後,藥方藥品及部分指示用藥都有相關的法規規範。根據衛生署依藥品的安全性、藥效等,將藥品分成三大類來規範:處方用藥(須經醫師處方)、指示用藥(須經藥師或醫師指示使用)、成藥(不須經醫師處方,消費者可直接購買)。

第二節 醫藥產業的結構

製藥產業涵蓋範圍廣泛,包括原料藥、西藥、中藥等相關產業的產品,但其中最關鍵的兩個階段是原料藥和製劑。「原料藥」是藥劑中的有效成分多由天然物、石化產品等,經化學反應萃取、分離、純化而得,為製藥工業之基礎。「製劑」則是將原料藥加工,成為方便

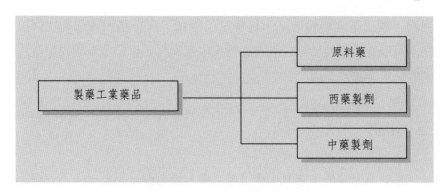

```
                                    ┌─────────────┐
                                    │   原料藥    │
                                    └─────────────┘
┌─────────────┐                     ┌─────────────┐
│ 製藥工業藥品 │────────────────────│   西藥製劑   │
└─────────────┘                     └─────────────┘
                                    ┌─────────────┐
                                    │   中藥製劑   │
                                    └─────────────┘
```

圖 12-3　製藥產業結構

使用的形式。中西製藥劑常見的有錠劑、液劑、散劑、丸劑、膠囊、軟膏、注射劑等。

　　目前全世界各國使用中之原料藥約有 4 千種，國內經常使用者約為 1 千種。原料藥在台灣已有近四十年的歷史，現在此一產業經營愈來愈困難，其原因是傳統原料藥廠大多以化學合成為主，進入門檻較低，再加上近年來大陸及印度挾低廉的工資及生產成本，讓台灣產品喪失原有的競爭力。

　　製藥工業可分為上、中、下游的產業結構，下列簡單作一介紹。

一、上游

　　這一個階段最重要的任務，在於準備藥物加工的原材料。原材料包括一般化學品、天然植物、動物、礦物、微生物菌種及相關的組織細胞等。其中以一般化學為原材料占大多數，中藥的上游中藥材則主要以植物及少部分由動物、礦物作為原料。近幾年來由於生物技術的

進展，利用基因移轉方式，科學家已得到了許多基因轉殖動物與植物，可以直接培植植物或飼養動物來生產藥材，也是上游藥物生產技術的一大突破。

二、中游

主要為原料藥工業及中藥材加工業。原料藥工業基本上為有機化學工業，依來源的不同而有不同的生產方式。由天然物取得者，除了原料的製備如發酵栽培外，主要製程技術在萃取分離及純化；由一般化學品製備者，主要製程技術為複雜的有機合成及分離純化；由遺傳工程製備者，則有純化與回收製劑工程等。中藥材的加工則以藥用植物加工、炮製為主。

三、下游

下游為製藥業，主要是將原料加上製劑輔料，如賦形劑、崩散劑、黏著劑、潤滑劑等加工，成為方便使用的劑型。「製劑」的意思，是指將原料藥經配方設計後，加工調製成一定的劑型與劑量，以利於保存取用，並方便醫師處方及藥師調劑後，交付及指導病人使用。

本階段的生產，須符合國內優質藥品製造標準（Good Mamufacturing Practice, GMP）的需求（未來則須符合 cGMP）。中藥除了可依傳統方法將藥材加工成膏、散、丹、丸等傳統劑型外，目前已有許多的工廠將中藥方劑提煉濃縮加工，生產成西藥劑型，稱之為科學中

藥。

　　下游的製藥產業在我國有四十多年的歷史，不過，就國內製藥產業整體而言，廠商多、市場小，所以造成國內市場競爭激烈，產業經濟效益不高，結構也不健全，整體發展面臨瓶頸。另外一個造成市場競爭激烈的來源是外銷不易。而為什麼會造成外銷不易呢？除了技術外，國內製藥業多以中小型為主，即使是國內第一大製藥公司──永信，相較於國外製藥公司如輝瑞、默克……等，亦是差距甚大。

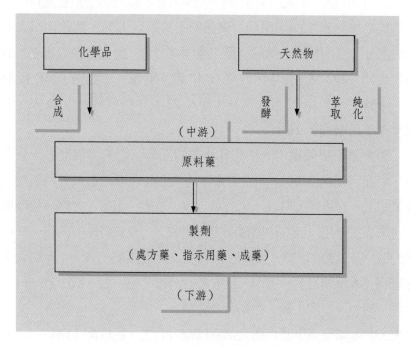

　　　　圖 12-4　製藥產業上、中、下游

第三節　製藥產業的發展過程

　　從 1982 年國內實施 GMP 以來，國內藥廠幾乎是本土藥廠、國外藥廠、進口藥品三分天下的局面。國內藥廠約有 292 家左右，國外藥廠則有 30 家。而國內需求面的通路部分，醫院仍是整體通路中主要的重心，達到 73%，藥局、藥房的比重則是 17%，其餘 10%為診所的部分。目前根據台灣區製藥工業同業公會，針對其會員廠基本資料之統計：292 家工廠中，西藥 GMP 廠 160 家、中西藥 GMP 廠 38 家、中藥 GMP 廠 22 家、傳統中藥廠 22 家、純原料藥廠 26 家、純環境衛生用藥廠為 16 家。

　　製劑是藥學領域中，核心且必要的部分，它的發展歷史十分久遠，早在西元前 2200 年即在美索不達米亞發現有內服及外用製劑之最早記載。在古埃及時代，也有薰、擦、含嗽、眼膏、丸劑、栓劑等不同劑型的應用。而在中國醫藥史的記載上，夏禹時即有內用、外用藥的區分及酒劑的出現；商朝伊尹時更有湯液製劑的發明；至明朝李時珍的《本草綱目》一書中，已收載有湯飲、煎、丸、散、膏、丹、花露、藥酒、浸洗、薰、挫劑等多種劑型。中藥是我中華民族之文化傳統，其種類繁多，且用藥大部分以複方為主，組成配方隨症狀、體質而變。

　　我國西藥的引進，最早是由清末各通商口岸的西藥行傳入，而逐漸發展開來。1884 年，江南製造局翻譯英人著作 *"Roxle's Manual of*

Materia Media and Therapeutics＂，完成《西藥大成》一書，內容包括藥品化學、金石藥品、草木藥品、造釀發酵、動物藥品、藥品功能分類、年齡分配藥比例表、毒藥及解毒之法……等，為西藥引進製造的開始。

　　台灣製藥業發展過程約略可以分為六個發展波，每一波不是以時間的長久作為分水嶺，而是以轉捩點作為區分的主軸。

一、第一波（日據時期）

　　日據時代初期才有西藥從日本輸入，這個時期，台灣製藥工業屬家庭工業（手工製造），後因對華戰爭及南進的軍事需要，日本才積極獎勵栽培奎那樹煉奎寧。第二次世界大戰爆發後，日本廠商在台設廠，生產葡萄糖、奎寧，提煉古柯鹼及其他等戰爭醫療物品，這是台灣本地西藥製造工業的開始。

二、第二波（1945 年到 1957 年）

　　光復初期，在大量的醫藥需求帶動下，以家庭配製為主的小規模藥廠相繼成立。當時生產的產品以原料的散劑為主，輔以藥膏、藥水，雖稱不上技術與品質，但對當時基層醫療服務有相當大的貢獻。至於一般醫療院所需要的藥品，絕大多數都是仰賴進口。由於當時外匯缺乏，為了節省外匯，在政府進口替代的精神下，乃獎勵發展本土的製藥工業。由於當時國內藥廠草創，品管水準不高，同時政府法令也無法配合，國內製藥業仍相當混亂。到了 1957 年已有 140 家藥廠

設立，此乃第二波藥廠的興起。

三、第三波（1957 年到 1968 年）

第三波是製藥業蓬勃興盛的黃金十年，在這十年中，由於製藥業獲利及成長遠高於其他產業，因此吸引許多從業人員自立門戶。到了 1950、1960 年代，台灣製藥業群雄並起，競爭激烈，台灣製藥工業自此走向廠家多、規模小的企業經營型態。此時，政府乃在 1959 年將藥廠分為三種等級：

- 甲級：為設備與品管均符標準者；
- 乙級：為設備品管稍加改善即符標準者；
- 丙級：為設備品管均差，未符合標準者。

1957 年發布後，第一次全面調查之結果，177 家登記有案的藥廠中，甲級藥廠有 12 家，乙級藥廠有 23 家，其他皆為丙級以下。事實上，當時國內無工廠登記證之藥廠，估計在 800 家以上。其後，每兩個月作一次例行性調查，每年作一次普查，至 1968 年，甲級藥廠已有 454 家，乙級者 260 家，其中乙級者都屬於中藥廠。

四、第四波（1969 年到 1981 年）

製藥工業的發展，深受政府政策的影響，而公、勞保制度的建立，則成為製藥工業發展的轉捩點。1961 年公、勞保初創，投保人口非常少，一般民眾就醫盛行去小診所或自行買藥醫病，此時中醫仍扮演相當重要的角色，給予國產藥廠生存的空間。當時藥品製造因無

須處方依據，只要合於藥性安全，即可自行設計處方申請登記製造，這項彈性給予國產藥廠發揮的空間。隨著勞保人口逐漸增加，藥品消費逐漸發生結構性轉變，同時也給進口藥品，一個很大的生存空間。在這段期間內，製藥工業獲利豐厚，以每年20～30%的成長率增加，同時由於設備費並不高，因此吸引競爭者大量進入，廠商競爭相當激烈。

在第四波時，國內廠商技術能力不足，生產的產品層次無法替代進口品，國內廠商產品不敵進口產品，國資藥廠的市場占有率逐漸退縮，大部分被進口及外資藥廠產品所取代。政府為保護國內產業，乃對解熱、感冒、胃腸、維他命等四類藥品實施進口管制。政府為大力提升我國醫藥產業的競爭力，經濟部於1981年遵照行政院指示，成立「促進國內藥廠製造原料藥審議小組」，並公布「促進國內藥廠製造原料藥實施要點」，依據實施要點結合學、官之力量與智慧，實施了多項配合措施，其中較具體的有：

1. 國內首次生產之原料藥或中間體，可申請免徵營利事業所得4年或5年。

2. 國內首次生產之原料藥，如果數量（產量）足供國內需要，品質符合標準，且價格不超過進口貨價格5%之情形，可依據前述要點申請鼓勵，經核可後，得公告管制進口該原料藥及其製劑5至15年，且同時停止受理該原料藥製造之查驗登記3至6年。

3. 合成原料藥所需進口國內無產製化學產品，免徵關稅。

4. 研究開發原料或其重要中間體，可申請工業局核撥獎助補助款。

5. 為培育所需人才，工業局擬定人才培訓計畫，培育特用化學人才技師，以提高人才素質並支援研究發展。

6. 為提高研究發展之水準，政府在多次規劃報告中作出全國性研發計畫。

7. 委託工研院化工所進行醫藥及特用化學品之研究。

管制政策實施後，國外藥廠紛紛與我國廠商合作或合資生產。所以，我國製藥工業的資本結構在第四波漸漸發生改變。自此，國資廠、外資廠、進口商三足鼎立於台灣的西藥藥品市場。

五、第五波（1981 年到 1995 年）

第五波期間，政府在推動製藥產業，提升國內製藥工業水準方面，扮演極為重要的角色。1982 年，經濟部與衛生署公布優良藥品製造標準（GMP），從 1982 年第一家 GMP 廠誕生，到 1988 年 6 年之間，共有 211 家優良藥廠通過評鑑，並大量淘汰不合格藥廠，製藥技術及藥品品質明顯提升，使我國製藥工業向前邁進一大步。自 1993 年起，衛生署更進一步持續委託財團法人及相關公、協會等單位，協助推動 cGMP 有效宣導及輔導事宜。我國在第五波已有原料藥廠設立，生產需求量大的原料藥以取代進口。

第五波期間，我國製藥工業面對愈趨開放的市場，卻由於國內藥廠以仿製學名藥劑型為主，產品創新獨特性與製造過程未符合先進國家規範，因此外銷能力不足。醫藥原料來源大都進口，藥品資訊不足，大部分的國資藥廠無法充分掌握藥品市場的變化。

六、第六波（1995 年迄今）

第六波有兩件大事對醫藥產業產生深遠的影響，一是我國實施全民健保；二是我國正式加入世界貿易組織（WTO）。

㈠全民健保

國內製藥產業因全民健保的施行，藥價及給付制度的改變，影響整體產業獲利的結構與產業的發展。從 1995 年全民健保實施以來，藥品需求呈現擴大需求的狀態，隨著全民健保財務呈現赤字，不得不採取壓低藥價的政策，藥價從刪減 5%開始，今年藥價又刪減 10%，並在今年採行總額預算制，引導醫生採用學名藥，這些節流的措施，皆直接衝擊廠商的獲利。

㈡加入世界貿易組織

為因應世界貿易組織的規範，政府在自由化、國際化的趨勢下，採取自由化的經貿政策，大幅降低藥品的進口關稅，並取消進口管制的產業的保護政策，所以我國國內的市場必然洞開。如果我國產業不能主動出擊，爭取全球龐大的醫療市場，而只緊守國內有限的市場，路勢必愈走愈窄。為了破繭而出，業者必須熟悉各國醫療法令及市場特性，才有機會進入國外市場。更重要的是，政府與業界要積極推動國際相互認證，加強國際認同我國研究機構的臨床前試驗，以利產品能行銷國際。

第四節　醫藥產業的機會與威脅

我國醫藥產業的機會，不同於其他國家。這樣的機會主要來自於結構性的危機，一方面是全球走入另一個新歷史過程中，所遭遇的威脅；另一方面是西藥發展的結構缺失。

一、醫藥產業的發展機會

首先是癌症等若干絕症，每年都會奪走上千萬人的性命，而現在人類又遭逢恐怖攻擊的威脅（911恐怖事件的陰影），以及隨之而來的炭疽病毒、美伊戰爭、嚴重急性呼吸道症候群（SARS）的衝擊，更使得二十一世紀的今天，人類遭逢「怪病」的威脅愈來愈大。

其次，面對眾多的疑難重症，對各產業或多或少都受到一些影響，唯獨對於醫藥產業反而可能是一種絕佳的貢獻機會。尤其是化學藥物有愈來愈多的副作用之際，曾經歷數千年與疾病抗爭過程中所積累發展起來的「中國傳統醫學」，有著完整的理論體系，卓有成效的診療方法，以及豐富的臨床實踐經驗，更有可能在全球化的醫療市場中扮演中流砥柱的角色。

二、醫藥產業的弱點與威脅

　　國內經濟的不景氣，對製藥產業的影響有限，真正對台灣製藥產業的衝擊是，我國製藥業先天結構不良，再加上國內市場日漸對外開放，使得整個醫藥產業面臨經營環境困難的趨勢。

　　總結這些弱點與威脅有：

㈠結構衝擊

　　台灣製藥業99%所生產的藥劑多屬於「學名藥」（失去專利權再經研發的藥），學名藥是屬於低利的產品結構。在缺乏高獲利創新產品的情況下，台灣加入世貿組織後，藥界已面臨國外藥品的大量進口，其中學名藥的開放進口使得進口成本降低，對國產藥市場衝擊較大。

㈡發展方向不明

　　學名藥不再成為台灣藥廠所能掌握的產品發展方向後，加上新藥研發成本昂貴等因素，台灣的製藥產業，現階段正承受著相當的競爭壓力。

㈢研發不足

　　由於原料藥加工成為劑型，其附加價值會提高5倍，所以目前國內所進行的研發工作或技術引進，主要是針對專利過期或即將過期的藥物，進行劑型或製程的改良，而非從事新藥開發之研究。再加上國

內製藥業沒有足夠支持開發新藥的營業額和足以推銷的銷售網，因此從事研發的能力和意願都不高。

(四)人才資金不足

傳統中藥產業僅能遵照典籍中收載之方劑，供中醫師依循古典的中醫藥理論來使用，產業的發展受到相當大的侷限。新興中草藥產業則跳脫傳統中藥的束縛，依循現代西方醫學的新藥開發模式發展，較易為歐、美國家所接受。惟其開發期長，投資金額龐大，風險甚高，以我國目前中藥產業的規模與人才，都不足以擔負這個使命。

(五)智財權困擾

我國西藥製造業將面對的是更趨開放的政策，更自由化的市場，及對智慧財產權更完善的保護與尊重，包括專利期限延長、微生物菌種開放專利、舉證逆轉取消。一旦舉證逆轉取消之後，我國藥廠必須直接面對侵犯專利權控訴的法律責任，不再像以前能將舉證責任移轉至外國藥廠。

(六)生存空間小

由於國內中小型的藥品廠商相當多，因此常造成惡性競爭，加入WTO 後更要面對國外大廠的競爭。換句話說，國產藥局在醫院的通路主要占兩成（主要因為藥價黑洞的問題），其餘八成皆是外資及進口藥的地盤，在加入 WTO 之後，國內廠商所固守的診所與藥局仍有失陷的可能，國內業者的生存空間更形狹小。

㈦制度缺欠

目前的醫療費用是由醫療院所向藥廠買藥後，向健保局申請給付。醫療院所為求最大價差，常會選擇購買低藥價、低品質的藥品，因此造成高價的藥品無法和低價的藥品競爭。醫療院所高報低買的行為，造成了藥價黑洞的問題，此部分的制度缺欠，對於高品質、投入大量研發費用的公司來說，發展較為不利。

㈧強大競爭對手

大陸醫藥業發展迅速，被視為我國最重要的醫藥競爭對手。中共設立許多國家生物醫藥科技基地，基礎設施完備，預計今年生物醫藥產值可達 35 億元人民幣，比去年成長 40% 以上。以目前大陸近幾年的發展速度來看，未來在藥業的成長，必然為不可忽視的強大競爭對手。

㈨中藥原料依賴度過高

中藥產業可分為原料與製劑兩種，中藥原料係指中藥材而言，目前我國中藥業所需的藥材有 97% 仰賴大陸供應，對我國中草藥產業的發展極為不利。而台灣地小人稠，工資昂貴，也不利於藥材的栽植生產。一旦這些中藥原料以某種原因遭到管制後，對於依賴度過高的我國，必然產生受制於人的現象。

㈩國際相互認證

在新藥審核上，尚未建立起自主完整的查驗體系，有關 GLP、

GCP 仍停留在文書作業階段,並未真正付諸實行,也無法取得國際間的相互認證。

第五節　醫藥產業的發展戰略

中華民國的醫藥產業應該發揮主觀的能動力,克服外在的威脅以及內在的弱點,如此才有開創新的生存空間的可能。

一、整合中西醫

透過臨床療效評估,確定以中醫藥治療較有效果的疾病,結合西方醫學之診斷優勢,互相擷長補短。另由加強中西醫療結合教育之推廣著手,使中西醫學的從業人員能互相溝通,攜手合作,期能早日突破現代醫藥衛生體系之瓶頸,為人類疾病治療的效果再創契機。

二、整合藥廠

全球的製藥產業因新藥的開發成本逐年升高,而收入受醫療支出成長受限而減少,使得經營上面臨瓶頸。目前醫藥產業進入整合期,各大藥廠都積極整合,希望經由併購增強市場競爭力,以便在全球製藥產業爭得一席之地。反觀我國廠商多屬中小廠商,且生產品項類似,由於惡性競爭激烈,導致市場過於零碎。

　　根據衛生署研究發現，製藥產業的經營有相當程度的規模效應存在，當藥廠規模增加，產銷成本所占營收比例則下降，大廠獲利能力顯比小規模藥廠為高。因此加強產業的整合，包括研發、製造、行銷、財務等，甚至各廠之間的合併，這些都是我國醫藥產業生存發展的必然趨勢。現階段可以委託製造加工或委託行銷方式，建立各廠的製造規模與競爭優勢，進而減少市場上不當的削價競爭現況。

三、建立產業總體形象

　　嚴格執行 GMP 制度，確實執行後續查廠工作，及提升藥品查驗登記水準等。其目的在建立我國整體優良藥品製造的形象，不容存有僥倖心理的廠商繼續存在。這樣才能在既有的穩定基礎上繼續努力向前，發展出具國際化競爭力的西藥製造業。

四、選定發展目標

　　選定發展的目標，才能集中力量，結果也較有成功的可能。以台灣現有的力量，要全面在製藥領域競爭並非易事，因此必須針對重點領域，集中力量來努力。這個目標至少有兩個方向可以努力，一是我國本土的疾病，二是幾千年積累下來的草藥。

　　因為許多疾病的發生，與地區性種族基因的類型有關，如此就可運用過去研究累積的成果，利用創新的方法，治療我國常見的疾病，這樣做的優點是，可與國外大製藥公司產生市場區隔。另外在草藥方面，這是中國人老祖先獨步全球的中草藥精髓，目前全球植物藥物產

值約220億美元，平均年成長率約6.3%。單是華人市場就相當可觀，此領域若能結合預防醫學（甚至治療）的領域，將是台灣廠商的特殊競爭優勢。

五、加強研發

新藥開發能力的有無，是衡量一國基礎醫學，以至製藥工業整體能力的最佳指標。製藥工業是高度依賴研究的產業，唯有研究發展（Research Development），才是西藥製造業永續經營的命脈。

表 12-2　中華民國新藥研發表

公　　司	產　　品	研發進度
中天生技	抗肝癌新藥	美國臨床二期
杏輝藥品	STA-Z 植物新藥	美國臨床二期
宇昌生技	抗愛滋病藥	美國臨床二期
鴻亞生技	抗氣喘新藥	美國臨床一期
因華生技	抗淋巴癌、止吐貼片	台灣臨床三期
德英生技	抗皮膚癌植物新藥	台灣臨床二期
太景生技	抗生素	全球臨床二期

資料來源：謝柏宏，「生醫護群新藥研發公司研發進度一覽」，《經濟日報》，民國 97 年 10 月 3 日。

六、推動國際認證

　　走向國際化是我國西藥製造業的唯一出路，我國藥廠優良藥品製造標準（GMP）、優良實驗室規範（GLP）實驗室取得國際認證、優良臨床規範（GCP）執行成果獲得各國認同，是邁入國際化的首要條件。因此，對於包括美國、歐洲、日本主管單位的法規要求、申請方式、具備資格、認證流程，必須能夠充分掌握。須儘速擴建設立符合國際水準的製藥廠房、研發實驗室的軟硬體設施，並都能按標準作業程序確實執行，由此建立起本土性製藥業國際化的根據地，才能大幅拓展西藥製造業的外銷經營。

七、人才培育

　　製藥工業是知識、技術密集的產業，從研究開發新藥開始，到成功後的行銷，所需要的各種專業人才多達數十種，因此為提升研發能力，應積極培養人才。對講求研發的西藥而言，人才培育是最重要，且須持續性進行的工作。因為法規制度不斷修正，市場環境快速變遷，技術講求精益求精，這都有賴於各類人才，方能發揮功效。各企業若能組成研究開發團隊，發展學習型的組織，培養國際化人才，我國西藥製造業才能蛻變成為有國際競爭力的企業。當然在短期內若不易達成人才培育，也可藉延攬藥品研發、生產及行銷人才，或海外人才來台服務加以彌補。

八、瞄準亞洲市場

全世界醫藥市場約 3 千億美元，超過半導體及電腦之產值，美國市場占三分之一左右，日本占 17%，而亞洲其他國家占全球人口50%，西藥使用率僅占全球 5%，因此亞洲地區醫藥市場成長率可以期待。

九、善用大陸優勢

大陸得天獨厚的原料藥優勢，雖在製劑新技術和複方品種的開發方面稍弱，但目前大陸的藥理、毒理、臨床研究正逐漸走向規範化、標準化，不但在技術上有絕對優勢，在費用上也比國際便宜。兩岸若能尋求進一步合作，將更有利於台灣的高效、優質產品打入大陸市場。

兩岸製藥工業優劣，台灣在品牌形象、設備效能、人工素質、原料價格，及同業競爭的條件上較為優越，若能進一步開放投資，和大陸半成品的進口，並利用大陸的基礎科技能力，從製劑（台灣進行量產研究和研發新製劑，鼓勵台商在大陸產製和行銷）、原料藥（則由大陸進行基礎研發生產初級原料，由台灣從事應用研發，以量產規模來開展國際市場），和中藥（利用大陸藥材進行基礎研究炮製，台灣負責精製、應用研發和品牌行銷）等三方面來推動兩岸製藥業的合作分工。當然在推動之際，為了提早看到結果，以增強信心，可以先在大陸尋找有價值的基礎研發成果移轉至台灣，進行應用研究及試驗與

量產，也是可行的方法。

十、多角化經營

投入化妝品、清潔用品等相關產業領域，致力推動企業多角化，估計有約三分之一的台灣藥廠已走出傳統的經營模式，跨入其他相關產業。跨足健康食品、OTC 產品與處方用藥，以提早產品的上市，及早獲利，推展起來阻力較少，同時較易發揮較大的邊際效益。配合行銷與營運的國際策略聯盟的策略，彈性靈活的推出階段成果（Phase I、II、III 階段），以獲取最大的投資報酬率。

十一、積極的產業政策

政府的產業政策應朝下列七個方面來共同努力：

1. 籌設類似日本大貿易商機構，結合政府及外貿協會駐外人員之協助推廣外銷，並尋找全球商機。
2. 協助國內廠商取得國際認證，並提供各國藥政及認證事務的相關資訊。
3. 協助國內廠商參加全球商展。
4. 輔導業者朝專業化、大型化、自動化發展，以整合資源，提升競爭力及降低成本。
5. 協助各國研發專利、法規、市場風險性評估及藥廠名錄等資訊之蒐集。
6. 推展國際相互認證制度，建立藥品品牌形象。

7. 輔導業界走向國際化,並建立完整之上、中、下游藥物科技及研究發展體系。

十二、強化中藥產業

由華裔美籍專家孫士鋐研發的抗肺癌食品「華陽複方」,於2004年底展開上市前的第三期臨床實驗,預計最快取得美國藥證。如果順利,將是中藥有史以來,第一次取得美國核准的藥證。

未來,為能推動中醫藥邁向現代化及國際化,我國產業的當務之急應有十方面的努力,分別為:

1. 篩選具發展潛力的中藥方劑,經由技術移轉或兩岸合作研究,開發中藥新劑型,藉以拓展外銷,提高中藥產業之總產值。

2. 推動兩岸中藥材合作研究計畫:經由兩岸合作,依地區別分別於重要藥材產地投資設立藥材基源鑑定中心,以確保購入藥材之品質,並保證其療效。

3. 科學化中草藥過程很複雜,其製劑須具有五個階段:

(1)基原鑑定;

(2)指標成分分析;

(3)生理活性分析藥效評估;

(4)毒理實驗;

(5)臨床試驗。

所以,應建立中藥療效評估體系,以協助國內完成「中藥臨床試驗」。期望藉由同質化科學研究基礎,提供世界各科技先進國家對中藥療效的認同進而採納。

4. 建立中藥毒性試驗系統，以輔助藥材或新劑型之品質明確化，促進外銷之接受性。

5. 透過全球資訊網路，建立技術資訊中心或外聘顧問等方式，以蒐集亞太、歐美等地區輸入法規及市場資訊，協助 GMP 廠拓展外銷。

6. 引導「中藥藥品再分類」，創造誘因環境，以提高中藥業界施行 GMP 之意願。

7. 協助 GMP 中藥廠海外參展，加強宣導。

8. 舉辦亞太地區中藥學術研討會，用以發表國內成果並媒介產品外銷。

9. 設立天然物研究中心，藉以研發新產品或進行新製程研究，以加強中藥外銷之說服力。

10. 建立中藥臨床試驗體系。

國家圖書館出版品預行編目(CIP)資料

產業分析/朱延智著．－－六版．－－臺
　北市：五南圖書出版股份有限公司，
　2024.11
　　面；　公分
　ISBN 978-626-393-860-1（平裝）

1.CST：產業分析

555　　　　　　　　　　　113015831

1MB3

產業分析

作　　　者 ― 朱延智

企劃主編 ― 侯家嵐

責任編輯 ― 吳瑀芳

封面設計 ― 姚孝慈

出 版 者 ― 五南圖書出版股份有限公司

發 行 人 ― 楊榮川

總 經 理 ― 楊士清

總 編 輯 ― 楊秀麗

地　　　址：106臺北市大安區和平東路二段339號4樓

電　　　話：(02)2705-5066　　傳　　真：(02)2706-6100

網　　　址：https://www.wunan.com.tw

電子郵件：wunan@wunan.com.tw

劃撥帳號：01068953

戶　　　名：五南圖書出版股份有限公司

法律顧問：林勝安律師

出版日期：2003年10月初版一刷（共二刷）

　　　　　2005年 9 月二版一刷

　　　　　2006年11月三版一刷

　　　　　2008年 3 月四版一刷

　　　　　2008年11月五版一刷（共五刷）

　　　　　2024年11月六版一刷

定　　　價：新臺幣420元

經典永恆・名著常在

五十週年的獻禮——經典名著文庫

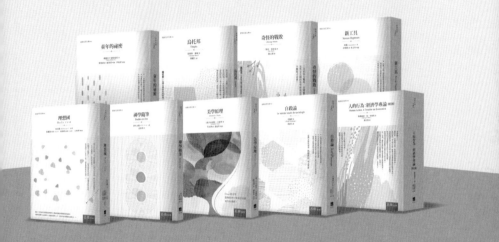

五南，五十年了，半個世紀，人生旅程的一大半，走過來了。

思索著，邁向百年的未來歷程，能為知識界、文化學術界作些什麼？

在速食文化的生態下，有什麼值得讓人雋永品味的？

歷代經典・當今名著，經過時間的洗禮，千錘百鍊，流傳至今，光芒耀人；

不僅使我們能領悟前人的智慧，同時也增深加廣我們思考的深度與視野。

我們決心投入巨資，有計畫的系統梳選，成立「經典名著文庫」，

希望收入古今中外思想性的、充滿睿智與獨見的經典、名著。

這是一項理想性的、永續性的巨大出版工程。

不在意讀者的眾寡，只考慮它的學術價值，力求完整展現先哲思想的軌跡；

為知識界開啟一片智慧之窗，營造一座百花綻放的世界文明公園，

任君遨遊、取菁吸蜜、嘉惠學子！